国家海上管辖权研究

宋云霞 著

海洋出版社

2020年·北京

内 容 简 介

国家海上管辖权是国家管辖权的重要部分，是国家主权在现代海洋法律制度下的新发展。1982年《联合国海洋法公约》在承认“海洋自由”“海洋是全人类公共继承的财产”原则的前提下，依据国家对陆地的主权管辖原则，考虑到现代国际社会对海洋的需求，分别在不同海域确立了沿海国对领海的主权、对专属经济区和大陆架的专属管辖，以及世界各国（包括内陆国）对各海域的航行自由和对公海、国际海底区域的共同权利。以上构成了现代国家海上管辖的主要内容。

《联合国海洋法公约》属于调整和平时期各国海洋关系的法律，其确立的海上管辖制度也主要适用于平时，对于海战时或海上武装冲突中国家海上管辖权的影响，《联合国海洋法公约》没有规定。海上武装冲突中国家海上管辖权因海战法规而有所不同。本书从国家海上管辖权的冲突及海上武装冲突中的国家海上管辖权两个方面分析了上述问题。

本书可作为从事海洋法律理论和实践研究的相关人员参考使用。

图书在版编目（CIP）数据

国家海上管辖权研究/宋云霞著．—北京：海洋出版社，2020.9

ISBN 978-7-5210-0647-6

Ⅰ.①国…　Ⅱ.①宋…　Ⅲ.①海洋法-国际公法-管辖权-研究　Ⅳ.①D993.5

中国版本图书馆CIP数据核字（2020）第172452号

责任编辑：赵　娟
责任印制：赵麟苏

海洋出版社　**出版发行**

http://www.oceanpress.com.cn
北京市海淀区大慧寺路8号　邮编：100081
北京朝阳印刷厂有限责任公司印刷　新华书店北京发行所经销
2020年9月第1版　2020年9月第1次印刷
开本：787mm×1092mm　1/16　印张：19
字数：300千字　定价：98.00元
发行部：62132549　邮购部：68038093　总编室：62114335　编辑室：62100068

前　言

21世纪是海洋世纪，海洋已成为人类第二生存空间。随着人类在经济、军事、科学等方面利用海洋的领域日益扩大和发展，各国海上管辖权争议及冲突已日趋增加：如海域划界纠纷、岛屿归属争端、海洋污染管辖权冲突以及科学考察和军事利用问题方面的摩擦等。1982年《联合国海洋法公约》的生效带来了世界海洋法律制度的巨大变化，确立了新的海上管辖权制度。依据《联合国海洋法公约》界定国家海上管辖权内容及相关法律制度，对于各国维护海洋权益、解决争端、维护国际海洋秩序意义重大。

然而，在国际海洋实践中，一些国家对《联合国海洋法公约》所确立的法律制度持不同意见，不接受《联合国海洋法公约》所确立的相关制度(如美国认为《联合国海洋法公约》关于国际海底区域的规定不符合其利益而拒绝加入)；还有一些国家因对《联合国海洋法公约》所确定的管辖权范围（地理界线）理解不同而存在争议（如专属经济区、大陆架划界问题)；此外，还存在各国在行使管辖权过程中的权利冲突问题（如沿海国管辖权与其他国家在行使航行权、军事利用权过程中矛盾等)。学界对国家海上管辖权的研究尚不够深入，在许多方面还存在分歧，因此，进行国家海上管辖权理论与实践方面的探索，具有重要的现实意义。

我国是一个濒海大国，在海洋方向面临着很多问题，如与周边海上相邻国家的海上划界问题、岛屿争端问题、海洋环境污染与保全问题以及我国在统一祖国所采取军事行动中将面临的相关法律问题等。如何有效地行使国家海上管辖权，维护我国海洋权益，是我国当前和今后很长一段时间所要解决的现实问题。

国家海上管辖权是国家管辖权的新发展。目前国际法学理论界从国家管辖权理论出发研究国家海上管辖权的论著比较少，基本的范畴还没有建立，有关国家海上管辖权的概念还没有明确界定，缺乏关于国家海上管辖权基本理论及管辖原则的研究。

本书分为八章来阐述四个问题，即国家海上管辖权构成要素分析、海洋环境污染管辖、对国家海上管辖冲突的研究和国家海上的豁免权问题。

第一章至第三章对国家海上管辖权构成进行了分析。本书认为，国家海上管辖权是国家管辖权的重要部分，是国家主权在现代海洋法律制度下的新发展。1982 年《联合国海洋法公约》在承认“海洋自由”“海洋是全人类公共继承的财产”原则的前提下，依据国家对陆地的主权管辖原则，考虑到现代国际社会对海洋的需求，分别在不同海域确立了国家海上主权权力、国家专属管辖、国家在国际海域中的权利，以上内容构成了现代国家海上管辖的主要内容。

内水、领海和群岛水域是国家区域的水上组成部分，沿海国或群岛国对其享有无须宣告的主权，因此，沿海国或群岛国在这些海域所实施的管辖为国家海上主权管辖。1958 年《领海及毗连区公约》和 1982 年《联合国海洋法公约》是其最重要的法律基础。沿海国对其内水、领海、群岛水域享有完全的、排他性的主权权利。在此基础上，沿海国在这些水域享有立法管辖权和执行管辖权。具体包括：对水域内自然资源的永久主权、沿海航运及航运管理权、领空权、国家保卫权、司法管辖权，以及战时中立权。领海的无害通过是对沿海国主权管辖的限制，本书从沿海国如何实施对无害通过领海船舶的管辖角度进行了分析。

国家海上专属管辖是国家海上管辖权的扩展。随着 1982 年《联合国海洋法公约》的生效，国家的海上管辖权限从传统的内水、领海，扩展至毗连区、专属经济区和大陆架。在《联合国海洋法公约》中，沿海国对这些新扩展区域的权利被表述为“必要的管制权”“专属的管辖权”“主权性质的权利”等。

按照《联合国海洋法公约》第 33 条的规定，沿海国有权在毗连区海域“防止”和“惩治”在其领土或领海内违犯其海关、财政、移民或卫生四种法律和规章的行为。上述条款仅适用于民用船舶，军用船舶一般是享有豁免的。作者认为，沿海国在毗连区行使管制权，本质上是一国的国内法在其域外一定区域执行的问题，是国家主权管辖的延伸。

与专属经济区的法律地位相一致，沿海国对其专属经济区的管辖权，实际上是沿海国在特定管辖海域主要为经济性目的而行使的主权权利和部分专属管辖权。这种管辖权的经济性，是基于专属经济区以资源为导向的空间，沿海国在该区域内的一切目的都是围绕着经济性质的活动而言的，体现了国家经济主权随时代发展的新组成或者说是延伸；这种管辖权的专属性，是指沿海国在该区域内的管辖对他国而言具有排他性，未经沿海国明确同意，他国不得在该区域内从事沿海国所限制的活动。同时，这种管辖也不同于毗连区上的管制，不涉及在沿海国领土或领海违反法律管辖的延伸或者说是一国的国内法在其领土以外执行。

大陆架上的管辖权主要有：勘探和开发自然资源的主权权利；建造并授权建造、操作、使用和管理人工岛屿、设施和结构的权利及其专属管辖权；授权和管理为一切目的在大陆架上进行钻探的专属权利；进行海洋科学研究和保护海洋环境的管辖权。因此，沿海国对大陆架具有立法管辖权和执行管辖权。立法管辖权的范围，主要限于沿海国享有主权权利的自然资源，以及拥有管辖权的特定事项，即《联合国海洋法公约》第 77 条规定的主权权利的范围。执行管辖权包括行政执法管辖权和司法管辖权，对此，《联合国海洋法公约》在第 111 条规定了有关紧追权的问题。

第五章研究了海洋环境污染管辖问题。当前世界海洋环境正承受着来自各方面不同程度的污染和损害。海洋污染具有污染源广、污染物质种类多、影响范围大、危害深远、控制复杂、治理难度大的特点。海洋环境污染触目惊心，严重的污染给人类带来了极为不利的后果。1982 年联合国第三次海洋法会议通过的《联合国海洋法公约》第十二部分特别规定了“海洋环境的保护与保全”，对沿海、公海区域的环境和控制、防止污染损害，提出了普遍适用的准则。在本书第四章中，分别以陆源污染管辖和船（海）源污染管辖为内容研究了国际法关于海洋环境污染管辖的相关理论及其发展变化，介绍了我国海洋环境污染管辖的立法与实践。

第六章、第七章研究了国家海上管辖权的冲突问题。在国家海上管辖权冲突研究一章中，分析了美国等一些国家认为《联合国海洋法公约》第十一部分（关于国际海底区域）的规定不符合其利益而拒绝加入，由此产生了所谓《联合国海洋法公约》的普遍性问题，带来缔约国与非缔约国在一些区域内的矛盾；同时，《联合国海洋法公约》作为各国海洋意志的协调产物，因在制定时对一些问题的回避（如海域划界、剩余权利分配等），必将导致现实中一些国家在海洋利用中发生问题时无法可依，产生冲突。在海上武装冲突对国家海上管辖权影响一章，作者认为，《联合国海洋法公约》属于调整和平时期各国海洋关系的法律，其确立的海上管辖制度也主要适用于平时，对于海战时或海上武装冲突中国家海上管辖权问题，《联合国海洋法公约》没有规定。海上武装冲突中国家海上管辖权因海战法规的规定而与平时有所不同。

第八章分析了国家海上管辖权豁免问题。国家海上豁免权作为国家海上管辖的例外，主要包括一般意义上国家海上司法管辖权的豁免，论文将海战时海战法规规定的对交战行为的豁免，也列入国家海上豁免权内容中一并研究。

本书曾于2009年以《国家海上管辖权理论与实践》为名在海洋出版社出版，应读者要求，在此基础上修订后重新出版，真诚期待国内外专家和广大读者大力斧正。

目　录

第一章　绪　论

第一节　国际法上的管辖权

国家管辖权主要是指国家对自己领域内的一切人（享有豁免权者除外）、物和所发生的事件，以及对在其领域外的本国人行使管辖的权利。[①]国家的管辖权是国家对其领土及其国民行使主权的具体体现。国家管辖权主要是涉及每一个国家对行为和事件后果加以调整的权利的范围。管辖权既涉及国际法也涉及国内法。国际法决定国家管辖权的可允许限度，规定国家管辖的范围以及对国家行使管辖权可能的限制，解决的是各国管辖权的分配问题；国内法则确定国家在事实上行使它的管辖权的范围和方式，解决的是国家如何通过立法、司法、执行等方式实施具体管辖的问题。

一、管辖权与国家主权

在传统的国际法中，一般国际法学者对国家管辖权的认识是从国家和国家主权的观念出发的。国家主权，或称国际法上的主权，是指国家独立自主地处理其对内对外事务的最高权力。国家主权包含着国家对领土内的一切人、事和物行使优越权的权力，称为属地优越权。国家主权亦包含着国家对一切国内或国外的本国人行使优越权的权力，称为属人优越权。根据属地优越权，国家对领土内人、事和物具有管辖权；根据属人优越权，国家不仅对国内的而且对在国外的本国人具有管辖权。管辖权是指通常被称为“主权”国家的一般法律权限的特定方面。管辖权为主权的一个方面，它是指司法、立法与行政权力。

---

① 黄瑶：《国际法关键词》，法律出版社，2004年版，第30页。

主权与管辖权的概念虽然具有密切联系，“国家对其领土的能力通常可以用主权和管辖权这两个术语进行描述”，但含义不同，“国家通常的全部权力及法律能力的典型情况，被描述为‘主权’；特殊的权利，或数量上少于规范权利的积累，被认为是‘管辖权’。简而言之，‘主权’是某种法律人格的法律速记（shorthand），或者国家地位的法律速记；‘管辖权’是指问题的特殊方面，尤其是权力（或主张）、自由和权利”。[①] 依此，国家海上管辖权就是国家关于其管辖各海域以及其他海域的权力、自由和权利的描述，是国家管辖权的新发展，是现代国家管辖权的重要组成部分。

二、国家与国家海上权力

在人类古代史上，海洋作为一个神秘的空间令人望而却步，望洋兴叹，人类的主要活动限于陆域。受生产力发展水平的限制，人类对空间的控制范围也基本不涉及海洋。因而海洋是一个完全开放的空间，海洋是真正的“公海”，所有国家都有利用海洋资源的权利，“在既不受国家管辖，也几乎没有国际管理的情况下，全球大洋向来为所有国家提供便利、提供商品、提供用场”[②]。同时，海洋地理特征决定了海洋的支撑、承受能力较陆地为弱，只能供人类短时间和有条件滞留，任何一个国家都不能将海洋据为己有。在此期间，不存在国家海上管辖权。

古希腊历史学家修昔底德说：“我们面对的世界可分为两部分：陆地和海洋。每一部分对人类都是有价值和有用的，然而，如果谁想进一步扩张，谁就必须从陆地向海洋发展。”[③] 随着人类科学技术的发展和人们对海洋的认识不断深化，人类的社会活动从陆地向海洋不断扩展。人类在开发利用海洋的同时，也展开了关于海洋的利用、控制的斗争与较量，这一过程中，国家海上实力影响着各国对海洋开发利用的权力。

15—16 世纪，西班牙和葡萄牙以武力征服手段建立了各自的殖民地体

---

① ［英］伊恩·布朗利：《国际公法原理》，曾令良、余民友等译，法律出版社，2003 年版，第 122 页。

② ［美］杰拉尔德·J. 曼贡：《美国的海洋政策》，张继先译，海洋出版社，1982 年版，第 59 页。

③ 转引自：Thucydides, The Peloponnesian War, Translated by Rex Warner (Harmondsworth: Penguin, 1954), P. 160.

系，其范围分别延伸扩展到了欧、美、亚、非四大洲，由此引发了对海洋的分割和激烈的海洋争夺。1493 年，教皇亚历山大六世颁布教谕，把世界海洋分给西班牙和葡萄牙两国。1494 年，西班牙、葡萄牙两国订立《托德西利亚斯条约》，规定在大西洋的佛得角群岛以西 370 里格（1 里格 = 3 海里）处划一条南北线，此线以西归西班牙，以东归葡萄牙。麦哲伦发现太平洋后，两国又于 1529 年订立《萨拉戈萨条约》，在太平洋中再划一条线，将全球海域划分为两部分，分属西班牙和葡萄牙两国管辖。这次海洋分割造成了少数海洋强国对整个海洋的垄断，同新兴的资本主义经济发展的需求不相容，因此引起了一批新兴国家的强烈反对。在之后的几个世纪中，荷兰、英国、德国、法国、美国、俄国、日本相继凭实力争霸海洋。但是，实践证明，任何国家都不能凭借武力取得海上的权力，海洋的普世性要求，国家海上权力必须建立在国际社会的协调一致的基础之上。

1609 年，被誉为“国际法之父”的格劳秀斯发表了《海洋自由论》一书，提出海洋不能成为任何国家财产的主张，反对葡萄牙禁止荷兰与印度尼西亚（当时称东印度群岛）之间的航运行为。格劳秀斯的观点遭到葡萄牙、西班牙的攻击与反对。但是英国在 18 世纪初成为海洋强国之后，公开主张把海洋划分为分属沿海国主权范围的“领海”，以及不属于任何国家主权、各国均可使用的“公海”。“领海”和“公海”的概念提出后，被国际社会所普遍接受，形成了国际社会公认的“领海”和“公海”制度，海洋自由演变成“公海自由”。

1945 年 9 月，美国总统杜鲁门发表的大陆架公告，将国家对海洋的权力延伸至海水下面的底土和海床。杜鲁门宣布：“处于公海下但毗连美国海岸的大陆架的底土和海床的自然资源属于美国，受美国的管辖和控制”，从而把地质学上的“大陆架”概念引进了海洋法，主张沿海国对大陆架的管辖权。稍后，美国国务院发表补充声明指出，大陆架指上覆水深 600 英尺（约 182.88 米）的海床和底土。随后，墨西哥于 1945 年、巴拿马于 1946 年、哥斯达黎加于 1948 年，以及许多其他拉丁美洲和亚洲国家，先后发表类似的公告和法令，并纷纷提出 200 海里管辖权的主张。1958 年 4 月，联合国在日内瓦召开的海洋法会议，签订了四个公约，即《领海及毗连区公约》《公海公约》《捕鱼及养护公海生物资源公约》和《大陆架公约》。从此，国际海洋法上就有了大陆架制度，沿海国不但拥有领海，还有了毗连区和大陆架。公海自由的范围进一步缩小，沿海国海上管辖权进一步扩大。

1973—1982 年开了九年之久的第三次联合国海洋法会议上，建立起了更为广泛的国家海上管辖权制度。第三次联合国海洋法会议围绕领海、海峡、大陆架、专属经济区、群岛国、岛屿制度等一系列问题展开讨论。会议上的争论和斗争，充分反映了发达国家与发展中国家、海洋强国与其他国家、沿海国与内陆国、资源输出国与资源消费国、宽大陆架国与窄大陆架国之间，在海上管辖权方面的分歧与冲突。会议通过的《联合国海洋法公约》，确认“群岛国”概念，使一大片公海成为这些国家的群岛水域；确认“专属经济区”概念并确定其宽度为 200 海里；重新定义“大陆架”概念，把大陆架扩展到最远可达 350 海里，不足 200 海里的也可以扩展到 200 海里。这样，公海再一次被缩小，沿海国对海洋的管辖范围再一次被扩大。《联合国海洋法公约》确立了现代国家海上管辖权制度。

第二节 国家海上管辖权概念

国家海上管辖权是随着人类认识、开发海洋能力的不断发展，在国际社会各国斗争妥协过程中的产物，它是国家主权的新发展。其定义可以表述为：国家海上管辖权是国家依据主权及国际公约、国际惯例，对各种海域中的人、事、物进行管理和处置的权利，是国家管辖权的重要组成部分。

一、国家海上管辖权是国家管辖权随着科学技术发展而出现的新形式

科学技术的进步促进了社会生产力的发展，不断为人类活动开辟新领域。科学技术对国际关系的深刻影响，也必然会反映在国际法的发展上，从而使国际法伴随着科学技术的进步而不断变化，进而推动了国际法各个分支的演进。国家对海洋的管辖权利已随着科学技术的进步，从过去的海面法向纵深方面发展直至海床洋底，产生了新的海底开发制度。

国家海上管辖权是随着人类对海洋认识能力、开发能力的不断提高而逐渐发展起来的。基于人类对海洋认识、开发能力的限制，在不同阶段，人类对海洋的控制也提出不同的要求。如人类对于领海的要求，起初是基于沿海国岸上对海面控制的能力。格劳秀斯论证道："对于海的一部分的统治权的取得似乎也和对其他东西一样，可以是属于一个人的，也可以是属于一块土地的。如果一个人有一支舰队，能够控制住这一部分海面，那么这一部分海面就是属于一个人的；如果在这一部分海面航行的人能被在岸上的人所强迫，就像他们是在岸上一样，那么这一部分海面就是属于一块土地的。"[①]这种以岸上拥有的实际力量来决定在海上行使控制权的观点，是荷兰法学家宾刻舒克提出"大炮射程说"的根据。宾氏在其1702年发表的《海洋领有论》中明确提出，一国对沿海海域的占有权应从陆地到其权力所及的地方，即"陆地上的控制权终止在武器力量终止之处"，因而"领海的规则是以大炮射程所及的范围为限"。[②]

公海自由的理论也是建立在海洋资源取之不尽、用之不竭的理论之上的。根据当时的航行与捕鱼技术，格劳秀斯以罗马法为根据论证了公海自由。他说："一切财产权都是以占领为根据的，这就要求应把所有动产都拿起来，把所有不动产都圈起来。因此，凡是不能拿起来或圈起来的东西，就不能成为财产权的客体。流荡无定的海水，因此必然是自由的。而且，占领权是基于大多数东西人人使用可能罄竭这一事实的，因此要使东西能为人所使用就必须加以占有。而海洋的情形并非如此，航行与捕鱼——使用海洋的两个方法——都不能使海洋罄竭。"[③]

19 世纪，由于人类航行、捕鱼技术水平的迅速提高，人们开始发现海洋生物资源并不是取之不尽、用之不竭的，有必要采取措施进行科学研究和控制开发。于是就有了 1882 年 5 月 6 日颁布的关于北海捕鱼政策的规定和英国 1958 年颁布的科恩华尔海底采矿法，1958 年的《捕鱼及养护公海生物资源公约》，来调整对海洋资源的合理利用。

---

① 希金斯、哥伦伯斯：《海上国际法》，中译本，法律出版社，1957 年版，第 77 页。

② 由于当时的大炮射程约为 3 海里，故后来形成了 3 海里习惯规则。王铁崖主编：《国际法》，法律出版社，1981 年版，第 165 页。

③ 希金斯、哥伦伯斯：《海上国际法》，中译本，法律出版社，1957 年版，第 63 页。

同样，专属经济区与大陆架的产生是与人类捕捞技术与海底勘探开发技术的发展联系在一起的，深海勘探开发技术导致了国际海底区域法律制度的建立。正如联合国海洋法和海洋事务局秘书长南丹先生曾指出的那样："没有20世纪60年代的科学发现和后来海底采矿技术的发展，便不可能有现在的海底开发制度。"

二、国家海上管辖权是国际法所确认的各国海上权益斗争妥协的现状

如果说管辖权是国际法对国家权力的分配的话，那么国家海上管辖权就是现代海洋法对国家海洋权利的分配，国际法用它来平衡各国海洋利益，稳定国际海洋秩序。

早在《罗马法摘要》中就有安托尼厄斯皇帝的这样一段话："我是地的主人，但法律是海的女主。"尽管这句话没有明确的意义，但是，皇帝无法控制全部海洋，而海洋只能由一些法律原则、规则和制度来支配。这个事实随着历史的发展而越来越明显了。随着人类陆地资源的日益匮乏以及人类对海洋开发能力的极大提高，各国对海洋开发、利用能力的不均衡，导致各国对于海洋资源的利用、占有矛盾日益突出，甚至演化为战争。因此，在人类开发利用海洋过程中，需要解决合理利用海洋资源以及合理分配海洋资源的问题，必须体现在具有统一性、强制性、各国都应遵守的国际法体系中。

在海洋法体系中，最早确立的海上管辖体系是领海和公海制度。正如英国学者施瓦曾伯格指出的那样，领海制度和公海制度的形成属于同一时期，国际法的理论和实践都承认沿海国家领有沿岸一定宽度的水域，以别于公海。领有这一水域对沿海国家的安全、海关、卫生和沿海渔业的保护，都有重大意义。因此，领海制度的产生和存在是海洋自由和沿岸国利益的一种妥协。

第二次世界大战以后，传统的海洋法发生了革命性的变革：沿海国的管辖权不再局限于领海以内，而是广泛地扩展到了原先实行公海制度的广阔海域，曾是传统海洋法基础的海洋自由原则在很大程度上丧失了这一地位。主要原因：（1）战后经济的恢复和增长，极大地刺激了对于海洋自然

资源的需求，沿海国家竞相将其管辖权扩展到领海以外，作为控制更多的海洋资源的重要手段；（2）科学技术有了巨大进步，为人类控制和利用较以往更为广泛的海洋空间及其资源提供了实际可能性；（3）崛起中的发展中国家，强烈要求改变有利于海洋大国的旧的法律制度，建立起新的海上管辖法律制度。

第三次海洋法会议上集中反映了海上强国与第三世界国家的矛盾与冲突，主要表现在：（1）沿海国管辖权的扩大和公海自由的矛盾与冲突，主要集中于200海里专属经济区；（2）沿海国的经济权利和海洋大国的航行自由之间的微妙平衡问题；（3）保护海洋大国权益与沿海国经济权益的协调；（4）人类共同继承财产与海洋自由原则的平衡与协调；（5）公海只用于和平目的与海洋的军事用途之间的协调问题等。可以说，这次会议是海洋大国与发展中国家的力量的对比与平衡，是在保护海洋强国的权利的同时协调各国的经济利益，是折中和调和的产物。

各国海洋利用中既存在共同利益，又存在矛盾与冲突，海洋法绝不是一套静态的法律体系，而是一个法律应变过程，或是一个暂得其平的法律秩序。它的使命一方面是在满足各国的共同要求；另一方面也是在满足各国的特殊需求。[①] 随着科学技术的发展与世界政治格局的变化，海洋法也将不断发展变化，并由此影响国家海上管辖权的内容。

三、国家海上管辖权包括立法、司法、执行等方面内容

依据英国伊恩·布朗利的观点，国家管辖权是一个国家对其领土能力的表述，它不仅包括国家对于管辖领土区域的界定，还包括一个国家对行为和事件后果加以调整的权力范围。在实践上，管辖权不是一个单一的概念。国家管辖权可以有各种形式。例如，一个国家可以用立法来调整行为；或者，它可以通过它的法院来调整向它们提交的纠纷，不论是民法或刑法纠纷；或者它可以采取比执行法律或法院判决更直接影响事件进程的行政行动。在这些场合中每一个场合，国家管辖权的范围可能是不相同的。国家海上管辖权可以分为三个方面：立法管辖权、司法管辖权和执行

① 雷松生：《海洋法》，台湾中华书局执行，1964年版，第124页。

管辖权。

（一）立法管辖权

根据国际法，一国可以运用其“立法管辖权”，即通过立法、行政条例或命令、管理规章或法院判决，将其法律适用于人的活动、关系或身份，或者人对事物。国家海上管辖的立法管辖，是指沿海国根据国际海洋法的规定，以单方面立法并宣布的形式，确立其在领海、毗连区、专属经济区内的权利和管辖权。这些立法应包括：（1）海域设定法律制度。具体包括领海基点及领海基线的划法、领海宽度及国家领海内的相关法律制度；还应包括毗连区、专属经济区的设定及与相邻或相向国家重叠区的划界原则等内容，因为，这些权利并非随着地理特征而自动产生，沿海国要建立这些区域并行使管辖权首先要就此立法并宣布。沿海国有权依上述法律规章，行使其在上述区域内的主权权利和管辖权，其他任何国家不得干涉。（2）海域管理法律制度。具体包括沿海国关于各管辖海域资源、安全、卫生、移民、污染等事项的管理制度、措施等内容。

（二）司法管辖权

根据国际法，一国可以行使“审判管辖权”。例如，将人或事提交法院或行政法庭，无论属于民事还是刑事程序。沿海国对于在其内水、领海违反本国法律的行为行使属地管辖权；对在其毗连区违反其卫生、海关、财政、移民法规的行为人实行行政管辖权；对在专属经济区的违法行为进行司法程序。例如，沿海国发现外国船舶在其专属经济区内违法排污，非法捕捞，贩卖人口，沿海国有权提起司法程序。因此，沿海国对专属经济区的管辖权实际上还包括“行政管辖权”“民事管辖权”和“刑事管辖权”。但为了保障其他国家的利益和正常的海洋秩序，《联合国海洋法公约》对沿海国的管辖权做了一些限制。例如，被捕的船只提出适当的保证书或提供其他担保，沿海国应迅速释放被扣留的船只和船员。沿海国如果违反了这些规定，被扣留船只的船旗国可以向联合国海洋法庭申诉。事实上，在国际法海洋法庭受理的案件中，半数以上是这类纠纷。《联合国海洋法公约》规定，沿海国在行使上述权利的同时也要考虑类似其他船舶的权利，要适当顾及其他国家的利益。尤其是对《联合国海洋法公约》没有明确规定的事项，沿海国应以友好协商为原则，而不能滥用权利影响其他国家的正常权利。

（三）执行管辖权

根据国际法，一国可以行使“执行管辖权”。例如，通过法院或采用行政、管理、警察或其他非司法手段，导致或强迫服从法律或规定，或惩罚不服从法律或规定的行为。这种执行的办法包括下令出示文件、刑事制裁（罚款或监禁），或者对拒不服从司法或行政命令予以制裁。在国家海上管辖权的行使中，具体的强制执行者是国家机关或经授权的官员、军舰、军用飞机以及政府明确授权的人员或船舶。海上管辖权中强制执行的具体内容包括：监督、登临、搜查、逮捕、扣留和没收、进行司法程序等。

第三节　国家海上管辖权原则

国家行使海上管辖权，不是简单地适用国家一般管辖规则（如领域原则、属人原则等），而是属于一种特别类型的管辖权制度。17 世纪的荷兰法学家格劳秀斯曾提出两条最基本的国际法原理：一条是以陆地领土为管辖范围的国家主权说；另一条是各国均无权管辖海洋的海洋自由说。无论是当时还是现在，这两条原理无疑是对国际法的一个重大贡献。国家海上管辖权也受上述原则的影响。同时，国家间海上管辖权的分配还应遵循国际实践中所形成的相关原则，如资源开发中的共同开发原则、海洋划界中的公平原则等。

一、属地管辖原则

属地管辖是国家海上管辖的基础。1982 年《联合国海洋法公约》新增了有关专属经济区制度和大陆架制度，突破了“领海之外即公海”的传统海洋制度，大大拓展了国家属地管辖范围。作为国家属地管辖，应包括以下几方面内容。

（一）内水及领海管辖

沿海国对其内水享有完全的和排他性的主权，外国船舶非经沿海国允许，不得在其内水中航行，除非船舶遇难或承担了条约义务。对于驶入或停泊在内水中的外国船舶，沿海国有刑事管辖权和民事管辖权。但在实践中，如果在船舶上所发生的事件不牵涉沿海国的利益或纯属船舶内部的事项，沿海国通常不行使管辖权，而由船旗国负责。

领海是沿海国领土的组成部分，沿海国的领海主权及于领海的水域、上空、海床及底土。沿海国对其领海内的一切资源、领海上空、沿海航运等享有专属权利，沿海国还有制定、颁布有关领海内航行、缉私、移民、卫生等方面的法律和规章的权利。由于沿海国对其领海享有属地优越权，因而对领海内的任何事物（除国际条约或国际习惯的限制外）行使排他的管辖权，但对于享有外交特权与豁免的人以及军舰和其他用于非商业目的的政府船舶不能行使管辖权。此外，沿海国领海管辖权的行使不应妨碍外国船舶的无害通过。

（二）毗连区管辖

毗连区是毗连国家领海并在领海外一定宽度的区域。按照《联合国海洋法公约》规定，毗连区从测算领海宽度的基线量起，不得超过 24 海里。根据《领海及毗连区公约》和《联合国海洋法公约》，在毗连区内，沿海国对以下事项实行管辖：（1）防止在其领土或领海内违反其海关、财政、移民或卫生的法律和规章；（2）惩治在其领土或领海内违反上述法律和规章的行为。

（三）专属经济区管辖

专属经济区是在领海以外并邻接领海，具有特定法律地位的区域，宽度自领海基线量起不超过 200 海里。在该区域内，沿海国享有以勘探和开发、养护和管理海床和底土及其上覆水域的自然资源（不论为生物资源或非生物资源）为目的的主权权利，以及在该区域内从事经济性开发和勘探活动的主权权利；沿海国还拥有对人工岛屿、设施和结构的建造和使用、海洋科学研究、海洋环境的保护和保全的管辖权。《联合国海洋法公约》第58条规定，在专属经济区内，所有国家，不论为沿海国或内陆国，均享有航行和飞越的自由，铺设海底电缆和管道的自由，以及与这些自由有关的海洋其他国际合法用途。第88条至第115条有关用于公海的一般规定以及其他国际法有关规则，只要与本部分不相抵触，均适用于专属经济区。但是，各国在专属经济区内行使其权力和履行其义务时，应适当顾及沿海国的权利和义务，并应遵守沿海国制定的与本部分不相抵触的法律和规章。

（四）大陆架管辖

大陆架是沿海国领海以外依其陆地领土的全部自然延伸，扩展到大陆边外缘的海底区域的海床和底土，如果从测算领海宽度的基线量起到大陆边外缘的距离不到200海里，则扩展到200海里的距离；如超过200海里，在满足公约所确定的条件下，不得超过从测算领海宽度的基线量起350海里、或不应超过2 500米等深线外100海里。

沿海国对大陆架的权利是固有的，是根据事实而存在的。沿海国对大陆架及其资源的勘探开发享有主权权利，但这种主权权利仅限于海床和底土的矿物和其他非生物资源以及属于定居种的生物。

二、属人管辖原则

属人管辖是国家基于国籍所行使的管辖。国家对本国国民和本国船舶的管辖均是属人管辖。这里所要着重论述的主要是国家对具有本国国籍的船舶的管辖。当船舶上发生犯罪案件或者由于船舶的操作和活动而有涉及违法行为的刑事案件发生应归哪一法院受理，如何进行有效管辖？这就是属人管辖原则要解决的问题。

（一）船旗国管辖

《联合国海洋法公约》第91条规定：“每个国家应确定对船舶给予国籍、船舶在其领土内登记及船舶悬挂该国旗帜的权利的条件。”“每个国家应向其给予悬挂该国旗帜权利的船舶颁发给予该权利的文件。”第92条规定："船旗国对其在公海上航行的船舶具有专属管辖权。"第 94 条规定："每个国家对悬挂该国旗帜的船舶有效地行使行政、技术及社会事项上的管辖和控制。"第 95 条、第 96 条规定，军舰或专用于政府非商业性服务的船舶，在公海上享有不受船旗国以外任何其他国家管辖的完全豁免权。对此，《奥本海国际法》有专门论述，其中第 563 目写道："即使一艘军舰是停在外国领水内，它连同所载所有的人和物都应继续在船旗国的管辖权之下。不管是为了收回占有权，或者为了索取碰撞赔偿费，或者为了索取救助酬金，或者为了任何其他的原因，一概不得对它进行法律程序。非经军舰舰长特许，沿岸国的官员不得登舰。舰上服务人员在船上的犯罪行为，应只受舰长和船旗国其他当局的管辖。如果暂时在舰上的沿岸国人民在舰上犯罪，它们可以（虽然不是必需的）被带回船旗国去惩办。甚至对于非属舰上船员而在沿岸国领土上犯罪后逃上军舰的个人，沿岸国当局也不能用强制手段将他从舰上捕去；如果舰长拒绝将该犯交出，沿岸国当局只有经由外交途径向船旗国交涉解决。"① 关于碰撞或其他航行事故的管辖权，《联合国海洋法公约》第 97 条规定："在公海上发生的碰撞或其他航行事故涉及船长或任何其他为船舶服务的人员的刑事或纪律责任时，对此种人员的任何刑事诉讼或纪律程序，仅可向船旗国或此种人员所属国的司法或行政当局提出。船旗国当局以外的任何当局，即使作为一种调查措施，也不应命令逮捕或扣留船舶。"

（二）双重管辖与管辖的例外情况

船舶在外国属地中，会受到沿海国的管辖，并会受到船旗国的管辖，这实际上是一种双重管辖。前者是属地管辖，后者是属人管辖。界定此类问题的性质，具有较强的实践意义。

在实践中，为了维护公海正常的法律程序，船旗国的这种属人管辖也有例外，一是军舰对公海上的商船的登临权，二是紧追权。《联合国海洋法公约》第 110 条规定，军舰对公海上享有完全豁免权的船舶以外的外国船舶，有合理根据认为有下列嫌疑的，有权登临该船：（1）从事海盗行

① ［英］詹宁斯、瓦茨修订：《奥本海国际法》，第一卷，第二分册，王铁崖等译，中国大百科全书出版社，1998 年版，第 589 页。

为；（2）从事奴隶贩卖；（3）从事未经许可的广播；（4）没有国籍；（5）虽悬挂外国旗帜或拒不展示其旗帜，而事实上却与该军舰属同一国籍。登临的军舰有权检查该船悬挂的旗帜及船舶文件，甚至进行搜查。如证明此嫌疑无根据，应对该船所受的损失负赔偿责任。军舰登临和搜查的权利比照适用于军用飞机和"经正式授权并有清楚标志可以识别的为政府服务的任何其他船舶或飞机"。《联合国海洋法公约》第111条规定，沿海国当局如有充分理由认为外国船舶违反该国法律和规章时，可对该外国船舶进行紧追。紧追必须在追逐国的内水、群岛水域、领海或毗连区内开始，只有追逐未曾中断，才可在领海或毗连区外继续进行。如果外国船舶在专属经济区或大陆架上违反沿海国有关专属经济区或大陆架的法律和规章时，也可开始紧追。紧追在被追逐的船舶进入其本国领海或第三国领海时立即终止。紧追权只能由军舰、军用飞机或其他有清楚标志可以识别的为政府服务并经授权紧追的船舶或飞机行使。如果紧追无正当理由，在领海外被命令停驶或被逮捕的船舶可能因此遭受的任何损失或损害，追逐国应负赔偿责任。

（三）对"方便旗"的处理

在实践中，有些国家准许外国人所有的船舶悬挂其旗帜，而有些外国船舶为了逃避本国的税务或其他强制措施，往往悬挂这类国家的旗帜，这种旗帜被称为"方便旗"。由于悬挂"方便旗"的船舶与其国籍国之间没有"真正联系"，在发生问题时，"方便旗"很难发生作用。另外，《联合国海洋法公约》第92条第1款规定："船舶航行应仅挂一国的旗帜，而且除国际条约或本公约明文规定的例外情形外，在公海上应受该国的专属管辖。除所有权确实转移或变更登记的情形外，船舶在航程中或在停泊港内不得更换其旗帜。"第92条第2款又规定："悬挂两国或两国以上旗帜航行并视方便而使用旗帜的船舶，对任何其他国家不得主张其中的任一国籍，并可视同无国籍的船舶。"①《联合国海洋法公约》在规定属人管辖时，也是从权利与义务两方面进行考虑的，目的是克服滥用船舶旗帜现象，加

① 傅崐成编校：《海洋法相关公约及中英文索引》，厦门大学出版社，2005年版，第34页。

强海上航行安全，制止海上违法犯罪行为，维护受害者的合法权益，维护海洋法律秩序。

由于属人管辖原则所涉及的主要是国籍问题，而国籍问题只能按照有关国家的国内法来确定，不同国家关于国籍确定的规定又是不尽相同的，所以，在实践中，难免会引发一些争议，为属人管辖原则的适用带来困难。

三、专属管辖原则

专属管辖是国家对某些事项的独占或排他性管辖，是国家海上管辖的核心。它既可发生于属地管辖场合，也可发生于属人管辖的场合。一国介入他国的专属管辖事项，是严重违反国际法的行为。按照专属管辖的范围和程度的不同，可以将其分为完全专属管辖和部分专属管辖。

（一）完全专属管辖

国家对内水和领海的专属管辖，属于完全专属管辖。因为，内水和领海是传统的国家领土的组成部分，国家对其拥有完全的主权，与领土主权直接相关的事项都是沿海国的专属管辖事项，主要体现在：（1）沿海国对其领海内的一切资源享有专属权利，任何外国或个人非经允许不得进行开发利用。《中华人民共和国领海及毗连区法》第11条规定，任何国际组织、外国的组织或者个人，在我国领海内进行科学研究、海洋作业等活动，须经我国政府或有关主管部门批准，遵守我国的法律、法规。（2）沿海国对其领海上空享有专属权利，外国航空器非经允许不得飞入或飞越该国领海上空。《中华人民共和国领海及毗连区法》第12条规定，外国航空器只有根据与中国签订的协定或经中国政府批准，方可进入中国领海上空。（3）沿海国享有沿海航运的专属权利。（4）沿海国有制定、颁布有关领海内航行、缉私、移民、卫生等方面的法律和规章的权利。尽管领海无害通过权得到了海洋法公约的承认，但是海洋法公约并不排除沿海国制定关于无害通过领海的法律和规章的权利。

（二）部分专属管辖

国家对专属经济区、大陆架、公海上船舶的管辖属于部分专属管辖。

国家对专属经济区的自然资源的勘探、开发和养护的权利是专属的；国家为勘探大陆架和开发其自然资源的目的，对大陆架享有的主权权利是专属的，不取决于有效或象征的占领或任何明文公告，任何未经沿海国明示同意，均不得从事这种活动；在专属经济区和大陆架上，国家对人工岛屿以及结构和设施的建造、管理、操作和使用享有专属管辖权，国家有授权和管理为一切目的在大陆架上进行钻探的专属权利；公海不属于任何国家的管辖范围，但船旗国对公海上的船舶享有专属管辖权，公海上船舶碰撞案件，应由船旗国管辖，因在公海上发生碰撞或其他航行事故需要追究有关人员责任时，仅可向船旗国或被告国籍国的司法或者行政当局提出，任何第三国无权命令逮捕和扣押船舶。

（三）专属管辖例外

遇有国际条约或海洋法公约明文规定的例外情形，船旗国或被告国籍国不享有专属管辖权，而是与其他国家行使并行的管辖权。主要有以下几种情形：对海盗行为的管辖；对非法广播行为的管辖；对严重污染行为的管辖等。

四、保护性管辖原则

保护性管辖原则，是国家基于海洋法规定对发生在国家管辖范围以外的对国家或其国民的重大利益造成或即将造成损害的行为有采取预防性、补偿性、惩罚性或自卫性措施的权利。保护管辖原则是以每个国家都有权维护本国国家和国民利益的一般国际法原则为基础确立的管辖原则，也是作为国家主权之一部分的国家自卫权在法律领域的体现。在实践中主要有以下几种情况：（1）排放性海难事故管辖。《联合国海洋法公约》第211条规定，有引起排放或排放可能的海难等事件时，立即通知其海岸或有关利益可能受到影响的沿岸国。（2）海洋污染管辖。国家为保护其海岸或渔业及其他利益免受海难所直接或间接引起，或合理预期重大损害的污染或污染威胁，有权在其领海以外采取并执行与实际的或可能发生的损害相称的措施。（3）非法广播管辖。对于在公海上从事未经许可的广播的行为，根据《联合国海洋法公约》第109条，凡能收听到这种广播并使获得许可的无线电通信受到干扰的任何国家，都可以逮捕有关人员和船舶，并进行审判。（4）违法行为管辖。沿海国主管当局有充分理由认为外国船舶违反该国法律和规章时，有权对该外国船舶在公海进行紧追、拿捕和审判。（5）自卫性管辖。当外国人或外国船舶的行为对沿海国的主权、安全、重大政治或军事利益构成严重损害或威胁时，沿海国有权在公海上对其拦截或攻击。

保护性管辖原则是对属地管辖原则的有益补充，但是，在实际适用中还应当受到一定的限制，即必须尊重犯罪地国的法律，对于犯罪地国的法律不认为是犯罪的行为，任何国家不得以保护本国国家或国民利益为由，对有关行为者行使管辖权。

五、普遍性管辖原则

普遍性管辖原则，也称世界主义管辖原则，是指各国对某些特定事项均有管辖权。普遍管辖的对象是国际犯罪，即以国际公约的形式明确予以禁止的、危害国际社会共同利益的罪行。不论这种犯罪是否在本国领土内发生，不论是否由本国国民实施，也不论是否侵害本国国家或国民的利益。只有对于国际犯罪，才可以实行普遍管辖。因为这类犯罪危害了国际社会共同关注的重大利益，这类犯罪的实施，不仅仅是对某个国家、某个人的侵犯，而且同时也是对全世界人民的共同利益的侵犯，是对整个人类的安全和秩序的破坏。如果某种犯罪所侵犯的只是某个特定国家或个人的利益，而没有构成对整个国际社会的威胁以致未被国际公约宣布为国际犯罪，即使这种犯罪以跨国的形式出现，也不能对其实行普遍管辖。

为了维护公海及其他国家管辖范围以外的地方的法律秩序，海洋法公约承认所有国家对严重破坏公海和平与安全的犯罪行为的管辖权，其明文规定授予各国普遍管辖权的事项有四项。

（一）海盗行为

由于海盗行为危害了人类的共同利益和世界各国的航海安全，所以习惯国际法将其宣布为“人类公敌”，并将实施这种犯罪的人排除在其国籍国的法律保护之外，视为“法外之人”。凡是在海上犯有海盗罪行的人，任何国家都可以从保护全人类利益的需要出发，对其加以擒获；凡是被指控犯有海盗罪的人，任何国家在其权力可及时都可予以审判和惩罚。《联合国海洋法公约》进一步确认了习惯国际法对海盗罪的管辖原则，第100条规定，所有国家应当尽最大可能进行合作，以制止在公海上或在任何国家管辖范围以外的任何其他地方的海盗行为。第105条规定，在公海上，或在任何国家管辖范围以外的任何地方，每个国家均可扣押海盗船舶或飞机或为海盗所夺取并在海盗控制下的船舶或飞机，和逮捕船上或机上人员并扣押船上或机上财物。扣押国的法院可制定应处的刑罚，并可决定对船舶、飞机或财产所应采取的行动。

（二）贩奴行为

《联合国海洋法公约》第99条规定，每个国家应采取有效措施，防止和惩罚准予悬挂该国旗帜的船舶贩运奴隶，并防止为此目的而非法使用其旗帜。在任何船舶上避难的任何奴隶，不论该船悬挂何国旗帜，均当然获得自由。

（三）非法贩运麻醉药品行为

《联合国海洋法公约》第108条规定，所有国家应进行合作，以制止船舶违反国际公约在海上从事非法贩运麻醉药品和精神调理物质。任何国家如有合理根据认为一艘悬挂其旗帜的船舶从事非法贩运麻醉药品或精神调理物质，可要求其他国家合作，制止这种贩运。

（四）非法广播行为

《联合国海洋法公约》第109条规定，禁止未经许可的广播指船舶或设施违反国际规章在公海上播送旨在使公众收听或收看的无线电传音或电视广播，但遇难呼号的播送除外。所有国家应进行合作以制止这种广播，遇有上述情况，可向船旗国、设施登记国、广播人所属国、可以收到这种广播的任何国家、或得到许可的无线电通信受到干扰的任何国家的法院，对在公海从事未经许可广播的任何人提起诉讼。有管辖权的国家可逮捕从事未经许可的广播的任何人或船舶，并扣押广播器材。①

六、共同开发原则

共同开发是20世纪才出现的一种开发自然资源的方式，它是有关国家暂时搁置主权或主权权利争议，在相互间协定的基础上，以某种合作方式勘探和开发重叠主张海域的资源。它是世界很多国家认可和采用的一种功能性合作制度。这种制度安排与《联合国海洋法公约》第74条和第83条的要求是一致的。一般来说，争端海域的共同开发是划界前的一种过渡安排，它不妨碍最后协议的达成和最后界限的划定，不意味着任何一方放弃其权利或权利主张，也不得视为承认对方的权利主张。在过渡期内，共同开发活动不构成支持或否定任何一方对有关区域及其石油资源的权利或权利主张的基础，也不创设任何新的权利或扩大现有权利。国际法理支持共同开发的解决方法。北海大陆架案判决指出，在重叠海域，可"通过共同开发的协议来解决"。杰瑟普法官在其个别意见中强调："在争议但尚未划界而又有部分领土重叠的大陆架区域，共同开发原则……更为适用。"突尼斯—利比亚大陆架案同样肯定了共同开发的方法。专案法官埃文森在其意见中说，共同开发是解决海洋边界争端的一个公平的替代方法。与采取其他解决方法相比，共同开发具有不可比拟的优越性。共同开发是双赢的。它既不影响有关国家的权利主张或立场，又能以符合经济效益原则和各自利益的方式毫不迟延地、有效地勘探开发石油资源，使它们迅速地从商业性石油发现和生产中获得最大经济利益。它既能维护各自对共同开发区的管理与控制，又能提供安全的石油投资、开发环境。共同开发在有关国家优先利用争议区域资源的实用考虑与维持各自权利主张或立场之间建立了适当的平衡。

共同开发最早出现于沙特阿拉伯与科威特之间的菱形中立区上。历史上这个地区经常发生部族流血冲突。为了缓和与最终防止这类部族冲突，两国协议划出一块缓冲地区，这就是"中立区"，规定对于区内未加分割的资源由两国平等共享。1938年，在"中立区"发现了丰富的石油蕴藏，

① 傅崐成编校：《海洋法相关公约及中英文索引》，厦门大学出版社，2005年版，第38页。

两国同意让美国公司开发，并成立了联合员会，监督美国公司的活动。1962年，科威特获得完全独立，成为主权国家。三年后，即1965年，两国再次签定协议，将“中立区”等分为二，地面实行分治，地下（石油）实行“共同开发”。这就是最初形态的共同开发。因此说，共同开发起源于陆地，随着海洋油气资源不断发现，共同开发也就延伸到了海上。现在的共同开发，几乎都是对海洋自然资源而言的。

此外，有些国家还建立了作为海洋划界协议一部分的共同捕渔区。这类案例可以包括：哥伦比亚与多米尼加、澳大利亚与巴布亚新几内亚、肯尼亚和坦桑尼亚、苏联与瑞典等国家之间的双边渔业协定。

七、公平原则

公平原则是国际社会用以确定岛屿的存在等相关情况、保护自然资源的统一性、公平分配自然资源、划分当事国之间大陆架和专属经济区的单一界限等事项所依据的原则，它与《联合国海洋法公约》第59条精神相符合。

“公平”一词源于衡平法，《牛津法律大辞典》认为，衡平这个词的含义是公平、合理、正义，可作为自然正义的同义词使用。该词的第二个含义是相对于严格的法律规则而言，表示与法律的严谨性或严格性不同的衡平法。以公平原则处理问题，是把公平作为一项法律原则来适用的。在1922年的挪威船主求偿仲裁案里（Norweigian Shipowners' Claims Arbitration），美国和挪威在仲裁协定里请求国际常设法院“根据法律和公平原则裁定本案”。国际常设仲裁法院认为：特别仲裁协定里的“法律和公平”一词的意义，不能从传统的盎格鲁-撒克逊法学去理解。大多数国际法学家看来都同意这些词（指法律和公正，作者注）应当被理解为指一般的公正原则，它不同于任何国家国内法的任何特定法律制度。[①]

国际法院在1982年的突尼斯—利比亚大陆架划界案中，认为公平原则理应体现为以下三点：（1）适用公平原则的结果必须是公平的。结果才是

① ［美］M. D. 布来彻：《大陆架的公平划界》，载自《美国国际法杂志》，第73卷，1979年版，第84页。

最重要的，而原则必须从属于目标。某一原则的公平性必须根据它是否有助于达到公平结果来估价，因此，法院必须按照它们是否能恰当地达到公平结果来选择其应当指出的原则。公平原则一词不能够抽象地解释，它还涉及为达到公平结果可能是恰当的原则和规则。（2）公平作为一个法律概念，直接源出于正义这一思想。公平的法律概念是一个直接可以用作法律的普遍原则，法院必定要适用它。在适用实在国际法时，根据该案的情况，法院可以在几种可能的法律解释中选择一种最接近正义要求的解释。（3）公平原则的应用要与以“公允与善良”为基础做出的判决区别开来。根据公允与善良做出的判决，法院可以不严格地适用法律规定。法院在本案中的任务完全不同，它有义务把公平原则当作国际法的一部分来运用，有义务权衡各种不同的相关情况，以得到公平结果。最后强调，“划界的进行应按照公平原则，并考虑到所有有关情况”。在1985年利比亚—马耳他大陆架划界案中，国际法院确认“司法判决一致主张，当事双方本身也同意，大陆架边界的划定必须在一切有关情形下适用公平原则以取得公平的结果”。1985年判决强调，“作为公平来源的公正不是抽象的公正，而是按照法律规则的公正。它的适用应当显示出一贯性和一定程度上的可预期性；即使对某一目前正在审理的案件的特殊情况要予以特别注意，也要对这种特殊情况以外的普遍适用的原则予以注意。公平原则既是特殊案件中达到公平结果的方法，同时还具有更普遍的有效性并因此可以用一般词语来表达”。所以，“作为一般国际法的一部分来适用的公平原则的规范性是重要的，因为这些原则不仅制约通过裁判或仲裁的划界，而且还首要地制约当事双方首先谋求通过协议进行划界的义务，这种协议也必须谋求达到公平的结果”。1985年判决总结了公平原则的几个特征：（1）公平不是抽象的公正，而是按照法律规则的公正；（2）公平的适用应当显示出一贯性和一定程度上的可预期性；（3）公平的法律概念是一个直接可以用作法律的普遍原则。

从国家实践来看，公平原则在海域划界中已得到普遍适用，在具体适用时，国际司法、仲裁实践和国家实践都主张还必须考虑各种相关情况，包括岛屿的存在、海岸线的长短、海岸的形状、自然资源的存在等。

八、国家豁免原则

国家在海上的豁免权，主要体现在军舰和政府公务船上，它是国家主权原则的具体表现形式。《联合国海洋法公约》关于国家豁免问题，采取的是有限豁免原则，在该原则下，用于商业目的的政府船舶或纯商业性船舶是不享有豁免权的。这一豁免权可分为完全豁免权与不完全豁免权。《联合国海洋法公约》第 95 条、第 96 条规定，军舰或专用于政府非商业性服务的船舶在公海上享有不受船旗国以外的任何其他国家管辖的完全豁免权。而在他国领海、专属经济区或大陆架，军舰和其他用于非商业性目的的政府船舶，因受沿海国有关法律和规章的限制，相对公海上的豁免权来说，则是不完全的。

应明确，国家海上豁免制度，豁免的是司法管辖而非责任。军舰和政府公务船无论在什么海域违反沿海国的法律规章，违反海洋法公约或其他国际法规则，而使他国遭受的任何损失或损害，船旗国应承担国际责任。

第二章 国家海上主权

国家海上管辖权制度，是建立在现代海洋法律制度之上的。根据法律性质的不同，《联合国海洋法公约》把海洋分成九个不同的海域，即：内水[①]、领海、毗连区、专属经济区、大陆架、用于国际航行的海峡、群岛水域、公海和国际海底区域。各海域的范围、法律地位和法律制度不同，国家在各个海域管辖权也不尽相同；同时，各国在国际海洋法律制度所确立的海洋职权分工基础上，颁布国内法，以确定本国在各海域行使管辖权的具体形式。从各海域国家海上管辖性质上划分，国家海上管辖权由国家海上主权权力、国家专属管辖、国家在国际海域中的权利构成。

内水、领海和群岛水域是国家区域[②]的水上组成部分，沿海国或群岛国对其享有无须宣告的主权，因此，沿海国或群岛国在这些海域所实施的管辖为国家海上主权管辖，1958 年《领海及毗连区公约》和 1982 年《联合国海洋法公约》是其最重要的法律基础。上述管辖权虽统称为海上主权权力，但相互之间依然存在着差异。

第一节 国家内水管辖

一、内水的界定

内水有广义和狭义之分。狭义的内水仅指领海基线向陆地一面的海域，即内海水（inland sea）。广义的内水不仅包括内海水，而且还包括一

① 这里指狭义的内水概念，即内海水（内海）。

② 国际法上的空间可以分为国家区域和非国家区域。国家区域是国家在其范围内拥有领土主权、有权组织其发展并建立法律秩序的空间；非国家区域是一切不属于任何国家或为世界共有的区域。

国陆地领土内的水域，即内陆水（inland waters）。[①]《联合国海洋法公约》第8条第1款规定："领海基线向陆一面的水域构成国家内水的一部分。"可见，《联合国海洋法公约》所指的内水是狭义的内水，即内海水。以下如无特殊说明，内水均指内海水（内海）。内水包括沿海港口、内海海湾和历史性海湾、内海海峡以及领海基线与海岸之间的其他部分海域。

（一）港口

港口是指具有天然条件和人工设备，便于船舶停泊和上下客货的港湾，海岸线上的港口即为海港。在海洋法中，海港指用于装卸货物、上下乘客和船舶停泊并具有各种工程设施的海域。

早在1758年，瑞士国际法学家瓦泰尔在其著作《万民法》中就指出，港口"是国家的一部分，并从而属于国家所有。在法律效果方面，对于它们可以适用如同对于其国土本身一样的占有和权力"。[②] 在现代国际法上，港口被认为是国家的内水，与陆地领土一样受国家主权的排他管辖。国际法规定，港口的外部界限是指一条连接港口最外缘各海港建筑、工程最外点而将整个港口包围在内的线。当港口外缘设有如同防波堤一样的伸入大海最深处的永久性建筑时，该界限便是与这类永久性建筑最外缘重合的一条线。这种港口的外部界限在开阔性平直海岸的情况下，事实上就是测算领海的基线；但如果港口处在一个更大的内海海域之中，则不是领海的基线，如领湾中的港口。

对于港口的划定，1958年《领海及毗连区公约》第8条规定"构成海港体系主要部分的最外部永久工程应视为组成海岸的一部分"。1956年国际法委员会准备第一次海洋法会议时对此曾做的注释指出：直至最外部设施之间的一条线的港口水域，构成沿岸国的港口水域，构成沿岸国内水的一部分，在海岸和伸出海上建立的永久性建筑（如防波堤和海岸保护工程）应视同海岸工程。1982年《联合国海洋法公约》第11条规定"为了划定领海的目的，构成海港体系组成部分的最外部永久海港工程视为海岸

① 包括河流、湖泊和运河。

② 转引自拉扎列夫主编：《现代国际海洋法》，天津人民出版社，1981年版，第71页。

的一部分。近岸设施和人工岛屿不应视为永久海港工程”。这就是说，海港的最外部永久海港工程视为“海岸”，沿海国在划定领海基线时，可以此“海岸”最外部的一条线作为领海基线，但不能根据近岸设施和人工岛屿的位置划定领海基线。

从法律地位上，港口可分为开放港和不开放港，后者也称封闭港。一国准许外国船舶进入的港口为开放港口，而不对外国船舶开放的港口，如军港或专为本国沿海贸易服务的港口为封闭港。此外，从港口的形成上，可将港口分为天然港和人工港；从港口的用途上，可将港口分为军港和商港。

（二）内海海湾和历史性海湾

海湾是指海洋深入陆地而形成的明显的水曲（水曲的面积应大于或等于以水曲曲口宽度为直径所划的半圆，否则不构成海湾）。

内海海湾是指湾口宽度不超过两岸领海宽度总和且沿岸属于一国领土的海湾。国家对其内海海湾有完全的、排他的主权。确定这种海湾的前提是如何划定海湾的范围。按照习惯，在国际实践中曾有过如下几种做法：一是规定湾口宽度不超过 3 海里领海宽度的两倍（6 海里）的海湾构成沿岸国的领湾，湾内水域构成沿岸国内水。[①] 二是规定湾口宽度不超过 10 海里的海湾属于沿岸国内水。[②] 三是 1958 年《领海及毗连区公约》规定湾口宽度不超过 24 海里的海湾，为沿岸国的内海；湾口宽度超过 24 海里者，根据特定划界方法部分地属于内海。后来，《联合国海洋法公约》第 10 条就此问题做了新的规定：一方面确定了海湾的概念，即“海湾是明显的水曲，其凹入程度和曲口宽度的比例，使其有被陆地环抱的水域，而不仅为海岸的弯曲。但水曲除其面积等于或大于横越曲口所划的直线作为直径的半圆形的面积外，不应视为海湾”。另一方面指出了划定海湾水曲面积的方法，即“水曲的面积是位于水曲陆岸周围的低潮标和一条连接水曲天然

---

① 作者注：因为英国和美国都曾主张 3 海里的领海宽度。

② 1882 年的《北海渔业公约》确立了 10 海里规则。1910 年，常设仲裁法院在“北大西洋海岸捕鱼案”中认为内海海湾的湾口可以不超过 10 海里，而在 1951 年的“英挪渔业案”中，国际法院认为 10 海里规则不是公认的习惯规则。

入口两端低潮标的线之间的面积”。

历史性海湾是指那些沿岸属于一国，其湾口虽然超过领海宽度的两倍，但历史上一向被承认是沿岸国内海的海湾。最先使用历史性海湾这一概念的是 1910 年的“北大西洋海岸捕鱼案”。该案的中心问题是解决在北大西洋沿岸有海湾地形的地方如何划定 3 海里领海的起算线。该案的判决引起了国际法学家之间的争论。1962 年 3 月 9 日，国际法委员会为联合国秘书处所准备的研究文件“关于历史性水域，包括历史性海湾的法律制度”中指出了一国取得历史性权利的水域应具有的三个要素：主张历史性权利的国家应对该水域行使权利；该权利的行使应是连续的在一个相当长时间，并实际上已发展成为惯例；各国的态度，即为各国所默认。此外，也有提及第四个要素的，即证明是基于经济、国家安全及重大利益上的需要或类似理由而主张的。《领海及毗连区公约》第 7 条第 6 款和《联合国海洋法公约》第 10 条第 6 款，都明确承认了历史性海湾的存在，但未对何为历史性海湾下定义。目前，各国学者虽对历史性海湾有不同主张，但在历史性海湾的形成条件方面均承认须具备两个要件：一是沿岸国已长期将该海湾作为内海而行使主权；二是其他国家长期（明示或默示）承认该项控制的事实。应当注意的是，虽然在国际法理论界对于何为“长期的有效控制”和“长期承认”并没有统一的观点，但在各国实践中，已有一系列的海湾被宣布和确立为历史性海湾。它们当中有一些还是根据早期的湾口宽度不得超过 6 海里或 10 海里的标准宣布的。如果根据目前的湾口宽度不得超过 24 海里的标准，那么有些湾口宽度大于 6 海里或 10 海里而未超过 24 海里的海湾，就无须纳入历史性海湾的范围，而是可以根据“24 海里”的一般规则，被确立为沿岸国的内海。属于这一类的历史性海湾，有法国的湛卡尔湾（湾口宽 17 海里）、加拿大的康塞普兴湾（湾口宽 20 海里）等。由于历史性海湾的概念中并没有关于湾口宽度的上限，一些国家宣布的历史性海湾的湾口宽度大大超过了 24 海里，如加拿大的哈得逊湾的湾口宽度为 50 海里，根据加拿大对其有效控制和各国的默认被宣布为历史性海湾。再如俄罗斯的大彼得湾的湾口宽度为 110 海里，我国的渤海湾也具有历史性海湾的性质。

（三）内海海峡

海峡是两端连接海洋的狭长的天然水道。海峡是沟通海洋的通道，在战略上具有突出地位，对沿海国的安全和利益至关重要。海峡可以分为内海海峡、领海海峡和非领海海峡。内海海峡是处于一国领海基线以内的海峡，构成该国内海的一部分，该国对其具有完全的和排他的主权。例如我国的琼州海峡，1958 年我国领海声明确定直线基线方法划定基线，琼州海峡是基线以内的海峡，属于中国的内海。

（四）其他组成部分

河口湾就是指在河流入海口，由河流两岸向海的延伸部分构成的一片向海的类似于海湾的水域。根据《联合国海洋法公约》第 9 条的规定："如果河流直接流入海洋，基线应是一条在两岸低潮线上两点之间横越河口的直线。"但是，当河口出现河口湾这一复杂情况时，则应根据有关海湾的划界规定类推，在湾口两岸低潮线上的两点之间划一条横越湾口的封口线，作为领海基线，如果在湾口还有其他沙洲、岩礁、冲积岛时，则可以在它们的外缘选定一些点，并用直线连接起来形成直线基线。基线以内的河口湾属于内水。此外，处于领海基线与海岸之间的其他水域，也属于国家的内水。领海基线的划定有正常基线和直线基线两种方法。在正常基线的情况下，领海基线与海岸间的海域是指低潮线和高潮线之间的海域，而在直线基线的情况下，领海基线与海岸间的海域是指直线基线与海岸高潮线之间的海域。

二、内水管辖的法律制度

内水紧贴沿海国的海岸，具有特殊的地理位置，对沿海国的经济、军事和国防都具有重要意义。在国际法上，内水与国家的陆地领土具有相同的法律地位，是沿海国领土的组成部分，正如《奥本海国际法》中所指出的："实际上，内水在法律上是和国家的陆地相等的，虽然在形体上并不一样。"① 因此，沿海国对其内水享有完全的、排他性的主权。在此基础上，沿海国在该水域享有立法管辖权和执行管辖权。

（一）立法管辖

在立法管辖权方面，沿海国有权制定有关内水的法律和规章制度。这些法律和规章制度所针对的对象当然地包括沿海国船舶或公民在内水的实践活动，但更为重要的是，沿海国通常规定一切外国船舶未经沿海国许可不得进入内水，出于贸易等需要，外国商船获准进入内水后，也必须遵照沿海国法律和规章驶入该国指定的港口。这里有两种例外情况：一是对于外国遇难船舶（例如逃避大风暴的船舶），各国一般允许其驶入内水而无须事先获准，但它们应遵守沿海国的一切规章和制度，并且不得从事贸易、捕鱼、测绘等任何违反沿海国利益的行为，未经许可，船员也不得上岸；二是基于条约义务，各国也常准许外国商船驶入内水。对于外国军用船舶，沿海国一般规定必须通过外交途径办理一定手续，才得以进入其内水。

以上是有关内水的基本法律制度，为了维护对内水的主权管辖，沿海国通常会制定更为详细的规章制度，其中最突出的表现是港口制度。事实上，国际社会也曾经就港口问题制定过一些条约，如 1923 年的《国际海港制度公约》及其附件《国际海港制度规则》，主要规定：国家的开放港口应对所有国家的商船开放；外国商船进入港口，应遵守港口国的法律；港口国对进入港口的外国船舶一律给予平等待遇，不加歧视；对于遇难和躲避风暴的船舶应准其入境、停泊；对于军舰入港应做特别规定等。但是，该公约并未得到多数国家的批准，实践中，各国大多是通过国内法或者是通过双边的友好、通商和航海条约规定外国船舶入港制度和规则。概括地讲，这些制度和规则的内容主要包括四个方面：一是入港程序，外籍船舶进入港口首先须经港口国许可、办理一定手续，并提早数日将预计抵港时间告知港口国，在到港前 24 小时之前应将到港时间、船体前后吃水情

① ［英］詹宁斯、瓦茨修订：《奥本海国际法》，第一卷，第二分册，王铁崖等译，中国大百科全书出版社，1998 年版，第 7 页。

况向港监报告；二是抵港检查，外籍船舶抵港后应立即呈报有关报表和交验有关证书及文书，并接受港口国卫生防疫、海关缉私、移民、边防安全等部门的检查；三是强制引航，外籍船舶进港口时应接受港口国的强制引航并按规定的航道和航速行驶；四是在港行为限制，为维护港内秩序，各国一般都对外籍船舶在港内应遵守的事项做出规定（如武器的封存、无线电装置使用的限制等），为加强港内水域保护，许多国家还对港内排放油类、油性混合物和其他污物制定了专门的法规（如船舶排放压舱水、舱底水，必须向港监申请批准等）。

需要注意的是，沿海国在内水的立法管辖权并不是完全绝对的，在某种情形下也可能受到国际公约的限制。正常基线法自 1839 年就开始采用，而 1951 年国际法院在“英挪渔业案”的判决中才确认了直线基线法，因此可能存在以直线基线划定领海基线而使原来并未认为是内水的区域被包围在内成为内水的情况。1958 年的《领海及毗连区公约》第 5 条第 2 款规定：“如果按照第 4 条确定直线基线的效果使原来认为领海或公海一部分的区域被包围在内成为内水，则在此项水域内应有本公约第 14 条至第 23 条所规定的无害通过权。”1982 年的《联合国海洋法公约》第 8 条第 2款也做了类似的规定：“如果按照第 7 条所规定的方法确定直线基线的效果使原来并未认为是内水的区域被包围在内成为内水，则在此种水域内应有本公约所规定的无害通过权。”根据两个公约的规定，其他国家在此种水域内享有无害通过权。当然，内水中这种特殊的无害通过和领海中的无害通过制度不同。领海中的无害通过是对国家领土的一般限制，是一项较为完整和独立的制度，是领海法律地位的重要制度之一；而内水中这种特殊的无害通过，只是为了维持国际航道和航行的现状、为了方便国际航行，对于那些原来并不是内水，而现在根据《联合国海洋法公约》规定的直线基线法被划入领海基线以内的内水所实行的一项例外的无害通过，它并不构成内水的一项完整的制度。

（二）执行管辖

在执行管辖权方面，沿海国当然地对内水水域的本国船舶享有任何行政和司法管辖权，这里主要探讨沿海国对进入其内水水域的外国船舶的执行管辖问题。基于领土主权原则，位于内水内的外国船舶原则上受沿海国法律的支配并且受当地法院的管辖。[①] 但由于船旗国管辖权的存在，也有的国家主张对在外国内水的本国船舶行使管辖权。另有学者主张，如果仅仅船舶的内部秩序受影响或仅仅涉及海员或乘客之间的关系，沿岸国就没有管辖权。[②] 可见，在对进入沿海国内水的外国船舶的执行管辖问题上，存在着沿海国管辖和船旗国管辖的冲突与协调。对这一问题，国际上的管辖实践也明显地表现出不稳定和前后不一致的情况。

1806 年的“萨莉号和牛顿号案”（The Sally & The Newton）[③] 中，法国最高行政法院认为，除非港口的安宁与良好秩序受到威胁，或者经船长或领事官员请求地方当局予以协助，沿海国不应行使管辖权。这一制度对随后的许多国家实践有着重要影响。[④] 然而，法国后来的实践却对该规则一再做出不同解释。1859 年法国最高法院在“坦佩斯特号案”（Tempest）的判决中认为：每一国家在其全境内都有主权管辖，这是国际法的原则，但是外国商船不应该归当地管辖，除非当地国的利益受到影响。该法院又认为，即使犯罪仅涉及船员之间，并不涉及船舶以外的人，如果罪行是严重的，尽管事实上并不扰乱当地的和平和安宁，当地国仍有权干预。[⑤] 在 1916 年的“陈光杀人案”和 1953 年的“麦克逊案”中，法国法院认为“即使当地国的公共秩序没有受到扰乱，1806 年的判决也不能排除法国法院的管辖权”。[⑥]

在 1930 年海牙国际法编纂会议筹备委员会上所发表的声明中，英国政

---

① ［英］詹宁斯、瓦茨修订：《奥本海国际法》，第一卷，第二分册，王铁崖等译，中国大百科全书出版社，1998 年版，第 37-38 页。

② ［英］劳特派特修订：《奥本海国际法》，上卷，第二分册，商务印书馆，1972 年版，第 37 页。

③ 1806 年美国的两艘船“萨莉”号和“牛顿”号在法国港口停泊时，船上发生了船员之间的斗殴，法国港口当局和美国领事都主张自己有管辖权。后经法国行政法院判决认为，对船舶内部纪律事项或不影响船上外部人员的海员的犯罪行为，不应行使当地警察权。除非犯罪行为的程度扰乱了港口的和平和安宁，或船长请求地方当局予以协助。这就是所谓的“法国规则”。

④ 比利时、巴西、希腊、意大利、墨西哥、挪威、葡萄牙和南斯拉夫等国皆遵循了这一制度。

⑤ 参见 P. C. Jessup, The Law of Territorial Waters and Maritime Jurisdiction, 1927, p. 147-148. 转引自倪征燠：《国际法中的司法管辖问题》，世界知识出版社，1985 年版，第 45 页。

⑥ 倪征燠：《国际法中的司法管辖问题》，世界知识出版社，1985 年版，第 45 页。

府表示："国家有权对停泊在其港口内的外国商船和船上的人员及货物行使管辖权。""在刑事事项上，沿海国当局通常不干预和执行当地管辖权，除非经船旗国的当地代表、或控制船舶的人、或可能直接受影响的人请求或代表他们请求予以协助。在任何情况下，是否进行干预，由沿海国当局断定。""在民事事项上，一旦经私人诉讼当事人请求，沿海国有权对停泊在其港口内的外国商船或船上的财产行使管辖权，但如果诉讼是针对船舶或财产而提起的，船舶或船上财产应在提供保释金或担保时予以释放。""沿海国有权对停泊在其港口内的外国商船予以扣押。"①

1887 年美国在"怀尔顿赫斯案"（Wildenhus' Case)② 中，最高法院适用了与比利时签定的领事条约，认为发生在新泽西码头的一艘比利时船上的比利时船员之间的谋杀事件扰乱了港口的公共和平，可以行使当地的管辖权和适用当地的刑法。

（三）港口内外船舶管辖

关于内水中尤其是港口内外国船舶的管辖问题，1958 年《领海及毗连区公约》和 1982 年《联合国海洋法公约》均没有专门的规定。《联合国海洋法公约》只在第 111 条关于紧追权的条款中规定："沿海国主管当局有充分理由认为外国船舶违反该国法律和规章时，可对该外国船舶进行紧追。此项追逐须在外国船舶或其小艇之一在追逐国的内水、群岛水域、领海或毗连区内时开始，而且只有追逐未曾中断，才可在领海或毗连区外继续进行。"在多数国家实践中，沿海国可行使属地管辖权，但对于刑事案件，通常仅在其利益受到损害（如受害者为本国国民）、案情重大、或应船旗国请求时才实施管辖；对于民事案件，只有当争执涉及沿海国公民的利益，或者争执发生在一国船上而争执的另一方为船舶以外的人，或者涉

---

① ［英］詹宁斯、瓦茨修订：《奥本海国际法》，第一卷，第二分册，王铁崖等译，中国大百科全书出版社，1998 年版，第 37-38 页。

② D. P. O'Connell, The International Law of The Sea, Volume 2. Clarendon Press, Oxford World Publishing Corp, 1982, p. 941.

及船舶以外的因素（如英国副船长被罚案[①]），沿海国才进行管辖，如涉及船舶本身在港内航行、停留期间的权利义务问题，所在国法院根据本国法律有权决定是否受理。对于纯属外国船舶内部的事务，如船舶内部纪律、工资、劳动条件、秩序、经济事务、人身权利或财产纠纷等问题，一般由船旗国管辖。和其他船舶一样，位于沿海国内水的军用船舶和用于非商业目的的政府船舶也必须遵守沿海国的有关法律和规章，但由于其具有“浮动国土”的性质，享有国家豁免权，因此对于这些船舶，沿海国不得对其进行任何形式的诉讼，不得加以逮捕和扣留；但如果有违反情事，沿海国可提出警告，直至强迫其离境。

此外，领事条约对港口外国船舶的管辖问题具有重要作用，构成对有关海洋法公约的补充。领事职务包括“对具有派遣国国籍之船舶，在该国登记之航空机以及其航行人员，行使派遣国法律规章所规定之监督及检查权”。[②] 因此，领事有权代表本国政府，对在接受国港口内的派遣国船舶依照本国的国内法行使监督权和检查权。如1963年《日本和美国领事专约》第21条规定：“一、除非经领事官员请求或取得他的同意，接受国行政当局不得干预有关船舶内部管理的任何问题。……二、在不损害接受国行政和司法当局有关有权审理船舶在接受国港口或水面时在该船上所犯的罪行或违法行为，或实施接受国对任何国家在其港口和水面的船舶或对船上的人和财产所适用的法律的情况下，缔约双方的共同愿望是，除经领事官员的请求或同意，接受国的行政当局：（一）不得干预在船上发生的任何事情，但为维护和平和秩序或为了公共卫生或安全的利益者除外；（二）对

---

① 1925年6月4日，一艘英国轮船停泊在苏联的海参崴港，副船长查理士·秀托尔因怀疑一位给轮船卸货的中国籍工人偷东西，下令把这个工人用手铐铐在船上，时间长达一个小时之久。苏联民警局知道后，派了一位民警前来解决此事。民警局命令副船长释放这个工人，并按苏联刑法典对英国人的这种放肆行为追究责任。海参崴市第三区人民法院对查理士·秀托尔处以400卢布的罚金。秀托尔缴纳了罚金，但又向苏联最高法院检察署提起上诉，要求撤销原判决，理由是英国轮船的船长有权在自己的船上适用英国的法律，而英国法律允许将船上拘留的罪犯戴上手铐。苏联最高法院检察署驳回了查理士·秀托尔的上诉。最高法院认为，在一国领水界限内，所有商船都要服从该国的法律；退一步讲，即使查理士·秀托尔可以拘留有偷窃嫌疑的中国籍工人，他也无权给他戴上手铐，因为这是违反苏联法律的。

② 见《维也纳领事关系公约》第五条第（十一）项。载自白桂梅、李红云编：《国际法参考资料》，北京大学出版社，2002年版，第200页。

在接受国港口或水面的船舶上所犯的罪行或违法行为不得起诉，除非其性质严重或涉及港口的安宁……”[1] 可以看出，该领事专约并不否认沿海国的管辖权，但双方约定，沿海国如要行使管辖权，在许多情况下要经领事官员的请求或同意。另外，《领海及毗连区公约》第 19 条和《联合国海洋法公约》第 27 条都规定了领事的作用。当管辖权留给船旗国的时候，该权利的行使也是由船旗国的领事或船长来完成的。在许多领事条约中，都有类似的条款。

三、我国有关法律制度

我国大陆海岸线长达 18 000 多千米，沿海有许多岛屿、海湾、海峡、河口、港口。我国的内水海域包括被直线基线划入的海湾、海峡、港口、河口等海域。正如 1958 年我国关于领海声明所宣布的：“在基线以内的水域，包括渤海湾、琼州海峡在内都是中国的内水”，由我国实行完全的、排他的主权权力。我国在内水上行使管辖权的机关是海事局、海关、海事法院和海事仲裁委员会等，另外还有武警部队海警总队（又称中国海警局）和海军承担保护我国内水的任务。任何外国船舶未经我国政府许可不得进入我国内水。对我国内水的侵犯，将构成对我国领土的侵犯，并将引起相应的国际责任。

渤海湾，位于辽东半岛和山东半岛之间，三面环陆，东部通过渤海海峡与黄海相连接。该海湾以自辽东半岛的老铁山角至山东半岛北岸蓬莱角的连线与黄海分界，湾口宽度为 57 海里。湾内还有三个小海湾，即辽东湾、渤海湾、莱州湾以及一片中央水域，其总面积为 80 000 平方千米。渤海湾自古以来在我国主权支配之下，并且早已得到国际上的承认。如 1864 年，普鲁士与丹麦作战时，普鲁士军舰曾在渤海湾内拿捕了一艘丹麦船，清政府对普鲁士提出抗议后，普鲁士将丹麦的船只释放。从这一意义来看，渤海湾是属于我国内水的历史性海湾。另外，由于渤海湾湾口分布着一系列岛屿，如长岛、庙岛群岛等，这些岛屿自北至南排列在渤海湾口，

① 参见《日本和美国领事专约》，载自《国际条约集》（1963—1965），商务印书馆，1976 年版，第 33 页。

控制着整个渤海海峡，并将渤海海峡分割成了大、小九个水道，每一水道的宽度均不足 24 海里，其中最宽的一处位于辽东半岛尖端的老铁山与北隍城岛之间，两岛距离为 22.5 海里。按照《联合国海洋法公约》的规定，海湾湾口若超过 24 海里，但被小岛分割成若干段时，应以最宽的一段作为测算湾口宽度的标准。因此，亦可将其划为我国内海湾。1958 年我国关于领海的声明第 2 条中，明确规定了渤海湾是属于我国领海直线基线以内的内水。

琼州海峡，位于我国南部雷州半岛和海南岛之间，东接南海，西临北部湾，地理位置十分重要，对于我国的经济和国防具有极为重要的意义。该海峡宽为 10.8 海里，长为 54 海里，海峡中水域最深处为 100 米。根据 1958 年我国关于领海的声明，它被划入我国领海的直线基线以内，是我国的内海海峡，受我国主权的排他性管辖。但为了照顾近邻国家通航的便利，同时兼顾国防的安全，我国允许外国商船在一定条件和严格管制下通过海峡，即外国船舶未经许可不得进入或穿越。1964 年 6 月 8 日，我国颁布了《外国籍非军用船舶通过琼州海峡管理规则》，该规则第 1 条规定："琼州海峡是中国的内海，一切外国籍军用船舶不得通过，一切外国籍非军用船舶如需通过，必须按照本规则的规定申请批准。"根据该规则的规定，外国非军用船舶须在进入海峡 48 小时之前或起航以前，提出过峡请求，将船名、国籍、总吨、航速等情况详细电报琼州海峡管理处，接到批准过峡的通知后方得过峡。过峡时，须遵守一系列具体的规则：如通过管理区的时间，一律以白天为限，夜间不许通行；在通过琼州海峡时，不得使用雷达，不准进行照相、测量以及其他违反中国法令的行为等。

我国沿海分布着几百个港口，包括商港、军港、渔港、工业港、专用港等。其中，用于对外贸易和出入外籍船舶的开放港有大连、秦皇岛、天津、烟台、青岛、连云港、南通、上海、宁波、温州、福州、厦门、汕头、黄埔、广州、湛江、海口、北海等。中国的港口制度最先是由 1954 年《中华人民共和国海港管理暂行条例》和 1957 年《中华人民共和国对外国籍船舶进出港口管理办法》规定的，1979 年 8 月 25 日的《中华人民共和国对外国船舶管理规则》取代了以前的规定。目前我国港口制度主要体现在 1979 年的《中华人民共和国对外国籍船舶管理规则》、1976 年的《中华人民共和国海港引航工作规定》、1983 年的《中华人民共和国海上交通安全法》及 2003 年的《中华人民共和国港口法》中。总体来说，海港所占用的水域属于国家的内水，完全受国家主权管辖和支配，外国船舶进入我国港口和在港口停留，必须遵守中国的法律法规。进出港规则主要有：外国船舶进入中国港口，必须事先获得许可，应在预计抵达港口 1 周前，通过我外轮代理机构办理进港申请批准手续，并要在到港 24 小时前，再做一次到达具体时间与船体吃水情况的报告；外国船舶获准入港者，应在指定地点等候我国的港监、边防、海关，检疫等机关的检查；外国船舶进出我国港口和在港口航行，必须由我国港监指派的引航员引航；外国船舶出港须呈交出港报告和有关文件，经检验后发给出港许可证；外国船舶处于不适航状态，或有违法情况，或发生事故，港监有权禁止其出境。港内停泊和管理规则主要有：外国船舶进入港口，应立即呈报进口报告，交验船舶证书及有关文件；外国船上的武器、弹药应由港监封存，停止使用无线电通讯设备，禁止射击、游泳、钓鱼、鸣放鞭炮，未经当地有关部门批准，船上人员不得登陆和装卸货物；港内航行和停泊的外国船舶应悬挂其国旗和港口规定的信号；外国船舶如有处于不适航状态、违反中国的法律或规章、发生海损事故、未缴纳应承担的款项等情形之一者，港监有权令其停航、返航或禁止出港。根据国家主权原则，我国对港内外船上一切事件都拥有管辖权。但在实践中，我国也通过与其他国家签订的领事条约的方式来确定管辖权的区分。如《中国与意大利领事条约》第 18 条①、《中国和美国领事条约》第 38 条②等。根据这些领事条约的规定，我国主管当局对停泊在我国港口的外国船舶内部事务或纠纷一般不行使管辖权；但如船上所发生的事件扰乱了我国沿海安宁和良好秩序，或案情重大经船长或使领

---

① 该条规定："……除非经船长或领事官员的请求或征得其同意，接受国主管当局不得对在船上所发生的行为或犯罪进行管辖，但下列情况除外：（一）接受国国民犯罪或使该国国民受到损害的犯罪；（二）破坏接受国安宁和安全的犯罪；……" 载《中华人民共和国领事条约集》（第一集）（1989），世界知识出版社，1989 年版，第 165 页。

② 该条规定："接受国的法院或其他主管当局打算对在其内水或领海的派遣国某一船上或上岸的船长和船员采取强制行动或进行官方调查时，必须通知派遣国有关的领事官员。……除非船长或领事官员提出要求，接受国的司法当局或其他主管当局在接受国的和平与安全不受破坏的情况下，不应在下述问题上干涉船只的内部事务……" 载《中华人民共和国领事条约集》（第一集）（1989），世界知识出版社，1989 年版，第 21 页。

馆提出协助请求，或案件涉及或损害我国公民利益，我国主管当局才进行管辖。比较典型的案例是1988年的“好望号案”。1988年5月9日，巴拿马籍油轮“好望”号停泊在上海宝山锚地，该油轮轮机长与同伴发生纠纷，焚烧轮机房，并持枪追击其他船员。上海市有关部门应船长的请求，立即派人登船灭火，并设法制止了犯罪行为。[①]

第二节　国家领海管辖

一、领海的界定

（一）领海的概念

1958年《领海及毗连区公约》规定：“国家主权扩展于其陆地领土及其内水以外邻接其海岸的一带海域，称为领海。”1982年《联合国海洋法公约》第2条基本上保留了这一定义，同时增添了群岛国领海的内容：“沿海国的主权及于其陆地领土及其内水以外邻接的一带海域，在群岛国的情形下则及于群岛水域以外邻接的一带海域，称为领海。”可以看出，领海具有三个特征，即必须是邻接海岸或内水的海域、受一定宽度的限制、受国家主权的管辖和支配。

领海的概念及其制度不是从来就有的，而是随着人类对海洋的认识和利用产生和确立的。人类社会进入封建社会以后，为了适应封建君主控制海洋的需要，一些法学家对罗马法做了重新解释。如意大利法学家巴托鲁斯（Bartdus，1314—1357）提出，任何国家的君主对沿海100海里范围内的邻接岛屿都享有所有权，并对岛屿之间的海域拥有权力。而另一位意大利法学家真提利斯（Gentilis，1552—1608）阐述了沿岸海域是毗连海岸所属国的领土的延续的观点，并把这种海域称作领水，从而在国际法历史上第一次提出了“领水”的概念。这些法学家的论说，为国际法上的领海制

① “新中国领事实践”编写组：《新中国领事实践》，世界知识出版社，1991年版，第172页。

度的形成做了理论上的准备。随着资本主义生产关系在封建社会内部的产生和发展，新兴资产阶级日益要求打破少数海洋强国对海洋的垄断和控制，以有利于航海贸易的进行。荷兰新兴资产阶级的代表人物、国际法学家格劳秀斯在1609年发表的《海洋自由论》中提出了海洋自由原则，认为那部分可以从岸上进行控制的海面属于沿岸国所有。这一理论指出了领海本身存在的根据，在各国资产阶级逐渐取得统治地位以后获得了广泛的支持。在这期间，许多国家的统治者放弃了对广阔海洋的要求，而转向只是主张对相对不大的沿海海域实行统治，领海制度逐渐得以确立。

需要说明的是，现代国际法上的领海曾经有过不同的称谓，如沿岸水（coast waters）、海水带（maritime belt）、领水（territorial waters）等。1930年海牙国际法编纂会议最后议定书“关于领水问题”的草案中认定，“领海”一词在各名词中比较合适。1958年《领海及毗连区公约》及1982年《联合国海洋法公约》均将此海域称为领海。这主要是因为沿岸水、海水带、领水没有真正界定该海域的特征。尤其值得一提的是“领水”。在现代国际法中，国家的领土构成包括领陆、领水、领空和底土，而领水是指一国主权管辖下的一切水域，既包括一国的内陆水、内海水，也包括一国的领海，因而领海只是领水的一部分，二者并不等同。

（二）领海的宽度和界限

领海的宽度和界限涉及国家将在怎样的空间范围内行使权利，是领海制度中的重要问题。

历史上曾经有过各种各样的确定领海宽度的方法和主张。最早的领海宽度主张是意大利法学家、著名的后期罗马法注释家巴托鲁斯提出的航程说，即沿海国对领海的法律管辖权延伸至从海岸算起100海里或相当于两天行程的距离。16世纪的意大利的法学家真提利斯以及同一时代的英国法学家普洛登（Plowden）、法国法学家博丹（Bodin）等也持类似的观点。但是他们所主张的海上疆界并未被各国的一般习惯所确认，也没有任何国家采用他们的主张作为其领海或海上的界限。

第二种是视野说，即以目力所及的地平线作为领海的界限。此界限距海岸观望点约14海里。最早采用这种方法的是苏格兰，后来英国也曾采用这种方法来确定海湾或湾口是否属于某一国范围的领地。1565 年，西班牙国王菲利浦二世在其敕令中规定："任何船只都不能进入我们的海岸、港湾或河流，即从我们的土地上能看见的界限以内，以伺机破坏我们的或我们盟国的船只。"① 虽然有一些国家采用这种方法，但由于其受到许多条件的限制（如视力所及的距离很大程度上取决于观察者的位置、观察时的天气好坏等），这种方法所确定的领海是处于变化之中的。

第三种是专属捕鱼权说，即用专属捕鱼权的范围来确定领海的宽度。因为各国普遍承认沿海国在其领海享有专属捕鱼权，所以专属捕鱼权在一定意义上反映了领海主权的概念。但由此确定的范围可能因渔季的变化和其他因素的影响而缺乏确定性。

第四种是大炮射程说，即以沿海国在岸上拥有的实际力量来决定在海上行使控制权的范围。1702 年，荷兰法学家宾刻舒克（Bynckershook，1673—1743 年）提出"使陆地的权力扩展到炮弹爆炸的地点显然是较为合理的，陆地的权力是以武器威力的范围为范围"。② 这里的"陆地权力"是指海岸对海域的控制权，"武器威力"是指大炮的有效射程。换言之，沿海国对近海以大炮射程为限的控制宽度即为该沿海国的领海宽度。③ 后来，由于大炮射程得到各国的普遍赞同，而 18 世纪大炮射程平均不超过 3 海里，一些国家便规定其领海宽度为 3 海里。尤其是英国、美国等海上大国由于拥有强大的海上力量，为了便于接近他国海岸；同时也为了便于获取他国近海资源，竭力主张 3 海里领海是国际法公认的规则。但一项规则如若能构成普遍国际法规则，不仅要求各国长期反复地实践，同时需要法律确信，而当时英美之外的许多国家规定了大于 3 海里的领海。"到了 19 世纪，法学家、法院与各国惯例都已广泛采用了 3 海里限度。到 20 世纪，这种限度继续得到英国、美国这两个海洋大国的坚定支持，但仍未能被承认

① ［苏］尼古拉耶夫：《国际法中的领水问题》，徐俊人等译，法律出版社，1956 年版，第 42 页。

② Willson，International Law，1939，p. 99.

③ 在宾刻舒克之前，大炮射程规则已很盛行，除宾刻舒克外，英国法学家福尔顿（Fulton）对大炮射程规则也做出解释，但是他的解释与宾刻舒克不同。他认为，存在着海洋应当向陆地致敬的规则，而应敬礼的范围的界线则由大炮的射程决定。福尔顿是从另一方面来论证国家领土最高权力在沿岸海水带上的有效范围决定于自岸上发出的大炮射程的这个规则的。

为国际法的普遍规则。”[①]领海的宽度问题一直未得到解决，直至第三次海洋法会议上通过了《联合国海洋法公约》。《联合国海洋法公约》第3条规定：“每一国家有权确定其领海的宽度，直至从按照本公约确定的基线量起不超过12海里的界限为止。”各国有权确定和不超过12海里的关系是一种相互补充的关系，是本国利益和国际利益协调和折中的产物。前者是确定领海基线的根本原则，是首要的；后者是在考虑本国利益的特点的同时，也应照顾到邻国和国际利益，是对前者的补充。

一国的领海宽度确定之后，大致可以知道一国领海的轮廓，但仍不能标出该国领海的确切位置和范围。要确定领海确切位置和范围就需要确定领海的界限（包括内部界限和外部界限）。按照《联合国海洋法公约》，领海的内部界限就是测算领海宽度的起算线，即领海基线，沿海国可以根据本国的情况采用正常基线或直线基线来划定。领海的外部界限是一条其每一点同基线最近点的距离等于领海宽度的线。《联合国海洋法公约》并未规定如何具体划定领海的外部界限，但根据各国的实践，划定领海外部界限的方法有以下三种：一是平行线法，即以领海基线上的各点，按照领海宽度的距离向与海岸大致走向垂直的方向平行外推，使领海的外部界线与基线的曲折状态相一致；二是圆弧法（或称交圆法），即以领海基线各点为圆心，以领海宽度为半径，逐一向向海方向划出一系列相交的半圆，各交点之间的半圆连接成的弧线就是领海的外部界限；三是共同正切线法（直线法），通常适用于海岸极为曲折而采用直线基线作为测算领海宽度的情况，即以直线基线上的每个基点为圆心，以领海宽度为半径，向向海的方向划出一系列的半圆，在每两个相邻的半圆之间划一共同切线，连接各切线的交点的一条线，就是领海的外部界线。

关于海岸相向或相邻国家间领海界限的划定，《联合国海洋法公约》第15条规定：“如果两国海岸彼此相向或相邻，两国中任何一国在彼此没有相反协议的情形下，均无权将其领海伸延至一条其每一点都同测算两国中每一国领海宽度的基线上最近各点距离相等的中间线以外。但如因历史性所有权或其他特殊情况而有必要按照与上述规定不同的方法划定两国领

① ［英］斯塔克：《国际法导论》，法律出版社，1984年版，第173页。

海的界限，则不适用上述规定。”从这一规定可以看出：两国之间如有协定则根据协定处理；[①] 此外，除因历史性所有权或其他情况另有协议外，两国须遵循等距离中间线原则，即以中间线为界，中间线上的任何一点与两边基线最近点的距离相等。如果相邻及海岸相向的两国的领海宽度各不相同，而海面宽度又少于它们的领海宽度的总和，则会发生领海重叠的情形。在这两种情形下，领海界限如何划定，国际上并无多大争论。一般认为，两国间的领海分界线应由双方根据不同的地理情况并照顾到历史上和经济上的各种因素，通过充分协商以协议来解决。

二、领海管辖的法律制度

领海管辖的相关问题与领海的法律地位密切相关。随着领海概念的提出，各国开始考虑领海的法律地位。有的认为沿海国对其领海享有主权，有的则主张沿海国为了海岸的安全才享有某些控制和管辖权。1928 年国际法协会在其《和平时期海上管辖权法》草案中，简单地写上领海建立在“管辖权”的基础上。1930 年海牙国际法编纂会议上，各国拟定的关于“领海法律地位”的公约草案亦认为沿海国对其领海享有主权。最早确认领海主权的国际公约是 1919 年《巴黎航空管理公约》，该公约第 1 条规定“缔约各国承认每一国家对其领土上的空间具有完全的和排他的主权。本公约所指一国的领土应理解为包括本国和殖民地的国土以及毗连的领水”。1958 年联合国第一次海洋法会议通过了《领海及毗连区公约》，明确规定国家主权扩展于其领海，确立了领海法律地位，提出了领海主权。第三次海洋法会议上，《联合国海洋法公约》又对领海主权予以确认。现代国际法中，领海是国家领土组成部分、受沿海国主权支配的法律地位，是领海管辖法律制度的基础和依据。

《联合国海洋法公约》第 2 条规定：“沿海国的主权及于其陆地领土及

---

① 一些国家间曾签订过双边条约，规定了国家间的领海界限。如 1968 年 10 月 24 日伊朗和沙特阿拉伯《关于阿尔·阿拉比亚和法尔西两岛的主权和划定沙特阿拉伯和伊朗之间海底地区的疆界线的协定》第 1 条规定：“双方互相承认沙特阿拉伯对阿尔·阿拉比亚岛的主权和伊朗对法尔西岛的主权。每一个岛屿都应有自上述各岛的每一个岛屿的最低潮线算起 12 海里的领海带。在这些领海带重叠的地区，划分两个岛屿的领海的疆界线应这样划出，使其全线与每一个岛屿的最低潮线都是距离相等的。”

其内水以外邻接的一带海域”（即领海），并且“此项主权及于领海的上空及其海床和底土”。因此，沿海国对领海行使主权，是对领海的水面、水体、海床和底土，以及领海上空的立体空间行使立法管辖权和执行管辖权。具体地讲，沿海国在其领海内享有下列基本权利。

（一）对自然资源的永久主权

联合国第29届大会于1974年通过了《各国经济权利和义务宪章》，其中第2条规定：“每个国家对其全部财富、自然资源和经济活动享有充分的永久主权，包括拥有权、使用权和处置权在内，并得自由行使此项主权。”它所倡导建立的国际经济新秩序的基本内容之一就是，各国均有权合理地利用和开发本国的自然资源，坚决维护各国特别是维护发展中国家对其自然资源以及全部财富和经济利益的永久主权。另外，1962年12月14日联合国大会通过的《关于自然资源永久主权的宣言》、1974年联合国第六届特别大会通过的《建立新的国际经济秩序宣言》和《建立新的国际经济秩序行动纲领》都强调，每一国家对自己的自然资源和一切经济活动拥有充分的永久主权，联合国将“帮助各国行使对自然资源的永久主权”，“挫败妄图阻止自由和有效地行使每个国家对自己的自然资源拥有充分和永久主权的权利的尝试”。《联合国海洋法公约》虽然没有直接写明“沿海国对其领海内的一切自然资源享有永久主权”，但以“主权及于”的表述显然是秉承了上述国际条约和国际文件中的规定，这就意味着沿海国对领海内的自然资源享有完全的立法管辖权和执行管辖权。

领海中的自然资源包括领海的海床和底土中所贮藏的石油、天然气、锰结核矿等矿物资源，领海的水体中的鱼、虾等生物资源，以及水体本身的潮汐和水面之上的风力等能源资源。沿海国对领海内的所有生物资源和非生物资源享有专属的权利，有权制定相应的法律和规章，对勘探、开发、利用和捕捞这些自然资源的活动实行管理和控制，任何其他国家及其国民未经沿海国许可，不得从事上述资源开发利用活动。即使沿海国通过国际协议或国内立法准许其他国家的法人和自然人进入其领海单独地或与沿海国合作，从事资源开发活动，所有这些活动也都必须遵守沿海国的有关法律和规章；否则，沿海国有权依据国内法以各种行政或司法措施保障这些法律规章的实施。在必要的时候，沿海国还可以以主权者的身份，通过外交途径向有关国家提出交涉，采取协商、谈判、斡旋、仲裁等方式，确保沿海国对其领海内的一切自然资源所享有的永久主权。

在这里有两个值得注意的问题：一是在沿海国领海中的捕鱼权。领海内捕鱼权是沿海国对其领海资源享有永久主权的重要体现。沿海国的国民，完全享有在其沿海进行排他性的捕鱼权利；沿海国家要求并行使这种权利，是出于保障其沿海居民的生计和维护国家经济利益的目的。但是，有些国家在维护这种权利时，也非绝对禁止外国国民进入其领海捕鱼。各国由于其地理条件和历史传统原因，具体的做法不尽相同，概括起来大致有三种情形：第一种是领海捕鱼权由本国国民独享，禁止外国渔民进入其领海捕鱼，这是大多数国家的做法。如 1922 年，英国渔船“圣胡伯特”号在苏联海岸 11.5 海里处捕鱼，被苏联当局拿捕，因为它的做法违反了苏联 1921 年的领海法令。第二种是领海捕鱼权由本国国民优先享有，在一定的条件限制下准许其他国家的国民进入其领海捕鱼。第三种是在互惠的原则下，允许外国国民在其领海内捕鱼。二是对在领海内发现的考古和历史文物的处理。原则上，这些考古和历史文物均属沿海国所有。但是，如果物主明显可辨，则应将该文物归还物主。但无论如何，在领海内打捞、挖掘和移出文物，都应依照沿海国的法律和规章进行。

（二）沿海航运及航运管理权

海洋自古以来就是人类交往和贸易的重要通道，对于人类来说，航行通商是海洋最原始、最基本的功能。在科学技术高度发达的今天，这一功能不仅没有消失，而且还进一步加强。现代社会中，国际贸易有 70%以上的货物是通过沿海、近洋和远洋船舶运输完成的，海洋经济被誉为是“蔚蓝色的文明”，是建设现代化强国的必由之路。在这一方面，沿海国在其领海的主权表现为，国家有权制定法律法规，规定从事沿海运输（即启运港和目的港都在本国的货物和旅客运输）的权利仅留给本国国民，任何外国船舶未经许可都不能从事在沿海国两港之间的商业运输活动，否则沿海国有采取措施对违法船舶予以惩处的权力。易言之，沿海国在其领海内享有专属的沿海航运权或者说沿海贸易权。需要注意的是，在关贸总协定及世界贸易组织的有关文件中，尽管有各成员国之间互相给予国民待遇的规定，即要求各成员国在法律上给予在本国的外国自然人、法人以与本国的自然人、法人相同的待遇，但是缔约一方的船舶仍然不能享有在另一缔约方领海内的沿海航运权，也就是说，沿海航运权不属于国民待遇的范围。

航运管理权是沿海国为保障其领海内正常的航行秩序，制定并执行有关法律和规章，对领海内的航行实行管理和控制的权利。该权利也是立法管辖权和执行管辖权的统一。主要表现在以下几个方面的法规制定和执行：航行安全、避碰、海道和分道通航、通信、进出港口、停航、锚泊、海洋水文调查、领航和导航等。沿海国有权在其领海内采取必要的步骤，防止和制止对领海航运秩序的破坏行为。事实上，航运管理权还包括对外国船舶无害通过领海的管理权，或称之为对非无害通过的管控权。

（三）领空权

根据国际法，领空是指一国领陆和领水之上的处于国家主权管辖之下的一定高度的空间。虽然领空的高度是一个迄今尚未解决的问题，但国家对领空拥有主权已被各国所承认。由于领海是领水的一部分，领海之上的空气空间属于沿海国的领空，因此国家对领海上空享有主权。对此问题，一些国际公约做出了明确的规定，包括有关海洋法方面的公约和一些航空法方面的公约。如 1958 年第一次海洋法会议制定的《领海及毗连区公约》第 2 条规定："沿海国的主权扩展于领海以上的空间及海床和底土。"1982 年《联合国海洋法公约》再次指出"国家的主权及于领海的上空及海床和底土"。1919 年的《巴黎航空公约》规定各国对其领土上空有完全的、排他性的主权。1944 年签订的芝加哥《国际民用航空公约》也做了同样的规定。根据这些公约，沿海国有权以国家立法的形式对领海上空的主权予以确认。沿海国可以在其领海上空进行军事演习等军事训练活动，可以宣布其领海的全部或部分上空为禁区，也可以指定固定航线或规定外国飞机进入或飞越领海上空的条件。未经沿海国许可，任何外国飞机不得进入或飞越领海上空，也就是说，外国船舶在领海海面的无害通过权对航空器是不适用的。

（四）国家保卫权

领海主权的又一重要体现是沿海国享有在其领海内采取各种措施以维护国家安全的权利。传统的国家安全观将国家安全理解为政治安全和国防安全，即主权独立、领土安全和政治稳定。随着国际环境的巨大变化和科技革命的深入发展，国家安全面临着越来越多的挑战，新的国家安全观逐渐形成，即国家安全不仅包括政治安全和国防安全（国家安全的支柱与核心），还包括经济安全、科技安全、文化安全、生态安全等。因此，沿海国在其领海内为维护国家安全而享有的国家保卫权有着丰富的内涵。就政治安全和国防安全而言，沿海国有防御和抵御外敌侵略的权利。具体表现为：沿海国有权在其领海内建造防御设施、划定禁区、设立水上防卫区、进行军事演习以及从事其他保卫国防安全的活动；受到外敌武装侵略时，沿海国有权在其领海内对侵略行为进行单独或集体的抵抗和反击。如外国军舰不遵守沿海国关于通过领海的法律和规章，而且不顾沿海国向其提出遵守法律和规章的任何要求，沿海国有权要求该军舰立即离开领海。就经济安全和卫生安全而言，沿海国有制定和执行本国海关、税务和检疫之法律规章的权利。具体表现为：沿海国有权制定有关领海内移民、货物和资本流通、检验检疫等方面的法律和规章，并有权采取一定的监督、审查、制止和惩治措施，以保障这些规定在其领海内得到遵守和执行，如海上监视、登船检查、紧追、防疫和消毒、依法隔离等。当然，上述安全利益并非是完全孤立的，比如沿海国有权监督无线电在领海内使用，一方面是防止各种情报的泄露，以维护国防安全，一方面是防止文化渗透，以维护文化安全。

（五）司法管辖权

沿海国基于主权在领海内享有司法管辖权，即沿海国在其领海对一切人和物，有权实施监督遵守以及强制执行其颁布并实施于领海的国内法律和规章。从理论上讲，领海是国家领土的组成部分，因而沿海国在领海内的司法管辖权应该是排他的和绝对的；但在实践中，基于《联合国海洋法公约》的规定和国际习惯，沿海国往往对在其领海内外国船舶上发生的、且仅涉及该船及其人员的事项并不主动行使管辖权，只有在特定情况下才予以实施。具体情况将在下文阐述。

（六）战时中立权

在战争时期，沿海国若为中立国，交战国不得在该沿海国的领海内交战或伏击敌船，也不得在该领海内拿捕商船。该沿海国有权一视同仁地对交战国的船舶关闭其领海，并可对军舰的通过设置各种障碍。交战国得到有关通知后不得进入该国领海，但遇难的情况例外（中立法的惯例准许载有伤病员及遇难人员的船只仅通过中立国领海）。同时，沿海国也有权一视同仁地允许交战国的船舶“单纯通过”其领海，其中包括军舰和被俘获的船舶，但这种通过必须是无害的，不得在通过时增加或修理武器装备或补充战争物资，如无相反规则，通过延续的时间不得超过 24 小时。

三、领海无害通过中的管辖权

领海主权不同于陆地领土主权，陆地领土主权是完全的、绝对排他的，而领海主权则要受到领海无害通过权的限制。按照《联合国海洋法公约》第 17 条的规定，“所有国家，不论为沿海国或内陆国，其船舶均享有无害通过领海的权利”。无害通过权是指在不影响沿海国的安全、良好秩序和善良风俗的前提下，外国船舶享有无须事先获得沿海国的许可，而尽快地、迅速地、不停顿地穿过领海或为驶入内水或自内水驶往公海而通过领海的权利。外国船舶所享有的无害通过权，与外交代表享有的外交特权与豁免一样，实质上是国际法对一国领土主权的限制，目的是为国家之间的交流与往来带来方便和惠益。

（一）无害通过的涵义

理解无害通过，首先要明确何为“通过”。按照《联合国海洋法公约》第 18 条规定，“通过”是指为了下列目的而通过领海的航行：（1）穿过领海，但不进入国家内水或停靠内水以外的泊船处或港口设施；（2）驶往或驶出内水或停靠这种泊船处或港口设施。通过应继续不停和迅速进行。通过包括停船和下锚在内，但以通常航行所附带发生的或由于不可抗力或遇难所必要的或为救助遇险或遭难的人员、船舶或飞机的目的为限。这里的迅速不停，应该是指船舶在通常航行的速度下行驶。如果船舶速度过慢或过快，都容易引起怀疑：船舶过慢地通过领海，常有侦察、搜集情报、勘探或收获海洋资源的可能；而速度超过常速极快地通过领海，也往往有侵害沿海国利益行为的发生，或是逃避沿海国的管辖的可能。其次，通过应是“无害”的。《联合国海洋法公约》第 19 条指出，通过只要不损害沿海国的和平、良好秩序和安全，就是无害的。同时，《联合国海洋法公约》第 19 条列举了 12 种非无害的行为，指出如果外国船舶在领海内进行下列任何一种活动，其通过即应视为损害沿海国的和平、良好秩序或安全：(1) 对沿海国的主权、领土完整或政治独立进行任何武力威胁或使用武力，或以任何其他违反《联合国宪章》所体现的国际法原则的方式进行武力威胁或使用武力；(2) 任何种类的武器进行任何操练或演习；(3) 任何目的在于搜集情报使沿海国的防务或安全受损害的行为；(4) 任何目的在于影响沿海国防务或安全的宣传行为；(5) 在船上起落或接载任何飞机；(6) 在船上发射、降落或接载任何军事装置；(7) 违反沿海国海关、财政、移民或卫生的法律和规章，上下任何商品、货币或人员；(8) 违反本公约所规定的任何故意和严重的污染行为；(9) 任何捕鱼活动；(10) 进行研究或测量活动；(11) 任何目的在于干扰沿海国任何通讯系统或任何其他设施或设备的行为；(12) 与通过没有直接关系的任何其他活动。

(二) 无害通过的管辖

如前所述，无害通过权是外国船舶在沿海国领海的权利，由于沿海国对领海享有主权，因此外国船舶行使无害通过权必须要遵守沿海国的领海主权。无害通过权是对领海主权的一般限制，它并不排除沿海国为了维护其领海主权而反对非无害的通过。因此，沿海国对行使无害通过权的外国船舶享有一定的管辖权。

1. 对无害通过的立法管辖权

首先，根据《联合国海洋法公约》第 21 条规定，沿海国有权对以下各项制定关于无害通过领海的法律和规章：(1) 航行安全及海上交通管理；(2) 保护助航设备和设施以及其他设施和设备；(3) 保护电缆和管道；(4) 养护海洋生物资源；(5) 防止违犯沿海国的渔业法律和规章；(6) 保全沿海国的环境，并防止、减少和控制该环境受到污染；(7) 海洋科学研究和水文测量；(8) 防止违犯沿海国的海关、财政、移民或卫生的法律和规章。

其次，沿海国可以按照《联合国海洋法公约》的规定，在相关国内法中明确对特种船舶无害通过的特殊要求。如依据《联合国海洋法公约》第20条规定潜水艇和其他潜水器在领海内不得潜行，须在海面上航行并展示其旗帜。又如依据《联合国海洋法公约》第23条要求外国核动力船舶和载运核物质或其他本质上危险或者有毒物质的船舶，在行使无害通过领海的权利时，应持有国际协定为这种船舶所规定的证书并遵守国际协定所规定的特别预防措施。值得注意的是，对于军舰是否享有无害通过权，国际上一直存在争论，各国的实践也不尽相同。第一次和第三次联合国海洋法会议均对这一问题进行了长时间的讨论，最终在《领海及毗连区公约》和《联合国海洋法公约》以相同的文字规定，所有国家的船舶均享有无害通过领海的权利，没有区分军舰和商船。但关于“所有船舶”是否包括军舰，各国在认识上仍然存在分歧。美国认为“军舰或其他非商务性质的政府船只进入某沿海国家的领海前，该沿海国可以要求对方预先通知和申请批准。这种论点与公约中有关无害通过条款的含义是相违背的”①；而一些反对给予军舰无害通过权的国家则对上述公约的有关条款提出了保留或发表了解释性声明。但至少有一点是肯定的，那就是从各国立法实践来看，外国军舰不受阻碍地通过领海的权利并没有获得一般的承认。② 因此，一国可以允许外国军舰通过其领海，但这并非是它的国际义务。军舰是否享有无害通过权，军舰无害通过是否需要受到一定的条件限制，应由该沿海

---

① 《美国海上军事行动法指挥官手册》，于世敬、张菊芬等译，海军军事学术研究所，1993年版，第336页。

② 实践中，各国的做法主要有以下三种：一是一般允许军舰和商船一样享受无害通过权，如泰国、英国、法国、德国、意大利、俄罗斯、尼日利亚、美国、墨西哥、危地马拉、尼加拉瓜等；二是规定军舰需事先通知或获得批准才能通过领海，如中国、印度、巴基斯坦、孟加拉国等；三是附条件地允许军舰通过，如荷兰规定在同一时间内同一国家3艘以上的军舰要通过，必须事先取得荷兰政府的准许，丹麦也有类似的规定。

国的国内立法规定。[①]

再次，《联合国海洋法公约》第 22 条规定，沿海国可要求行使无害通过其领海权利的外国船舶使用其为管制船舶通过而指定或规定的海道和分道通航制，特别是油轮或特种船舶在上述海道通过。当然，规定特定的海道和分道航行，一方面有利于沿海国对通过领海的船舶进行有效的控制，防止非无害的通过，另一方面也有利于船舶本身的航行安全。

最后，《联合国海洋法公约》第 25 条还赋予沿海国暂停无害通过的权利。如为保护国家安全包括武器演习在内而有必要，沿海国可在对外国船舶之间在形式上或事实上不加歧视的条件下，在其领海的特定区域内暂时停止外国船舶的无害通过，但这种停止仅应在正式公布后发生效力。

所有的船舶通过领海都必须遵守上述法律和规章，否则将构成对沿海国主权的侵犯，需要承担相应的国际责任。

2. 对无害通过的司法管辖权

这种司法管辖权，主要是指刑事管辖权和民事管辖权两个方面。

第一，无害通过中的刑事管辖权。

关于领海内外国船舶的刑事管辖权问题，各国在实践中的做法前后也并不一致。英国 1876 年的“女王诉凯恩案”（Regina. v. Keyn）[②] 中，英国王座法院最终也认为，英国对距离其海岸 2.5 英里的海上发生的刑事案件没有管辖权。但两年之后，英国国会通过了《领水管辖法案》，确定了英国对位于其领水的外国船舶的刑事管辖权。美国 1859 年发生的马萨诸塞州海上绑架案中，法院判决美国没有管辖权。但确定领水的法律地位后，美国政府认为任何国家的海上管辖权及从其海岸起算 1 里格（3 海里）的地方。[③] 美国最高法院在 1923 年的“古纳德公司诉梅隆案”（Cunard Steanship Co. v. Mellon）中认为：“当一国的商船自愿进入另一国的领土界

① 参见周鲠生：《国际法》，上册，商务印书馆，1973 年版，第 370 页。

② 事件发生于英国的领水。一艘英国船与德国船发生了碰撞，结果英国船沉没但并没有人遇难。

③ 参见倪征燠：《国际法中的司法管辖问题》，世界知识出版社，1985 年版，第 41 页。

限内，就将其自身置于后者的管辖之下。”[①] 同时又称：“出于礼让，文明国家之间普遍理解的是，仅对船舶或附属于船舶的事物产生影响的所有内部纪律事项和所有在船上发生的事情，并且不影响当地国家的和平或尊严或港口的安宁，应由当地政府交由船舶所属的国家按照该国的法律或该国的商业利益的要求处理。”[②] 对于位于外国领海的美国船舶，美国最高法院在 1932 年的“美国政府诉弗洛里斯案”（U. S. v. Flores）中认为：“根据公认的国际法原则的解释，在没有支配性的条约规定以及领土主权主张的管辖权时，美国法院有义务对本国公民在悬挂其旗帜的船上的犯罪适用自己的法律。”[③] 可见，美国主张本国刑法对位于美国领海的外国船舶和位于外国领海的美国船舶都是有效的。但是否要采取任何步骤，如调查或逮捕任何人，还要看是否双方都主张管辖权，以及犯罪案件是否影响船上内部或外部事务。

与上述国家相比，德国的研究更多地体现在理论上。德国著名刑法律师哈伯格（Harburger）认为，根据船舶是“浮动岛屿”的理论，船旗国的法律总是适用的，很难想象船舶在外国水域可以成为管辖权的对象。[④] 1918 年，希尔（Hille）提出的“利益理论”有很大影响。他提出，沿海国的权利和无害通过权都是受法律保护的权利，二者的协调需要并存的管辖权。希尔的结论是，在领海并不需要或不期望有分配管辖权作用的规则，因为利益是会不断涉及的，而且是会相互作用的。[⑤] 希尔的理论在沿海国管辖权问题上跳出了领海法律地位的桎梏，朝着问题的实际解决迈出了一步。

1958 年《领海及毗连区公约》第 14 条和 1982 年《联合国海洋法公

---

① 转引自 D. P. O'Connell, The International Law of The Sea, Volume 2. Clarendon Press, Oxford World Publishing Corp, 1982, p. 944.

② ［英］詹宁斯、瓦茨修订：《奥本海国际法》，第一卷，第二分册，王铁崖等译，中国大百科全书出版社，1998 年版，第 118 页。

③ 转引自 D. P. O'Connell, The International Law of The Sea, Volume 2. Clarendon Press, Oxford World Publishing Corp, 1982, p. 945.

④ 转引自 D. P. O'Connell, The International Law of The Sea, Volume 2. Clarendon Press, Oxford World Publishing Corp, 1982, p. 741.

⑤ 转引自 D. P. O'Connell, The International Law of The Sea, Volume 2. Clarendon Press, Oxford World Publishing Corp, 1982, p. 745.

约》第18条首先确认了外国船舶通过沿海国领海的三种情况，即穿过领海（或者说横渡领海）、驶离内水后通过领海和通过领海驶入内水，然后分别在第19条和第27条就沿海国在不同情况下可以行使的刑事管辖权的范围做出相关具体规定。

关于沿海国对通过其领海的外国船舶的刑事管辖权，两个公约都没有从正面直接予以确认，而是从反面规定了一条基本的原则："沿海国不应在通过领海的外国船舶上行使刑事管辖权，以逮捕与在通过期间船上所犯任何罪行有关的任何人或进行与该罪行有关的调查，但下列情形除外：（a）罪行的后果及于沿海国；（b）罪行属于扰乱当地安宁或领海的良好秩序的性质；（c）经船长或船旗国外交代表或领事官员请求地方当局予以协助；（d）这些措施是取缔违法贩运麻醉药品或精神调理物质所必要的。"[①]根据国际法理论，沿海国在其领海内的刑事及民事管辖权是"无限制"（unlimited）的，如果使用"不得"（may not）一词，无疑是减损了沿海国的主权权能，与已建立的国际法规则相背离。这里使用"不应"（should not）一词，可能正是基于这样的理由。而这一用语体现的是法律义务还是国际礼让，人们可能有不同的理解。但这样的用语写入公约最重要的意义在于：虽然普通法系国家坚持认为，沿海国对行使无害通过权的外国船舶享有排他的管辖权，但作为一项法律权利，在批准该公约之后就不能再这样坚持了。也就是说，公约一方面承认领海是国家领土的组成部分，沿海国当然可以在领海行使管辖权（沿海国可以将其刑法延伸适用到过往的外国船舶上，而不管船旗国是谁）；而另一方面又要求沿海国在一般情形下不要行使这种管辖权[②]，因而最终形成在管辖权具体行使上受上述公约所列四种情形的限制。这一规定主要考虑的是沿海国在享有属地管辖权的同时还须承担不妨碍无害通过的义务。沿海国一旦对正在通过的船舶行使刑事管辖权，不免要对船上的有关人员进行调查甚或逮捕，势必会妨碍无害通过。所以在这种情况下，公约采取了这种独特的表述方式。进一步分析

① 参见《联合国海洋法公约》第27条，傅崐成编校：《海洋法相关公约及中英文索引》，厦门大学出版社，2005年版，第9页。

② 参见 Luke T. Lee，Jurisdiction Over Foreign Merchant Ships in the Territorial Sea：An Analysis of the Geneva Convention on the Law of the Sea，Vol. 55 American Journal of International Law，1961，p. 85-86.

上述四种情形，可以看出，前三种情形都与对沿海国的影响有关，可以被认为是对国家实践的确认，而第四种情形则体现了普遍管辖的要求。

穿过领海主要是指为一般的航行目的而横渡领海但不进入内水的航行；在通常航行所附带发生的或由于不可抗力或遇难所必要的或为救助遇险或遭难的人员、船舶或飞机的目的时，也可以包括停船和下锚在内。对穿过领海的情况，一般来讲，沿海国要遵守上述基本原则，在上述四种例外情形以外“不应”（should not）行使管辖权。但《联合国海洋法公约》又规定“如果来自外国港口的外国船舶仅通过领海而不驶入内水，沿海国不得在通过领海的该船上采取任何步骤，以逮捕与该船进入领海前所犯任何罪行有关的任何人或进行与该罪行有关的调查”。[①] 即如果犯罪行为在船舶进入领海前在船上发生，且该船仅通过领海而非驶入内水，沿海国是不能采取任何步骤的。但由于1982年《联合国海洋法公约》还规定了海洋环境保护与保全以及专属经济区的相关内容，因此，外国船舶进入领海前的犯罪行为如果违反了沿海国根据公约制定的海洋环境保护和专属经济区的法律规章，沿海国仍然有权对该船舶行使管辖。这里使用了一个有拘束力的措辞“不得”（may not）。前述“不应”仅仅是一种规劝，而这里的“不得”是明确的法律义务，二者的限制程度不同。换言之，“不应”较“不得”更具灵活性，没有做硬性的要求，实际上将更多选择留给了沿海国。但也有人认为，二者的使用是没有特别含义的，只是在混乱中产生的疏忽，因为在日内瓦会议上后来并没有对此进行过讨论。不论两个用语有无实际的区分，可以肯定的是，它们都限制了沿海国的管辖权。但管辖权的最终行使还要由沿海国决定。

对于驶离内水后通过领海的情况，两个公约都单独列款表明，关于上述情况的规定不影响沿海国为在驶离内水后通过领海的外国船舶上进行逮捕或调查的目的而采取其法律所授权的任何步骤的权利。这显然是肯定了沿海国在这种情况下行使管辖权的权利。原因也不难理解，试想，如果外国船舶上的人员在岸上触犯了沿海国的刑法，然后上了船，船舶驶出内水进入领海，沿海国当然有管辖权。在这种情况下，沿海国有权对外国船舶

① 参见《联合国海洋法公约》第27条，傅崐成编校：《海洋法相关公约及中英文索引》，厦门大学出版社，2005年版，第10页。

为逮捕或调查的目的而采取其法律所授权的停止其航行等实际行动，无害通过可以因采取执行措施而中断；而公约限制的条件仅仅是“地方当局在考虑是否逮捕或任何逮捕时，应适当顾及航行的利益”。至于这种管辖权所针对的罪行是外国船舶位于内水时所犯，还是外国船舶进入领海航行之后所犯，公约并未做出区分。

关于通过领海驶入内水的船舶与仅穿过领海的船舶有何不同，两个公约没有明确。所以对于通过领海驶入内水的外国船舶的管辖问题，公约没有专门的规定。这意味着两公约都是把这种航行归入“无害通过”的，因而在这种情况下沿海国除上述四种例外情形外也“不应”行使管辖权。但对于这种航行是否包含在“无害通过”内，是有不同意见的，哈佛的研究草案及杰赛普（Jessup）教授都把这种航行排除在“无害通过”的含义外。[①] 杰赛普认为，这样的情况应与船舶位于港口的情况基本相同。其理由是：“如果外国船舶为了进入港口的目的而通过领海，或如果在该水域下锚或逗留，它就不再被认为是在行使无害通过权。其目的就不再与这项权利的基础一致。因此，这类船舶就不再享有给予通过的船舶的合格的豁免权。这些船舶的地位已经同位于港口的船舶相同。”[②] 国际法委员会的特别报告员弗朗索伊斯（Francois）也持这种观点，并进一步指出在船舶驶入内水到达港口时，沿海国就可以进行逮捕。[③] 法国在“麦克鲁比（Mc Ruby）案”[④] 就是一个很好的诠释。法国法院认为对该案有管辖权。理由之一是，该案的大部分情节发生在公海，但部分罪行发生在法国的领水内。因为当该船进入法国领水时，船员们仍然在寻找那名幸存者。法院认

① 参见 Luke T. Lee, Jurisdiction Over Foreign Merchant Ships in the Territorial Sea: An Analysis of the Geneva Convention on the Law of the Sea, Vol. 55 American Journal of International Law, 1961, p. 80.

② Philip C. Jessup, The Law of Territorial Waters and Maritime Jurisdiction, 1927, p. 123. 转引自 Luke T. Lee, Jurisdiction Over Foreign Merchant Ships in the Territorial Sea: An Analysis of the Geneva Convention on the Law of the Sea, Vol. 55 American Journal of International Law, 1961, p. 80.

③ 转引自 D. P. O'Connell, The International Law of The Sea, Volume 2. Clarendon Press, Oxford World Publishing Corp, 1982, p. 956.

④ 麦克鲁（Mc Ruby）是一艘在巴哈马登记的船。一次，当该船在加纳港口停泊时，九名偷乘者上了船。当船航行到公海时，这几个人被发现。船上的乌克兰船员不想把这些人送回加纳，于是决定把他们统统杀掉，然后将尸体抛入大海。然而其中的一个人侥幸藏了起来，并在该船到达法国的勒阿弗尔（Le Havre）时，逃到岸上向法国警方报了案。

为，所有这些情节构成了一个不可分割的整体。依据法国法律，外国人在法国领域外犯罪，如果这种行为是不可分割的，而且部分行为是在法国领土上发生，法国对此有管辖权是一个普遍的实践。值得注意的是，在该案中，法国虽然主张这一最初发生在公海上的犯罪行为，一直延续到法国领水，但是，该船最后进入法国港口停泊是法国最终可以行使管辖权的关键。如果该船只进入法国领水，而不驶入港口停泊，法国是很难行使管辖权的。如果对通过领海驶入内水的情况与仅穿过领海的情况加以区别，认为前者与船舶位于港口的情况基本相同，根据前一节的论述，沿海国在内水中对外国船舶管辖权的实践是不确定的，但对于刑事案件，通常仅在其利益受到损害、案情重大、或应船旗国请求时才实施管辖，对于民事案件，只有当争执涉及沿海国公民的利益，或者争执发生在一国船上而争执的另一方为船舶以外的人，或者涉及船舶以外的因素时，沿海国才进行管辖，除此之外一般不行使管辖权。因此，问题的关键并不在于“通过领海驶入内水”是否为无害通过，而在于沿海国在这种情况下如何行使管辖权。实践中，沿海国通常是在公约的基础上通过国内立法和签订领事条约来规定这种管辖权的行使。

以上分析表明，1958 年《领海及毗连区公约》及 1982 年《联合国海洋法公约》中确立的规则是：领海是沿海国领土的组成部分，因此，理论上并不阻止沿海国将其刑法权力延伸到通过其领海的外国船舶上。然而，上述公约对驶离内水通过领海的外国船舶与仅通过领海的船舶采取了区别对待的方式，对前一种情况公约给予沿海国更大的权力；而在后一种情况下，则要求沿海国不得妨碍无害通过，从而限制了沿海国对这些外国船舶行使刑事管辖权。

第二，无害通过中的民事管辖权。

关于船舶碰撞引起的海损事故案件，国际海事委员会在 1937 年 5 月的巴黎会议上通过了一个《关于碰撞事件的民事管辖权公约》草案。以这一草案为基础，在布鲁塞尔举行的国际海事委员会外交会议于 1952 年 5 月 10 日签订了《关于船舶碰撞中民事管辖方面若干规定的公约》。根据这一公约，原告可以在下列三种法院中选择其一提起诉讼：被告设有经常居所或营业所的国家的法院；船舶扣押地的法院或者如不提供保证即将予以扣押的地方的法院；碰撞发生地的法院，如果碰撞是在一个港口或内河水域范围内发生。上述规定不影响双方将案件提交彼此同意选定的法院来审判或将案件交付仲裁的权利。但是，该公约的缔约国并不多。实践中较普遍的做法是：对领海内发生的不同国籍的船舶碰撞，沿海国一般都具有管辖权（基于国家主权原则和侵权行为地法院管辖原则），可以适用其本国法律；对领海外发生的不同国籍的船舶碰撞，由于没有侵权行为地法院，原告有权选择在被告主要经营场所所在地、被告主要财产所在地或英美国家[①]进行诉讼，当然也并不排除双方协议选择法院。因此，对于沿海国来说，只要碰撞发生在其领海内，不论是否有一方是本国船舶，它都享有管辖权；如果不同国籍的外轮在其领海外发生碰撞，之后一船舶驶入沿海国的港口，另一船舶的所属国请求沿海国协助予以扣押处理的，沿海国仍可基于船舶扣押地而享有管辖权。

关于海难救助案件，英美两国的法院认为，即使双方船舶都是外国国籍，如果被救助的一方或所救货物是在法院管辖范围之内，该法院就可以行使管辖权。日本《民事诉讼法典》第 16 条规定，关于海难救助的诉讼，可以向救助地或救助后船舶最初到达地的法院提起。荷兰《海商法》第 569 条规定，海难救助诉讼可以在被告住所地法院、救助地或船上客货卸载地法院、或船舶扣押地法院提起。可以看出，对于双方都是外国船舶的海难救助，如果救助在领海内发生，沿海国有权管辖；如果在领海外发生，只要救助后船舶最初到达的港口或船上客货卸载的港口是沿海国的港口，沿海国也有权管辖。

对于通过领海的外国船舶内部发生的民事案件，实践中沿海国一般采取不干涉的态度。因为根据国际礼让，只要沿海国的和平和秩序不受影响，而且船长或领事没有请求协助，沿海国不应对船上人员行使民事管辖权。如 1930 年英国的“卡比兰诺酋长”号（Chief Capilano）在路过美国领水时，美国原告因对该船船主主张债权而对该船申请扣押，后经美国法院认为扣押不合法，准予放行。但是当争执涉及沿海国公民的利益，或者

---

① 因为英美海事法院对于完全不涉及本国利益的碰撞案件，只要船舶中有一船或者当事人有一方在自己辖区域之内时，也行使管辖。参见希金斯和哥伦伯斯：《海上国际法》，1954 年版，第 303 页。

争执虽发生在船上，而争执的一方是船舶以外的人，或者争执的影响超出船舶的范围时，沿海国当局当然可以受理。如英国的《商船航行法案》规定：“任何外国船舶对王国政府或王国政府臣民的财产在世界任何地方造成了损害，该船无论何时在联合国的任何港口或河流，或在距海岸3海里内被发现，……法院均可命令拿捕该船。”① 另在苏联1925年“列兹尼科夫案”② 中，列兹尼科夫与“希波斯·阿尔科斯”号之间的雇佣契约在敖德萨成立，当时该船舶也停泊在敖德萨，而且债权人又是苏联公民，因此这一诉讼同受诉国苏联之间存在着各种联系因素，敖德萨法院审理这一案件，是完全有根据的。

此外，国家间的通商航海或者领事条约对减少领海内外国船舶的民事管辖权冲突具有重要作用。这些通商航海或者领事条约大都肯定外国领事的管辖权。例如，1923年《德国和美国友好通商和领事条约》第23条第1款规定：“领事对本国私有船舶内部发生的纠纷有专属管辖权……该领事有权管辖关于调整工资和通行与此有关的契约的纠纷，但以当地法律所允许者为限。”③ 1942年《美国和墨西哥领事专约》第10条第1款④和1951年《美国和英国领事专约》第22条第1款⑤对此问题也有类似的规定。以上几个条约对于工资和契约案件没有绝对排除当地国的管辖权。但是1952年《英国和瑞典领事专约》第27条第1款则规定：“除经领事请求或同意外，当地行政当局不得干涉船舶内部管理的任何事项，当地司法当局在没有通知有关领事官以前，不得受理船长和船员之间关于工资或服务契约的任何诉讼，如果领事反对，即应拒绝受理。”⑥ 这项规定一反过去英国判例所肯定当地法院的自由裁量权。1925年《苏联和德国领事专约》

---

① D. P. O'Connell, The International Law of The Sea, Volume 2. Clarendon Press, Oxford World Publishing Corp, 1982, p. 867.

② 1925年苏联公民列兹尼科夫被雇用在航行于苏联敖德萨和英国伦敦之间的英国船“希波斯·阿尔科斯”号上任司炉，工作五个半月以后，由于疾病被解雇。他向敖德萨劳动法庭起诉，请求给付工资。敖德萨劳动法庭认为轮船悬挂英国旗帜，船长是英国人，因此该案不归苏维埃法庭管辖。但是1928年2月27日乌克兰加盟共和国最高法院撤销了敖德萨劳动法庭的判决，并指出苏联公民对外国人所提起的诉讼，除国际条约另有规定外，一律按一般诉讼规则予以审理。

③ 《国际条约集》(1917—1923)，世界知识出版社，1984年版，第917页。

④ 《国际条约集》(1934—1944)，世界知识出版社，1984年版，第364页。

⑤ 参见 U. N. Treaty Series：Vnited Nations Pvens Press，2003，p. 154.

⑥ 《联合国条约集》202册，第192页。

第25条第1款也规定："总领事、领事和副领事单独担承维持本国商船上的内部秩序，他们单独处理船员间的纠纷，特别是有关结算工资、履行相互同意的义务方面的纠纷。"[①] 但在1957年《苏联和德国领事专约》中，就取消了上述条款，只规定领事有权给予派遣国的船舶以一切帮助。[②] 可见，对领事驻在国（沿海国）的主权来说，过于广泛和绝对的领事管辖权是难以想象的。

1958年《领海及毗连区公约》第20条和1982年《联合国海洋法公约》第28条都规定：（1）沿海国不应为对通过领海的外国船舶上某人行使民事管辖权的目的而停止其航行或改变其航向；（2）沿海国不得为任何民事诉讼的目的而对船舶从事执行或加以逮捕，但涉及该船舶本身在通过沿海国水域的航行中或为该航行的目的而承担的义务或因而负担的责任，则不在此限；（3）第（2）款的限制不妨碍沿海国对在领海内停泊或驶离内水后通过领海的外国船舶从事执行或加以逮捕的权利。[③] 可见，与刑事管辖一样，对外国船舶在领海内停泊或驶离内水后通过领海的情况，公约也是给予了沿海国更大的权利；而在一般通过领海的情况下，则依然要求沿海国不得妨碍无害通过，从而限制了沿海国对这些外国船舶行使民事管辖权。

需要注意的是，沿海国在领海中所行使的民事和刑事管辖权仅适用于商船和用于商业目的的政府船舶。军舰和用于非商业目的的政府船舶享有豁免权，不受沿海国的司法管辖。如果军舰不遵守沿海国关于通过领海的法律和规章，而且不顾沿海国向其提出遵守法律和规章的任何要求，沿海国可要求该军舰立即离开领海。对于军舰或其他用于非商业目的的政府船舶不遵守沿海国有关通过领海的法律和规章或不遵守本公约的规定或其他国际法规则，而使沿海国遭受的任何损失或损害，沿海国可以通过外交途径解决，要求船旗国承担相应的国际责任。

---

① 《联合国条约集》（1924—1933），世界知识出版社，1984年版，第191页。

② 参见 U. N. Treaty Series：Vnited Nations Pvens Press，2003，p. 192.

③ 参见《联合国海洋法公约》第27条，傅崐成编校：《海洋法相关公约及中英文索引》，厦门大学出版社，2005年版，第10页。

四、群岛水域的管辖权

（一）群岛水域的界定

群岛水域是指群岛国依《联合国海洋法公约》划出的群岛基线所包围的水域，不论其深度或距离海岸的远近如何。对于群岛水域的界定，有两个问题需要明确，即群岛国和群岛基线。此外，群岛水域不是从来就有的，它是 1982 年《联合国海洋法公约》提出的一个新概念。

1. 群岛国

按照《联合国海洋法公约》第 46 条的规定，群岛国是指“全部由一个或多个群岛构成的国家，并可包括其他岛屿”；其中的“群岛”是指“包括若干岛屿的若干部分、相连的水域或其他自然地形，彼此密切相关”的一群岛屿，这种岛屿、水域和其他自然地形须“在本质上构成一个地理、经济和政治的实体，或在历史上已被视为这种实体”。根据该定义，印度尼西亚和菲律宾是典型的群岛国。值得注意的是，符合上述定义的国家是否必须宣布本国为群岛国，《联合国海洋法公约》并未明确，但群岛国有权利确定是否使用群岛基线是明确的。[①] 因此，实践中，各国一般都是从本国利益出发，选择是否承认自己是群岛国或是否采用群岛基线。如日本和英国符合群岛国的定义却不认为自己是群岛国，古巴和冰岛认为自己是群岛国但不采用群岛基线。

2. 群岛基线

按照《联合国海洋法公约》第 47 条的规定，群岛基线是“连接群岛最外缘各岛和各干礁的最外缘各点”的直线基线。它是群岛国测量其领海、毗连区、专属经济区和大陆架的基线。群岛基线以内的水域是群岛水域。群岛国可以根据《联合国海洋法公约》第 50 条的规定在群岛水域内

---

① 《联合国海洋法公约》第 47 条规定：“群岛国可以划定……直线群岛基线，……”，傅崐成编校：《海洋法相关公约及中英文索引》，厦门大学出版社，2005 年版，第 16 页。

的每个岛上的河口、海湾和港口处，按照正常的基线规则划定一条封闭线，这条封闭线内的水域为内水。因此，严格地说，群岛水域是指群岛基线以内，河口、海湾和港口封闭线以外所包括的水域。① 珊瑚礁内的环礁湖应算群岛水域，而不是内水。

按照《联合国海洋法公约》第 47 条，群岛基线的划定主要受下述条件的限制：（1）群岛基线的划定应使陆地面积（包括环礁在内）和水域面积的比例在 1∶1 到 1∶9 之间；②（2）群岛基线的长度不应超过 100 海里，围绕群岛的基线总数中至多有 3%的基线可超过该长度，但最多不得超过 125 海里；（3）群岛的主要岛屿应包括在群岛基线以内；（4）群岛基线的划定不应在任何明显的程度上偏离群岛的一般轮廓；（5）群岛基线的划定不应以低潮高地为起始点（在低潮高地上建有永久高于海平面的灯塔或类似设施，或者低潮高地全部或一部与最近的岛屿的距离不超过领海的宽度者除外）；（6）群岛基线不应以隔离另一国领海同公海或专属经济区联系的方法划定。

3. 群岛制度的发展

群岛制度不是从来就有的，许多由群岛组成的国家为此做出了积极的努力。早在 1955 年和 1957 年，印度尼西亚和菲律宾就先后宣布要用直线基线把其群岛整个连接起来，把基线内的水域视为内水，③ 后来又将这种主张分别写入其国内法。这主要是出于安全的考虑，印度尼西亚还强调其各岛的统一和岛屿领土的完整。反对建立特别的群岛制度的是以英国和美国为代表的海洋大国。因为这将使原属于公海的大部分水域变成领海，原属于领海的水域变成内水，对国际航行影响极大，其结果是使海洋大国的军舰和商船失去航行自由的权利。所以，直至第三次海洋法会议之前，都没有建立专门的群岛制度。

---

① 参见《联合国海洋法公约》第 50 条，傅崐成编校：《海洋法相关公约及中英文索引》，厦门大学出版社，2005 年版，第 17 页。

② 最大的比例 1∶1 可以防止有一个最大岛的群岛国使用群岛基线，而最小的比例 1∶9 则可以防止群岛基线连接非常远的岛屿。

③ 参见《联合国立法集》，第 35 卷（1971），印度尼西亚，1960 年第 4 号关于印度尼西亚水域的法令。

1958 年以后，加勒比海、太平洋及印度洋许多群岛国的独立，大大促进了大洋群岛特殊制度的建立。1973 年，斐济、印度尼西亚、毛里求斯和菲律宾等国组成的群岛国集团向海底委员会提出建立群岛特别制度的主张，提出“群岛原则”概念，随后又将该原则写入《群岛条款草案》。其中的建议包括：“群岛是完全或主要由一个或一个以上群岛组成的国家”；“群岛国在计算领海范围的基线时，得使用连接群岛最外缘的岛屿和干礁的最外缘各点的直线基线法”；“基线所包围的水域”，“不问其深度或与海岸的距离如何，属于该水域所属的群岛国，并受该国主权支配”。

1982 年第三次海洋法会议基本接受了上述群岛原则，在《联合国海洋法公约》的第四部分专门对群岛国法律地位做出规定。《联合国海洋法公约》所确定的群岛国制度的基本特点有两个：一是允许以直线群岛基线连接群岛最外缘的各岛，满足了群岛国的愿望；二是创设了一个新的法律概念——“群岛水域”，不影响海洋大国的航行利益。

（二）群岛水域管辖的法律制度

探讨群岛水域内的管辖问题，仍然要首先考察群岛水域的法律地位。按照《联合国海洋法公约》第 49 条的规定，群岛水域是隶属于群岛国主权管辖下的水域，群岛国的主权及于群岛水域、水域的上空、海床和底土以及其中所包含的资源。与前两节所述国家主权管辖海域不同，群岛水域是自成一类的海域，群岛国对群岛水域主权的行使受到《联合国海洋法公约》的限制：外国船舶在群岛水域享有无害通过权，这是群岛水域不同于内水之处；外国船舶和飞机在群岛水域享有群岛海道通过权，这是群岛水域区别于领海之处。由此可知，群岛国基于主权对群岛水域享有立法管辖权和执行管辖权，但这些管辖权受到《联合国海洋法公约》相关规定的限制。

1. 对自然资源的主权及其限制

与其他海域一样，群岛水域也蕴藏着丰富的油气等矿物资源和生物资源。由于群岛国对其群岛水域的水体、海床和底土的资源享有主权，因此，群岛国有权制定相关的法律规章，对勘探、开发、利用和捕捞这些自然资源的活动进行有效的管理和控制，并可采取一定的措施防止和制止不符合这些法律规章的行为对群岛水域资源的破坏。这是群岛国立法管辖权和执行管辖权的重要体现。但与内水和领海不同的是，这种对资源的管辖权受到《联合国海洋法公约》第51条的限制。具体表现为：（1）群岛国应尊重与其他国家间有关资源的现有协定以及由此而产生的权利。（2）群岛国应承认直接相邻国家在群岛水域范围内的某些区域内的传统捕鱼权利以及其他合法的资源开发和利用活动。行使这种权利和进行这种活动的条款和条件，包括这种权利和活动的性质、范围和适用的区域，经任何有关国家要求，应由有关国家之间的双边协定予以规定。这种权利不应转让给第三国或其国民，或与第三国或其国民分享。由于群岛水域是《联合国海洋法公约》提出的新概念，在1982年以前不存在这样的水域，因此群岛国根据《联合国海洋法公约》新规定所享有的权利就可能和其依原来的协定所承担的义务产生一些矛盾和冲突。为了避免这种冲突，《联合国海洋法公约》做了上述限制性规定。需要注意的是，这种限制不只是立法管辖权方面的，还包括执行管辖权方面。也就是说，《联合国海洋法公约》虽然肯定了群岛国对群岛水域内的资源享有主权，但在这种主权与现有国家间协定或传统做法发生冲突的情况下，群岛国不得基于这种主权以国家立法的方式对抗这些协定和传统做法；同时，对依据协定和传统做法继续在群岛水域内合法行使权利的相关组织和自然人，群岛国不得为维护这种主权管辖而采取任何措施进行阻碍和制止。

群岛国应尊重其他国家所铺设的通过其水域而不靠岸的现有海底电缆。如果这种电缆需要移动位置，或者需要修理、更换，在接到电缆所属国的适当通知后，群岛国应准许其进行这些活动。

2. 航行权及其限制

群岛国的主权及于群岛水域及其上空，因此，群岛国有权规定本国船舶在群岛水域内，以及本国飞机在群岛水域上空的航行权利和航行规则，并以各种措施保障该权利的实现和该规则的实施。这是群岛国对群岛水域享有立法管辖权和执行管辖权的另一重要体现。但这种对航行的管辖权仍然要受到《联合国海洋法公约》的限制。

按照《联合国海洋法公约》第52条的规定，群岛国有义务允许所有国家的船舶无害通过群岛水域。但是，根据《联合国海洋法公约》，群岛国享有对无害通过的广泛立法管辖权，内容包括航行安全及海上交通管理、养护海洋生物资源、保护群岛水域环境、海洋科学研究和水文测量，以及防止违犯群岛国的海关、财政、移民或卫生的法律和规章等。即在群岛水域进行无害通过的外国船舶必须遵守群岛国的相关法律规章。此外，《联合国海洋法公约》还赋予群岛国一些保护权，如可在其群岛水域内采取必要的步骤以防止非无害的通过；为保护国家安全的必要，可在其群岛水域的特定区域内对外国船舶进行无歧视的暂停无害通过，这实际上都是群岛国对行使无害通过权的外国船舶享有执行管辖权的体现。这种无害通过与领海的无害通过基本相同，这里不做赘述。

按照《联合国海洋法公约》第53条的规定，群岛国有义务允许所有国家的船舶和飞机通过群岛水域及其上空特定的海道和空中航道。所有船舶和飞机均享有这种群岛海道通过权。船舶和飞机在行使群岛海道通过权时，应毫不迟延地通过或飞越海道或空中航道，不对群岛国的主权、领土完整或政治独立进行任何武力威胁或使用武力，或以任何其他违反《联合国宪章》所体现的国际法原则的方式进行武力威胁或使用武力，除因不可抗力或遇难而有必要外，不从事其继续不停和迅速通过的通常方式所附带发生的活动以外的任何活动。通过的船舶，应遵守一般接受的关于海上安全的国际规章、程序和惯例，包括《国际海上避碰规则》，遵守一般接受的关于防止、减少和控制来自船舶的污染的国际规章、程序和惯例。通过的飞机，应遵守国际民用航空组织制定的适用于民用飞机的《航空规则》，随时监听国际上指定的空中交通管制主管机构所分配的无线电频率或有关的国际呼救无线电频率。

对这种通过，群岛国也享有一定的管辖权：（1）享有专属的海道和空中航道指定权。为方便外国船舶和飞机继续不停和迅速通过或飞越其群岛水域和邻接的领海，群岛国可以在其群岛水域及其上空指定适当的海道和空中航道。只有在这些被指定的海道和空中航道上，他国船舶和飞机才享有群岛海道通过权。（2）享有分道通航制的规定权和更换权。为使船舶安全通过航道内的狭窄水道，群岛国可以规定分道通航制。群岛国还可视情况需要，以其他海道或分道通航制替换原先已指定的海道或分道通航制，但海道中心线和分道通航制应妥为公布。（3）享有相应法律法规的制定权。群岛国可以在以下方面制定法律法规，以规范群岛海道的通过制度：航行安全和海上交通管理，防止、减少和控制污染，防止捕鱼（包括渔具的装载），违反群岛国海关、财政、移民或卫生的法律和规章，上下任何商品、货币或人员等。（4）有权为防止和制止违反上述群岛国法律规章及一般国际法规则和惯例外国船舶和飞机采取一定的措施。（5）有权向享有主权豁免的船舶的船旗国或飞机的登记国，就该船舶或飞机因不遵守上述法律和规章而致使群岛国遭受的任何损失和损害要求其承担国际责任。（6）享有专属的海洋科学研究和测量活动的管辖权。外国船舶，包括海洋科学研究和水文测量的船舶在内，在通过时，非经群岛国事前准许，不得进行任何研究和测量活动。[①]

① 参见《联合国海洋法公约》第53条，傅崐成编校：《海洋法相关公约及中英文索引》，厦门大学出版社，2005年版，第18页。

第三章　国家海上专属管辖

国家海上专属管辖是国家海上管辖权的扩展。随着 1982 年《联合国海洋法公约》的生效，国家的海上管辖权限从传统的内水[①]、领海，扩展至毗连区、专属经济区和大陆架。在该公约中，沿海国对这些新扩展区域的权利被表述为“必要的管制权”“专属的管辖权”“主权性质的权利”等。这种管辖权尽管比较广泛，并具有一定的专属性[②]，但仍然没有达到严格的主权标准。它适用的区域包括毗连区、专属经济区和大陆架。沿海国在这些特定区域内相对于其他国家的权利具有优先权地位，其性质是沿海国为了特定目的而对特定事项所行使的权利与职能；而领土主权则是全面而绝对排他的，以国家领域（领土、领海、领空）为实现范围，对内表现为最高统治权，对外表现为独立权。二者在目的和范围上都有本质的不同。可见，沿海国对毗连区、专属经济区和大陆架的管辖权，不同于沿岸或沿海国对内水和领海所享有的主权管辖。同时，这些区域的地位也区别于公海这样的国家共同体区域[③]，沿海国对其管辖权也不同于在公海上的船旗国管辖和普遍性管辖。可以说，这种管辖权是沿海国向海洋延伸、扩展其主权的趋势与世界各国维持领海外海域自由原则以求得海洋普遍利益之间相互协调而形成的一种新型国家管辖权形式。相对于沿海国对内水和领海的“海上主权管辖”，可以将沿海国对毗连区、专属经济区和大陆架的管辖称为“海上专属管辖”。根据管辖海域的不同，国家海上专属管辖可分为对毗连区的管辖、对专属经济区的管辖以及对大陆架的管辖三种形

① 这里指狭义的内水概念，即内海水（内海）。

② 例如《联合国海洋法公约》第 77 条规定，沿海国对其大陆架享有勘探和开发自然资源的主权权利，任何人未经沿海国同意均不得对其大陆架进行资源开发与利用。

③ 指为世界一切国家所共同所有的国际区域，如公海、太空。

式。[①] 沿海国对领海以外国家管辖海域行使管辖权，《联合国海洋法公约》有规定的，依照其规定行使；《联合国海洋法公约》没有规定的，依照管辖的国际习惯法原则行使[②]；《联合国海洋法公约》和国际习惯法都没有规定的，在不违反《联合国海洋法公约》、国际习惯法和其他国际法规则的前提下，可依据有关国内法[③]的规定行使管辖权。从管辖权的性质和功能分，沿海国对国家专属管辖海域的管辖权，可分为立法管辖权和执行管辖权两种形式。前者是指国家制定有关海洋管辖权的法律和规章的权力；后者又可分为行政管辖权和司法管辖权[④]，是国家对违反有关海洋管辖权的法律和规章的行为，实施行政执法措施或由法院予以审判的权力。[⑤]

第一节 沿海国对毗连区的管制权

毗连区，又称邻接区、保护区、特别区、补充区、尊重区或专门管制区等，是沿海国领海以外邻接领海从领海基线量起不超过 24 海里的一带海域。它是国家管辖范围的水域，沿海国可以在其毗连区行使有关事项所必要的管制权。

一、毗连区制度的产生与发展

一般认为，毗连区制度始于 18 世纪 30 年代。最早采取这种制度的是

① 根据 1982 年《联合国海洋法公约》，群岛水域和用于国际航行的海峡也属于国家拥有管辖权的自成一类的海域，但从法律性质上看，它们与领海一样都属于沿海国拥有主权的海域。

② 沿海国有权按照国际习惯法，依据效果原则、被告人或被害人国籍管辖原则、保护性管辖原则和普遍性管辖原则等，对毗连区、专属经济区和大陆架的有关事项或行为行使管辖权。在国家实践中，国际习惯法主要是通过国内法或国内法院判决，或国际司法机构的判决来体现的。

③ 这里的国内法是指除实施《联合国海洋法公约》的国内法和已成为习惯国际法的国内法以外的其他国内法。

④ D. J. Harris, Cases and Materials on International Law, Sixth Edition, London: Sweet and Maxwell, 2004, p. 265; Bernard H. Oxman, Jurisdiction of Stastes, Encyclopedia of Public International Law, Vol. 10, 1987, p. 277.

⑤ R. R. Churchill and A. V. Lowe, The Law of the Sea, Third Edition, Manchester University Press, 1999, pp. 11-12, 344; A. L. Morgan, The New Law of the Sea: Rethinking the Implications for Sovereign Jurisdiction and Freedom of Action, Ocean Development and International Law, Volume 27, Numbers 1-2, 1996, p. 6.

英国。英国曾先后制定了不同的法律制度来规定其在某一范围的海域内享有特定的权利。主要包括：（1）海关缉私区。1736年的《游弋法》（Hovering Acts）规定，对距离英国海岸以外5英里[①]的海域内的船舶，可行使监督检查权，发现在这海域内运载违禁品者，船、货均予以没收或罚款。（2）专属渔区。1811年颁布的一项渔业条例规定，对其属地锡兰（今斯里兰卡）和巴林的珍珠渔场享有专属采捕权；对违章采捕的船舶，有权予以拘留或没收。[②]（3）检疫区。1753年的一项检疫法令规定，凡自瘟疫区来英国的船舶在距离海岸4里格内，必须向其他船舶发出信号。[③] 美国也是较早制定毗连区制度的国家。它于1799年颁布法律，规定对任何驶往美国港口的船舶，得在4里格的范围内施行登临检查权，以制止和惩治违反关税制度的行为。1922年的《关税法》进一步规定对在4里格范围内的任何船舶，不论是否驶往美国，均可登临检查。1935年的《反走私法》甚至授权总统可以宣布一个宽达50海里至100海里的“海关执行区”。19世纪以来，继英美之后，许多国家根据本国的利益和需要，先后制定法律和规章，在领海外设置了内容不同、宽度不一的毗连区或专门管制区，如海关监督区或关税区、渔业区、卫生检疫区、安全区、中立区、民事和刑事管辖区、防止污染区等。

沿海国单方面将特定的管制权扩大延伸到领海外的区域的做法，常引起其他相关国家的反对，致使国家间经常发生矛盾。19世纪下半叶以后，许多国家采取缔结双边条约的形式以便相互承认这种做法。如墨西哥曾先后与德国、瑞典、英国、中国分别签订条约，建立3里格的关税区；与法国、荷兰、厄瓜多尔、意大利分别签订条约，建立20千米的关税区。[④] 1924年，美国与英国签订了禁酒条约，规定英国同意美国海关得在领海1里格以外1小时航程的距离范围内，对英国船舶实施登临检查，以确定其是否有载运酒类输入美国的企图或行为。此后，美国又先后与15个国家

---

① 后来，英国对该法进行过多次修改，宽度有2里格、4里格、8里格不等。

② 专属渔区的宽度相当于12海里至20海里，比当时的领海宽度大好几倍。参见 C. J. Colombos, the Intenational Law of the Sea, 1962, § 104, p. 85; § 148 - § 149, p. I25; § 164, p. 143.

③ 参见 C. J. Colombos, the International Law of the Sea, 1962, § 152, p. 130.

④ 参见王铁崖：《中外旧约章汇编》，第1卷，三联出版社，1957年版，第936页。

分别签订了类似内容的条约，承认和肯定了毗连区的原则。[①]

1930 年海牙国际法编纂会议上，一些国家主张一定宽度的领海，而另一些国家则主张附加有一定宽度的毗连区海域或一定宽度的领海加一定宽度的毗连区，但会议最后草拟的《国际领水公约草案》未涉及毗连区问题。1958 年联合国第一次海洋法会议，在 1930 年海牙会议草案中的毗连区条款的基础上进行了修改，写入了《领海及毗连区公约》。按照该公约第 24 条规定，毗连区是指沿海国在毗连其领海的一定范围内，为了对海关、缉私、卫生和移民等类事项行使管制而设置的区域，其宽度从领海基线量起不得超过 12 海里，并规定毗连区属公海区域。这样毗连区制度基本上被肯定下来。到 1982 年第三次海洋法会议时期，又对毗连区制度做了两点修改：一是取消毗连区的公海法律地位，使其成为国家管辖范围水域的一部分；二是把毗连区的外部界限从领海基线量起 12 海里延至 24 海里。由于毗连区属于专属经济区的一部分，沿海国在其毗连区的权利和管辖与在专属经济区的权利和管辖大体上相同，只不过是沿海国在毗连区内侧重于安全方面的考虑，而在专属经济区内则侧重于经济上的考虑。联合国第三次海洋法会议上通过的《联合国海洋法公约》中规定，沿海国在其毗连区内行使下列各项必要的管制：（1）防止在其领土或领海内违犯其海关、财政、移民或卫生的法律和规章；（2）惩治在其领土或领海内违犯上述法律和规章的行为。

毗连区的设置在世界上发展很快。1930 年只有 19 国，1952 年有 41 国，到第三次海洋法会议之前有 116 国。而且增加了许多新内容，如沿海国对毗连区内发现的考古历史文物有管辖权就是一例。战后由于国际军事、政治、经济斗争发展的需要，给毗连区制度提出了新的问题，如“毗连空间”和“反潜艇识别区”的设想和建议。在第三次海洋法会议上，由于专属经济区制度的建立，有的国家主张取消毗连区，将沿海国在毗连区的权利和管辖与专属经济区内的权利和管辖一致起来。但是大多数国家不同意取消毗连区，其理由是任何沿海国都不应在经济区内行使征收关税一

---

① 这 15 个国家是德国、瑞典、挪威、丹麦、意大利、巴拿马、荷兰、西班牙、古巴、法国、比利时、希腊、日本、波兰、智利。参见 C. J. Colombos, the International Law of the Sea, 1962 §152, p. 130.

类的权利，而这一权利在毗连区内是可以行使的。《联合国海洋法公约》保留了毗连区及沿海国在该区域内应享有的权利。

我国于1992年2月26日通过了《中华人民共和国领海及毗连区法》，以国家立法形式确定了我国的毗连区法律制度。该法规定，我国的毗连区为领海以外邻接领海的一带海域，宽度为12海里，外部界限为一条其每一点与领海基线的最近点距离等于24海里的线。我国有权在毗连区内为防止和惩处在其陆地领土、内水或者领海内违反有关安全、海关、财政、卫生或者出入境管理等法律、法规的行为行使管辖。在我国主管机关有充分理由认为外国船舶在我国内水或者领海内违反我国有关安全、海关、财政、卫生或者出入境管理的法律、法规时，我国军舰、军用航空器或者政府授权的为政府服务的船舶、航空器可对该船行使紧追权，紧追可自内水、领海、毗连区开始，至被追船舶进入本国领海或第三国领海时为止。

二、毗连区上管制权的性质和内容

毗连区上管制权的性质取决于毗连区的法律地位。毗连区是邻接领海的区域，沿海国在毗连区上的管制权，是其在邻接领海的一定区域实现主权的部分权利的延伸；毗连区是领海以外的区域，是沿海国为了防止和惩治某些违法行为而设置的一个特殊的非国家区域，不具有领海之国家领土的组成部分的法律地位，沿海国在毗连区上的管制权，是一国的国内法在其领土以外执行的国家域外管辖权。如果沿海国宣布了专属经济区，毗连区便与专属经济区重叠，除上述管制权外，其地位相当于专属经济区；如果沿海国没有宣布专属经济区，除上述管制权外，毗连区相当于公海的地位。

毗连区上管制权的内容是指沿海国可以在其毗连区内对哪些具体事项行使管辖。沿海国无权在毗连区行使主权，只能对特定事项行使管制权。按照《联合国海洋法公约》第33条的规定，沿海国有权在毗连区海域“防止”和“惩治”在其领土或领海内违犯其海关、财政、卫生和移民法律和规章的行为。上述条款仅适用于民用船舶，军用船舶一般是享有豁免的。[①]

如前所述，沿海国在毗连区行使管制权，本质上是一国的国内法在其域外一定区域执行的问题。该管制权只限于在其领陆、内水或领海内发生的有关犯罪，而不能对在毗连区内发生的任何行为采取执行行动。据此，可以认为，《联合国海洋法公约》所规定的沿海国在毗连区的管制权，是指沿海国对在其领土（而非在其毗连区内）发生的犯罪，在毗连区予以处罚的一种执行管辖权，而不是沿海国在毗连区的立法管辖权。[②]

一般认为，沿海国在毗连区可以行使的管制权只限于上述四种法律和规章，对于《联合国海洋法公约》未予规定的事项，即对在沿海国领土内违反四种法律以外的其他法律的行为，原则上，沿海国不能在毗连区就这些违法犯罪行为行使执行管辖权。因为根据国际习惯法，一国只能在其领土内执行其法律，而不能在其领土以外的区域，或在其他国家的领土行使管辖权，除非有关国际条约授权或其他国家同意。

此外，《联合国海洋法公约》第303条（2）还赋予沿海国对毗连区内的考古和历史性文物具有执行管辖权。该条规定，为了控制在海洋发现的考古和历史性文物，沿海国可推定未经其许可而将这些文物移出毗连区的海床将造成在其领土或领海内对其海关、财政、移民或卫生的法律和规章的违犯。这一规定将毗连区的执行管辖权扩大；考古和历史性文物，也被认为赋予了沿海国在毗连区内对有关外国船舶和人员拥有管辖权。

三、毗连区上管制权的行使

毗连区管制权的行使是指沿海国以什么手段或方式保证其在毗连区所享有的权利和管辖得以实现和实施。

对于毗连区管制权行使的具体措施，《联合国海洋法公约》未予明确规定。但由于毗连区被认为是专属经济区的组成部分，因此，《联合国海

① Anne Bardin, Coastal State's Jurisdiction over Foreign Vessels, 14 Pace International Law Review 27, p. 39.

② 有关毗连区管辖权规定的最初案文源于国际法委员会的有关建议，而该建议清楚地表明沿海国在毗连区只能建立一个执行管辖区。

洋法公约》有关专属经济区执行管辖权的规定，原则上是适用于毗连区的，即沿海国可对有关船舶采取登临、搜查，并将其押至港口以便提起司法程序。但沿海国必须基于该船舶明显地违犯了其有关法律和规章，以及有关涉嫌的行为、情报或证据显示足以怀疑该船舶违犯了其有关法律和规章，才可实施上述权力。该权力还包括紧追权，但只限于有关民用船舶进入或驶离沿海国时。

关于沿海国如何在毗连区行使必要的管制，学界存在不同的观点。菲茨莫里斯爵士主张，为了避免沿海国将毗连区实际等同于领海，应当严格限制沿海国在毗连区内的权利。根据他的观点，《联合国海洋法公约》中的“防止”权力和“惩治”权力是截然分开的。具体而言，“防止”权力，意味着沿海国如合理相信外国船舶进入其领海可能构成有关犯罪，则有权禁止该船舶进入，“防止”措施只适用于即将驶入领海（向内航行）的船舶；“惩治”权力，意味着沿海国对在其领土（包括领陆、内水和领海）内发生有关犯罪的外国船舶，即使已驶离领海，也可予以逮捕，“惩治”措施只适用于已经驶离领海（向外航行）的船舶。[①] 这样，由于“惩治”的对象是“在其领土或领海内违犯上述法律和规章的行为”，而即将驶入领海的船舶不可能已经违犯上述规则（即使其有意这样做），因此不应该“惩治”这样的船舶，对它而言，沿海国为“防止”而行使的管制权并不包括逮捕的权利，而强制入港与逮捕虽形式有别但实际后果相差无几，原则上也应予以排除，所有必要的询问、检查、调查、搜查都应在该船舶还在毗连区时进行。从整体上讲，沿海国在毗连区上的管制权基本上是监督性和预防性的。另有学者认为，菲茨莫里斯将“防止”和“惩治”人为加以分割的解释与沿海国设置毗连区制度的初衷相悖，也与海洋法会议上各国的真实意图不符。对于即将驶入领海的船舶，如果只允许沿海国登临检查，而在发现其有违犯上述法律和规章的行为后却不能采取必要的惩治措施，则这种“防止”将成为空洞而无实质内容的条文，沿海国设置毗连区维护其海关、财政、移民或卫生方面法律法规的目的也无以真正实现。

① Sir G. Fitzmaurice, Some Result of Geneva Conference on the Law of Sea, 8ICLQ, 1959, p. 113.

在国家的立法实践中，特别是在《联合国海洋法公约》生效前，一些国家的立法不仅规定沿海国对毗连区拥有执行管辖权，而且拥有立法管辖权，如1976年印度《领海、大陆架和专属经济区及其他海域法》，1976年巴基斯坦《领海及海域法》，1976年斯里兰卡《海域法》。对于发生在毗连区内的犯罪行为，虽然《联合国海洋法公约》没有赋予沿海国对其行使域外立法管辖权，但沿海国有权根据国际习惯法所确认的域外管辖原则如效果原则、被告人或被害人国籍管辖原则、保护性管辖原则和普遍性管辖原则等实行立法管辖，以维护国家利益。上述管辖原则，主要体现在有关国内法、国内或国际法院的判决中。

四、毗连区上管制权的发展趋势

毗连区制度的确立，是沿海国执行管辖权扩张至领海以外的重要体现。有关国家的立法实践表明，沿海国对毗连区的执行管辖有一种发展趋势，就是沿海国将行使比《联合国海洋法公约》提及的四种法律和规章更广泛的管辖权。据统计，目前至少有包括我国在内的18个国家的国内立法，在确认沿海国对《联合国海洋法公约》规定的四类事项拥有执行管辖权的同时，还主张对安全等事项拥有执行管辖权①，在毗连区建立安全区已是国际社会较为普遍的做法，尽管此举遭到了美国的反对。那么，对安全事项行使管制权的规定是否属于违反国际法呢？对此，有学者持肯定态度。奥康奈尔认为，沿海国在毗连区内对外国船舶只享有有限的警察权利，这些权利同在公海上的权利一样，都来源于国际法，而非国内法。言下之意，除非国际法另有明确规定，沿海国在毗连区内只能对该上述四种事项加以管制。《奥本海国际法》则更加明确地指出，沿海国在毗连区内可以行使的管制只限于上述四种法律和规章。②

然而，从毗连区制度的发展历史来看，各沿海国在领海外设置这一区

① 主张对毗连区的安全事项具有管辖权的18个国家是：中国、孟加拉国、缅甸、柬埔寨、海地、印度、伊朗、尼加拉瓜、巴基斯坦、沙特阿拉伯、斯里兰卡、苏丹、叙利亚、阿拉伯酋长国、委内瑞拉、越南、也门等。参见 J. A. Roach and R. W. Smith, United States Responses to Excessive Maritime Claims, The Hague, Nijhoff, 2nd edn, 1996, p. 172.

② ［英］詹宁斯、瓦茨修订：《奥本海国际法》，第一卷，第二分册，王铁崖等译，中国大百科全书出版社，1998年版，第40页。

域主要是根据本国的利益和需要，因此其规定的管制事项的内容自然也就千差万别。1930 年海牙国际法编纂会议上通过的《国际领水公约草案》第 5 条规定：“沿海国在邻接其领海的公海中得采取必要的管制措施，以防止外国船舶在其领土或领水违反海关警察规章或卫生警察规章，或对安全的蓄意侵犯。”尽管 1958 年《领海及毗连区公约》将沿海国在毗连区管制事项的内容规定为海关、财政、移民和卫生四项，但其规定的是沿海国“可以”（may），而非“只能”就上述四类事项行使必要的管制权。而且，1958 年至 1973 年之间的国家实践同样表明，海关、财政、移民和卫生四项并非沿海国在毗连区内所能行使的全部管制权。在 1973 年第三次海洋法会议召开之前，有 96 个国家设置了毗连区或管制区，其中涉及渔业的有 88 个、安全的 31 个、中立事项的 14 个、防止污染、刑事管辖和民事管辖的各 16 个。1982 年《联合国海洋法公约》第 33 条对毗连区管制事项的内容未做变动。但实际上，“利益说”或“安全说”本就是沿海国设置毗连区制度的一种理论依据，基于安全的考虑而采取预防性自卫是有正当理由的。①

第二节　沿海国对专属经济区的管辖权

专属经济区是领海以外并邻接领海的一个实行特定法律制度的国家管辖海域。专属经济区从测算领海宽度的基线量起，不应超过 200 海里。专属经济区是国家选择的结果，沿海国是否有专属经济区，取决于该国是否提出了专属经济区的主张。沿海国在其专属经济区内享有一定的主权权利和对特定事项的管辖权。

一、专属经济区制度的产生与发展

专属经济区制度的产生与拉美国家提出的“承袭海”和非洲国家主张的“经济区”分不开。1946 年 6 月，智利总统发表声明，宣布距离智利海岸 200 海里以内的海域均属智利国家主权的范围，但不影响其他国家自由

① 参见［苏］拉扎列夫：《现代国际海洋法》，天津人民出版社，1981 年版，第 149 页。

航行的公海权利。1952 年 8 月，智利、厄瓜多尔和秘鲁三国签署《关于领海的圣地亚哥宣言》，宣布对 200 海里的海域享有专属的主权和管辖权。1972 年，中美和加勒比海的一些国家通过《圣多明各宣言》，宣布沿岸不超过 200 海里的海域为“承袭海”，受各沿海国的管辖。而专属经济区的名称和概念是非洲国家首先提出的。1972 年 6 月，阿尔及利亚等 17 个非洲国家在喀麦隆首都雅温得举行关于海洋法的讨论会，会上提出的“经济区”概念得到了与会各国的支持。同年 8 月肯尼亚向联合国海底委员会提交了《关于专属经济区概念的条款草案》，并规定 200 海里为专属经济区的最大宽度。1973 年 7 月 6 日非洲 14 国向海底委员会提出了《专属经济区条款草案》。1974 年在委内瑞拉首都加拉加斯举行的第三次联合国海洋法会议上，200 海里专属经济区得到广大发展中国家的支持。1982 年《联合国海洋法公约》第五部分对专属经济区制度做出了详细的规定，其中第 55 条规定：“专属经济区是领海以外并邻接领海的一个区域，受本部分规定的特定法律制度的限制，在这个制度下，沿海国的权利和管辖权以及其他国家的权利和自由均受本公约有关规定的支配。”

专属经济区是《联合国海洋法公约》确立的一项新的海洋法律制度，是海洋法上的革命性概念之一。专属经济区制度的确立，彻底改变了领海之外即公海的旧的海洋秩序，极大地缩小了一度是海上强国一统天下的公海的面积；同时，在公海渔业资源面临枯竭危险的情况下，把原属公海的广阔海域中相当一部分划为沿海国的专属经济区，使沿海国享有海洋生物资源的养护和管理的权利，承担相应的义务，会对人类的海洋渔业及其他相关产业发生十分有益的影响。截至 2003 年，共有 111 个国家提出建立专属经济区的主张。随着专属经济区的广泛建立，3. 61 亿平方千米世界海洋面积中的 1. 09 亿平方千米（约占 30%）成为国家管辖海域。

我国于 1998 年 6 月 26 日通过了《中华人民共和国专属经济区和大陆架法》，确立了我国的专属经济区法律制度。该法规定，我国的专属经济区为我国领海以外并邻接领海的区域，从测算领海宽度的基线量起延至 200 海里。我国与海岸相邻或相向国家关于专属经济区的主张重叠的，在国际法的基础上按照公平原则以协议划定界限。我国在专属经济区内对勘查、开发、养护和管理海床上覆水域、海床及其底土的自然资源，以及进行其他经济性开发和勘查，如利用海水、海流和风力生产能源等活动行使主权权利，对专属经济区内的人工岛屿、设施和结构的建造、使用和海洋科学研究、海洋环境的保护和保全，行使管辖权。任何国家在遵守国际法和我国法律、法规的前提下，在我国专属经济区享有航行和飞越的自由。

二、专属经济区上管辖权的性质和内容

（一）专属经济区上管辖权的性质

专属经济区不同于领海。领海构成沿海国领土的一部分，完全处于沿海国的主权支配与管辖之下，除无害通过外不受其他限制；而专属经济区虽为沿海国的管辖区域，但不构成沿海国领土的组成部分，沿海国在经济区内的权利是不全面的，主要限于经济和资源方面。专属经济区不同于公海。公海对所有国家开放，各国除受海洋法公约和国际惯例的限制外，都有使用公海的权利和自由，其海底资源也为全人类共同所有；而专属经济区为沿海国的管辖区域，沿海国可以对其他国家在经济区内行使有关权利和自由加以限制。与专属经济区的法律地位相一致，沿海国对其专属经济区的管辖权，实际上是沿海国在其域外特定管辖海域主要为经济性目的而行使的主权权利和部分专属管辖权。这种管辖权的经济性，是基于专属经济区是以资源为导向的空间①，沿海国在该区域内的一切目的都是围绕着经济性质的活动而言的，体现了国家经济主权随时代发展的新组成或者说是延伸②；这种管辖权的专属性，是指沿海国在该区域内的管辖对他国而言具有排他性，未经沿海国明确同意，别国不得在该区域内从事沿海国所限制的活动。同时，这种管辖也不同于毗连区上的管制，不涉及在沿海国领土或领海违反法律管辖的延伸或者说是一国的国内法在其领土以外

① 参见［德］沃尔夫刚·格拉夫·魏智通主编：《国际法》，吴越、毛晓飞译，法律出版社，2002年版，第533页。

② 1974年联合国代表大会通过的《各国经济权利和义务宪章》规定了国家经济主权的内容："每个国家对其全部经济财富、自然资源和经济活动享有充分的永久主权，包括拥有权、使用权和处置权在内，并得自由行使此项主权。"国家在发展经济的过程中，自然资源的重要性不言而喻，而自然资源的利用从陆地延伸至海洋，既是科学技术的发展结果，也是国家经济发展之必需。结合专属经济区制度的产生过程来看，这种管辖权与国家经济主权的关联性便不难理解了。

执行。

沿海国对其专属经济区的主权权利与沿海国对领海的主权不同，因为领海主权意味着沿海国对其领海本身以及该海域的所有事项或行为等行使属地管辖权；但这只是沿海国所享有的权利在范围上的差别，对权利的性质而言，二者并不存在本质区别。沿海国对专属经济区内自然资源的主权权利，是指沿海国占有这些资源，而不受其他国家占领请求的限制。正如日本籍的国际法院法官小田滋指出的：沿海国对自然资源的主权权利只能用于严格规定的目的，沿海国在这里并不拥有主权，因为专属经济区不同于领海，不是国家领土的组成部分；但沿海国对其专属经济区内的自然资源的权利，以及对这些资源的管辖方式，同它在领海内对自然资源的权利和管辖方式，是没有什么区别的。① 我国也有学者持有类似的观点：这些主权权利和管辖权是专属的，甚至可以说是"主权"性质的，只不过限于资源开发和经济性活动方面而已，因此沿海国在专属经济区行使的管辖权可以说是"规定的主权""特定的主权"，甚或"准属地权威"。②

（二）专属经济区上管辖权的内容

专属经济区上管辖权的内容是指沿海国可以在其专属经济区内对哪些具体事项行使管辖。根据 1982 年《联合国海洋法公约》的规定，沿海国在其专属经济区享有下列权利：勘探和开发、养护和管理海床和底土以及其上覆水域的自然资源（包括生物资源和非生物资源）的主权权利；利用海水、海流和风力生产能源等的主权权利；对建造和使用人工岛屿、进行海洋科学研究和保护海洋环境的管辖权。因此，沿海国对专属经济区具有立法管辖权和执行管辖权。立法管辖权的范围，主要限于沿海国享有主权权利的自然资源，以及拥有管辖权的特定事项，即《联合国海洋法公约》第 56 条（专属经济区内的权利和管辖权）和第 62 条（4）（渔业资源的利用）规定的主权权利和管辖权的范围。执行管辖权包括行政执法管辖权和

---

① 参见 Shigeru Oda, International Law of the Resources of the Sea, 1979, p. 38.

② 参见余民才主编：《国际法专论》，中信出版社，2003 年版，第 88 页。另见尹年长、冯珍：《论专属经济区的国家主权权利》，载中国海洋法学会国际海洋法论文集《国际海洋法的新发展》，海军出版社，2005 年版，第 102 页。

司法管辖权，对此《联合国海洋法公约》没有做出全面系统的规定，只是在第111条规定了有关紧追权的问题。根据有关国家的立法实践，沿海国在该区域的执行管辖权主要有三种确认方式：一是规定沿海国对专属经济区的违法犯罪行为有执行管辖权；[①] 二是规定将全部国内法扩大适用于专属经济区[②]；三是规定沿海国对专属经济区拥有完全的立法和执行管辖权。[③] 理解沿海国在专属经济区的管辖权必须从该区域涉及的功能目的出发：《联合国海洋法公约》有关专属经济区的具体制度，表明沿海国的权利和义务主要涉及利用该区域的资源及有关方面的权利，体现了沿海国对该区域主权权利和管辖权的功能性性质。具体来说，沿海国对专属经济区的管辖权主要有以下几个方面。

1. 对自然资源的主权权利

根据《联合国海洋法公约》第56条，沿海国在其专属经济区有以勘探和开发、养护和管理海床上覆水域和海床及其底土的自然资源为目的的主权权利，以及关于在该区域内从事经济性开发和勘探等其他活动的主权权利，因而，沿海国对专属经济区内享有主权权利的自然资源拥有立法管辖权，可以制定实施上述主权权利的立法。

沿海国在专属经济区的自然资源包括专属经济区水域的生物资源（主要是渔业资源）和非生物资源（主要涉及从海水中提取各种矿物），专属经济区海床和底土的矿物、油气等非生物资源和定居的生物资源，以及其他经济资源（主要是利用海水、海流和风力生产能源等从事经济性开发的活动）。

渔业资源的管辖权是沿海国对专属经济区管辖权的核心问题。对自然

① 如1996年大韩民国《专属经济区法》第5条规定，有关机关对在其专属经济区内侵犯该区有关主权权利和管辖权，或被认定有违反适用于该区的本国法律嫌疑的人，可以迫使停船、登船、检查、扣留，或采取紧追等其他必要措施，或根据有关法律规定履行司法程序。

② 如1996年日本《专属经济区和大陆架法》，第3条（2）。

③ 有些国家的祛律规定，全部国内法扩大适用于专属经济区内的有关活动或行为，如1976年印度《领海、大陆架、专属经济区和其他海域法》第7条和第15条都规定印度的全部现行法律扩大适用于专属经济区。上述规定被认为是对专属经济区行使事实上的主权。此外，圭亚那、毛里求斯、巴基斯坦、塞舌尔、巴巴多斯、格林纳达、萨摩亚、斯里兰卡、瓦努阿图等国的有关海洋立法，也有类似的规定。

资源的立法管辖权，主要是对渔业资源的立法管辖权。《联合国海洋法公约》赋予沿海国对其专属经济区内包括渔业资源在内的生物资源具有广泛的立法权。沿海国可通过适用和执行有关规则调整其在专属经济区内的渔业活动，其法院也有权审理渔业资源的案件。

关于沿海国立法管辖渔业资源权限的范围，有学者认为，根据国际习惯法，沿海国对其专属经济区的渔业资源没有专属管辖权，特别是在专属经济区的渔业资源的可捕量存在剩余部分的情况下，沿海国应允许其他国家的渔民进入其专属经济区捕捞可捕量的剩余部分，这些外国船舶在沿海国的专属经济区进行捕鱼，无须取得沿海国的同意，只需遵守沿海国规定的条件。[①] 因而，从沿海国对渔业资源管辖权的意义上讲，专属经济区可以被认为是沿海国的一个“优先经济区”。此种观点与《联合国海洋法公约》规定不符。《联合国海洋法公约》将其赋予沿海国对其专属经济区内生物资源的权利称为“主权权利”，虽不同于完全主权，但高于一般的管辖权，是仅次于主权的一项占有性专属权利。沿海国对其专属经济区的生物资源享有这种主权权利，意味着沿海国可以根据本国主权和国计民生的利益，按照最可靠的科学依据，制定对专属经济区生物资源养护和管理的措施，决定生物资源的勘探和开发及其他有关活动的规定，以确保生物资源的维持和不受过度开发的危害。如沿海国有权决定专属经济区内渔业资源的可捕量，如果沿海国没有能力捕捞全部可捕量，应准许其他国家的渔民对可捕量的剩余部分进行捕捞，但这些国家的渔民未经沿海国同意，不得擅自开发该区域内的渔业资源；经沿海国同意入渔后，也必须遵守沿海国制定的法律、法令或规章。对于特殊鱼种，如哺乳动物，高度洄游、溯河或降河产卵鱼种等，沿海国有权制定更严格的禁止、限制和管理的各项措施和规定。如对“共享鱼种”（洄游于不同国家专属经济区之间的鱼种），有关国家应设法就必要措施达成协议，以协调并确保这些种群的养护和发展；对“跨界鱼种”（洄游于沿海国专属经济区和公海之间的鱼种），沿海国和在邻接区域内捕捞这种种群的国家应直接或通过适当的方式，就这些生物资源的管理和养护展开合作。

---

① 参见 R. R. Churchill and A. V. Lowe, p. 291.

关于沿海国为养护和利用生物资源目的而进行船舶管理方面，在沿海国对外国渔船实行立法管辖的范围上，存在不同的观点。1986 年，在 Franco-Canadian Fisheries Arbitration 案①中，有关法院认为，沿海国对在专属经济区内的外国渔船的立法管辖权限于养护措施，而不包括从事捕鱼作业的船舶。这一裁决的合法性受到质疑，因为它不合理地收窄了《联合国海洋法公约》第 62 条（4）规定的范围。根据该条规定，有关外国船舶应遵守沿海国的法律和规章中所制定的养护措施及其他条款和条件，并且第 62 条（4）列举的 11 项措施中有许多已超出养护措施范围。因此，沿海国的立法管辖权并不限于养护措施的范围，还应包括有关捕鱼活动。

关于沿海国为开发、利用和管理其专属经济区的自然资源，对经济区内外国渔船的执行管辖权是毋庸置疑的。《联合国海洋法公约》确认沿海国在对专属经济区内的生物资源行使主权权利时，有权采取广泛的执行措施，包括登临、检查、逮捕和司法程序。如果有关外国渔船在专属经济区内逃避执行措施，沿海国可以对其从专属经济区行使紧追权。但沿海国在行使这些权利时要受到三项限制：一是在有关国家提出合理的保证书或其他担保后，迅速释放被逮捕的船只及其船员；二是禁止对违反法律和规章的船舶及船员，采取监禁或任何其他方式的体罚；三是在逮捕或扣留外国船只的情形下，沿海国应通过适当途径将其所采取的行动及随后所采取的任何处罚，迅速通知船旗国。②《联合国海洋法公约》通过上述要求防止沿海国在专属经济区内滥用权利；同时，国际海洋法法庭也确立了对迅速释放被扣船舶及船员案件拥有自动管辖权。此举产生了许多有关“迅速释放

---

① 参见 Franco-Canadian fisheries（1986）90 RCDIP 713.

② 如沿海国没有履行迅速释放的义务，则根据《联合国海洋法公约》第 292 条的规定，被扣船只的船旗国或其他国家可以该船旗国的名义向争端各方协议的任何法院就该释放问题提起诉讼。如从扣留时起 10 日内不能达成这种协议的，则除争端各方另有协议外，可向扣留国根据《联合国海洋法公约》第 287 条接受的法院或国际海洋法法庭起诉。法院应不迟延地处理关于释放的申请。在法院裁定的保证书或其他财政担保提供后，扣留国当局应迅速遵从法院释放船只或其船员的裁定。

船舶及船员”的案件。[①] 但在国际实践中，《联合国海洋法公约》的上述有关限制并没有得到严格实施。国际海洋法法庭在 1997 年“塞加号案”[Saiga (No. 1)] 的判决中认为：是否已提供了合理的财政担保，并非被扣船员的船旗国向国际海洋法法庭或其他扣留国接受的法庭寻求国际司法程序的必要条件。当保证书不可能提供或遭到拒绝，或沿海国法律没有提供保证书的规定，或所要求的保证书被控不合理时，即可请求国际法庭考虑迅速释放的问题。[②] 2000 年，国际海洋法法庭在审理“卡莫科号案”(Camouco) 时重申了这一观点。[③] 另据有关专家统计，目前《联合国海洋法公约》的缔约国中，有 32 个国家的有关国内立法，并未禁止对违反渔业法律和规章的行为采取监禁措施。

2. 对人工岛屿、设施和结构的管辖权

根据《联合国海洋法公约》第 56 条，沿海国对专属经济区内的人工岛屿、设施和结构有管辖权，第 60 条进一步规定了有关规则。据此，沿海国在专属经济区内有建造并授权和管理建造、操作和使用人工岛屿、设施和结构的专属权利，包括海关、财政、卫生、安全、移民的法律和规章方面的管辖权。国际海洋法法庭在 1998 年“塞加号案”[Saiga (No. 2)] 的判决中认为，沿海国有权将上述海关、财政、卫生、安全、移民的有关法律适用于人工岛屿、设施和结构，但无权将海关法适用于专属经济区的其他部分。[④] 同时，沿海国有权在必要时在这些人工岛屿、设施和结构的周围，设置不超过 500 米的合理安全带。一切船舶都必须尊重这些安全地

① 目前提交国际海洋法法庭审理的 13 个案件中，其中有 7 个涉及迅速释放船及船员 (the prompt release of vessels and the crew) 问题。(a) the M/V Saiga Case (No. 1) (Saint Vincent and the Grenadines v Guinea), Judgment of 4 December 1997; (b) The Camouco Case (Panama v France), Judgment of 7 February 2002; (c) The Monte Confurco Case (Seychelles v France), Judgment of 18 December 2000; (d) The Grand Prince Case (Belize v France), Judgment of 20 April 2001; (e) The Chaisiri Reefer Case (Panama v Yemen), Judgment of 13 July 2001; (f) The Volga Case (Russia Federation v Australia), Judgment of 23 December 2002; (g) The Juno Trader Case (Saint Vincent and the Grenadines v Guinea-Bissau), Judgment of 18 December 2004.

② 参见 the M/V Saiga Case (No. 1) (Saint Vincent and the Grenadines v Guinea) ITLOS.

③ 参见 the Camouco Case (Panama v France), ITLOS.

④ 参见 M/V Saiga Case (No. 2), (Saint Vincent and the Grenadines v Guinea) Judgment of 1 July 1999, ITLOs.

带，并应遵守关于在人工岛屿、设施、结构和安全地带附近航行的一般接受的国际标准。否则，沿海国可对其采取适当措施以确保航行以及人工岛屿、设施和结构的安全。此外，沿海国对专属经济区内建造人工岛屿、设施和结构的管辖权比较广泛，有权基于经济目的或是非经济利用的目的（如军事目的）建造人工岛屿、设施和结构。

3. 对海洋科学研究的管辖权

海洋科学研究活动和沿海国行使对自然资源的主权权利密切相关，因此，《联合国海洋法公约》第56条赋予沿海国在其专属经济区进行海洋科学研究的管辖权，第13部分进一步做出了相应规定。

沿海国有权制定必要的法律和规章，对在其专属经济区内的海洋科学调查研究活动进行有效的管理。沿海国有权按照《联合国海洋法公约》有关条款规定，准许和进行在专属经济区的海洋科学研究。非经沿海国同意，其他国家不能在专属经济区进行海洋科学研究。除此之外，外国或主管国际组织还须遵守一定的义务和规则：必须在研究开始六个月前向沿海国提供科研详细说明（包括计划的性质和目标，使用的方法和工具，船只的船名、吨位、类型和级别以及科学装备的说明，进行计划的精确地理区域，研究船最初到达和最后离开的预定日期或装备的部署和拆除的预定日期，主持机构的名称，其主持人和计划负责人的姓名等）；必须允许沿海国参加或有代表参与科研计划；必须向沿海国提供研究结果，并确保该研究结果在国际上可以取得。如不遵守上述义务，沿海国有权暂停或停止此项科学研究。

在正常情形下，沿海国应对专为和平目的和为了增进关于海洋环境的科学知识以谋全人类利益而进行的研究给予同意，应制定规则和程序，确保不致不合理的推迟或拒绝给予同意；但如果研究者提出的研究计划与专属经济区内自然资源的勘探和开发有直接关系，涉及大陆架的钻探、炸药的使用或将有害物质引入海洋环境，涉及人工岛屿、设施和结构的建造、操作或使用，可以认为该计划影响了沿海国主权权利的行使，沿海国可以斟酌决定或拒不同意另一国家或主管国际组织在其专属经济区内进行海洋科学研究计划。在研究者提出了关于研究计划的性质和目标的不正确情报，或研究者由于先前进行研究计划而对沿海国负有尚未履行的义务的情况下，沿海国也有对该计划的斟酌决定权。在特殊情况下，当沿海国作为成员的国际组织进行的海洋科学研究计划，如在该组织将计划通知沿海国后四个月没有表示反对意见，视为默示同意。但任何研究都不应对沿海国行使《联合国海洋法公约》规定的主权权利和管辖权的活动有不当的干扰。

据统计，截至1998年，在已宣布专属经济区的102个国家中，除美国[①]外，几乎所有的国家都主张对专属经济区的海洋科学研究拥有管辖权。这些国家对海洋科学研究问题的立法大体有两种形式：一是规定对海洋科学研究拥有管辖权或专属管辖权；二是规定海洋科学研究须经沿海国同意。

4. 对海洋环境保护和保全的管辖权

《联合国海洋法公约》第56条授权沿海国对海洋环境保护和保全的管辖权，第12部分就船旗国、沿海国和港口国对船舶污染的管辖权限分别做了规定。根据《联合国海洋法公约》，沿海国对专属经济区有关倾倒造成的污染、来自船舶的污染以及来自海底活动的污染拥有立法管辖权和执行管辖权。

如果是沿海国本国的船舶或国民在自己的专属经济区内造成污染，不论是依据效果原则还是依据船旗国管辖，沿海国都当然地享有立法管辖权和执行管辖权。需要分析的是沿海国对外国船舶污染的管辖权。关于对船舶污染的立法管辖权，沿海国为了防止、减少和控制来自船只对其专属经济区的污染，可以制定相关法律和规章，这种法律、规章和措施的效力不低于国际规则、标准和建议的办法及程序，但应符合通过主管国际组织或一般外交会议制定的一般接受的国际规则和标准，并使其有效。如果由于海洋学和生态学方面的特殊条件，沿海国认为国际规则和标准不足以适应这种特殊情况，还可以在其专属经济区内明确划定特定的区域，采取特别

---

① 美国虽未对专属经济区主张海洋科学研究的管辖权，但其表示承认其他国家在此海域以国际法所允许的方式合理地行使海洋科研的管辖权。参见 Statement by the President of the USA，10 March 1983，22ILM464（1983）.

强制措施防止来自船只的污染，但应当同有关国际组织和国家进行协调。可以看出，尽管《联合国海洋法公约》扩大了沿海国对专属经济区内船舶污染的管辖权，但也对该项管辖权做出了实质性限制，即沿海国制定的防止船舶污染的法律和规章的标准必须符合普遍接受的国际标准；并且这些法律和规章不得涉及外国船只的设计、建造、人员配备或装备的标准。应该说，上述对沿海国的立法管辖权所做的实质性限制，目的在于防止沿海国不断扩大管辖权。

而较之《联合国海洋法公约》签署前的有关习惯国际法规则，沿海国对专属经济区内的外国船舶的污染具有较大的执行管辖权。《联合国海洋法公约》将外国船舶在专属经济区内的违反行为按其危害程度分为三等，沿海国可根据不同等级对违反行为采取不同的措施。一是对违法的外国船舶，沿海国有权要求该船舶提供关于该船的识别标志、登记港口、上次停泊和下次停泊的港口，以及其他必要的有关情报，以确定是否已有违反行为发生。二是如沿海国怀疑违反行为导致大量排放，对专属经济区海洋环境造成重大污染或有造成重大污染的威胁，沿海国在该船舶不提供情报，或所提供的情报与实际情况显然不符，并且依案件情况确有进行检查的理由时，可就有关违反行为的事项对该船进行实际检查。三是如沿海国有明显客观证据证明，外国船舶在其专属经济区内的违反行为导致排放，对沿海国的海岸或有关利益，或对其专属经济区内的任何资源，造成重大损害或重大损害的威胁，该沿海国在有充分证据时，可提起司法程序，包括对该船舶进行拘留。

沿海国羁押外国船舶不得超过为有关调查目的所必需的时间。此种实际检查应只限于查阅该船所持有的证书、记录或其他文件；对该船进一步的实际检查，只有在有明显的根据认为该船的情况或其装备与这些文件所载各节有重大不符，或这类文件不足以证实或证明涉嫌的违反行为，或该船未持有有效证件和记录时方可进行。一旦完成提供合理的担保，沿海国必须迅速释放该船舶。

沿海国对外国船舶的执行权力，只有官员或军舰、军用飞机或其他清楚标志可以识别为政府服务并经授权的船舶或飞机才能行使。在行使执行权力时，沿海国不应危害航行的安全或造成对船舶的任何危险，或将船舶带至不安全的港口或停泊地，或使海洋环境面临不合理的危险，不应对任何其他国家的船舶有所歧视。但沿海国的执行权不适用于享有豁免权的军舰或用于非商业目的的政府船舶。

据统计，截至 1998 年，在已宣布专属经济区的 102 个国家中，有 64 个国家主张对海洋环境的保护和保全拥有管辖权，有 25 个国家主张对海洋环境的保护和保全以及防止和控制海洋污染拥有专属管辖权，还有 12 个国家没有主张对海洋环境的保护和保全拥有管辖权。

5. 对外国船舶或航空器的管辖权

根据《联合国海洋法公约》第 58 条，外国在专属经济区享有航行自由、飞越自由、铺设海底电缆和管道的自由，以及与这些自由有关的海洋其他国际合法用途，但必须遵守沿海国的法律和规章。上述自由的范围远不如公海自由广泛，如建造人工岛屿和其他设施的权利、捕鱼权利和科学研究的权利仍保留在沿海国手中。这意味着外国在专属经济区内具有从事非经济活动的权利。同时，《联合国海洋法公约》第 58 条进一步指出，对公海的一般规定[①]（包括国家在公海的船旗国管辖原则和普遍管辖原则），只要与专属经济区的规定不抵触，均适用于专属经济区。根据上述规定，外国船舶在专属经济区享有航行自由，在该海域的外国船舶或人员的管辖，原则上适用船旗国管辖或国籍管辖原则。因此，沿海国一般不应禁止、暂停或阻止外国船舶进入专属经济区；但为确保沿海国行使《联合国海洋法公约》规定的主权权利和专属管辖权，如为了保护海洋环境的需要，一般允许沿海国对航行自由做出一定的限制。[②] 另外，外国船舶在专属经济区还须遵守沿海国有关污染控制的法律和规章；同时，尊重人工岛屿、设施和结构周围的安全地带。

事实上，在某些情形下，沿海国也享有对外国船舶除海洋环境污染以外的执行管辖权。一是对外国船舶在沿海国专属经济区内违反规章、负有

---

① 《联合国海洋法公约》第 88 条至第 115 条，参见傅崐成编校：《海洋法相关公约及中英文索引》，厦门大学出版社，2005 年版，第 33-40 页。

② 参见 Donald R. Rothwell, Navigational Rights and Freedoms in the Asia Pacific Following Entry into Force of the Law of the Sea Convention, 35 Virginia Journal of International Law, 1995, pp. 487 and 591.

债务等，沿海国对其可行使民事管辖权。如《联合国海洋法公约》规定：违反的行为，致使其排放对沿海国的海岸或有关利益，或对其领海或专属经济区内的任何资源，造成重大损害或有造成重大损害的威胁，该国如认为有充分的证据，可按照该国法律提起司法程序，包括拘留船只在内，但受《联合国海洋法公约》第12部分第7节规定的限制。二是沿海国在特殊情形下对在其专属经济区内的外国船舶享有刑事管辖权。一般来说，对在其专属经济区内正常通过和航行的外国船舶，沿海国不应行使管辖权，以逮捕与在该船舶通过期间船上所犯任何罪行有关的任何人或进行与该罪行有关的任何调查，但是在罪行的后果及于沿海国行使其勘探开发、养护和管理该区域自然资源的主权权利时，或罪行是在领海内发生且后果及于该国者，沿海国可以行使刑事管辖权。如果犯罪行为是在其内水发生而通过其专属经济区的外国船舶，沿海国有进行逮捕或为检查目的而采取其法律所授权的任何步骤的权利。船舶在专属经济区发生碰撞涉及刑事责任和纪律责任，沿海国也享有刑事管辖权。三是沿海国根据《联合国海洋法公约》，在其主权权利和管辖权范围内，在其专属经济区内有行政管辖权。如对海底活动、人工岛屿、设施和结构，对生物资源的勘探和开发等，以及对上述人工岛屿、设施和结构行使海关、财政、卫生、安全和移民等方面的管辖权。此外，有些国际条约赋予沿海国对专属经济区内的外国船舶的某些活动行使管辖权。如1988年《联合国禁止非法贩运麻醉药品和精神药物公约》第17条规定：缔约国如有正当理由怀疑悬挂另一缔约国国旗显示该国注册标志的船只，虽按照国际法行使航行自由但却在从事非法贩运，可将此事通知船旗国，请其确认注册情况，并可在注册情况获得确认后，请船旗国授权对该船采取适当措施。依照该公约，或按照请求国和船旗国之间有效的条约，或按照其相互达成的任何其他协议或安排，除其他事项外，船旗国还可授权请求国登船、搜查船，如检获涉及非法贩运的证据，还可对该船只、船上人员和货物采取适当行动。为落实上述公约的规定，欧洲理事会通过了《关于海上非法贩运协定》。根据该协定，沿海国如怀疑协定另一当事方的船舶在其专属经济区内从事毒品贩运，可请求船旗国授权其停止或登临该船舶。但在实践中，沿海国可否单方面就其专属经济区内的外国船舶贩运麻醉品的行为行使执行管辖权，可能是有疑问的。巴西和牙买加在签署或批准1988年公约时都声明，在船旗国依据公约第17条授权其他国家在专属经济区内，停止或搜查被怀疑从事毒品贩运的船舶时，得到沿海国的同意是必要的。但欧洲联盟以巴西的有关声明抵触国际法为由提出了反对。①

关于沿海国对外国航空器的立法和执行管辖权。《联合国海洋法公约》第58条确认航空器在专属经济区的上空拥有飞越自由；但并不能完全排除沿海国管制专属经济区上空的航空器的可能性。若有关航空器所从事的活动与专属经济区的经济活动有关，如侦查鱼情或向海上平台运输劳工，沿海国是否有权对该航空器实行管辖，存在争议。

此外，在现代国际实践中，沿海国对其设立的防空识别区内的航空器，也具有识别权利。防空识别区（Air Defense Identification Zone，缩写ADIZ），是指从地球陆地或水域的表面向上延伸的划定空域，在该空域内，为了国家安全，需要对航空器能立即识别、定位和管制。它是有关国家为了国防安全的需要而设置的。② 防空识别区是20世纪50年代出现的新型空中预警防卫概念。在该区域内，飞行器需要报告飞行目的，从而判断其对防空识别区划定国是否具有威胁。1950年和1951年，美国和加拿大先后建立防空识别区，向大西洋和太平洋延伸几百海里，凡进入防空识别区的航空器，必须报告身份，以便地面国识别、定位和管制。③

自20世纪50年代以来，已经有包括美国、加拿大、澳大利亚、韩国、日本、德国、缅甸、土耳其、泰国、中国台湾地区等20多个国家和地区建立了空中识别区。虽然在国际法中没有明确规定防空识别区的划涉及管控相关问题，但已经得到了大多数国家的默认和遵守，成为与国际法精神相容的国际实践。

① 参见United Nations，Multilaterral Treaties Deposited with the Secretary General，Status at 31 December 1995，New York，United Nations，1996，pp. 293-296.

② 转引邵津：《国际法》（第四版），北京大学出版社，2012年版，第165页。

③ Air Navigation Order，7 April 1961. 11；“任何人均不得驾驶飞机进入加拿大防空识别区，或者在加拿大防空识别区内驾驶飞机，除非他已经向适当的空中交通控制单位提交了设备飞行规则计划（IFR），一份防御可见飞行规则计划（DVFR）或者一份防御飞行通知。”（DVFR：防御实力飞行规则）

三、专属经济区上管辖权的行使

沿海国在专属经济区对《联合国海洋法公约》规定的两项主权权利和三项专属管辖权享有立法管辖权和执行管辖权，前者主要通过国家单方立法的方式实现，后者则以监督、登临、检查、搜查、逮捕以及进入司法程序等手段实施。在管辖权的行使中，具体强制执行者是国家机关及其官员、军用舰机和其他由政府明确授权的人员或船舶。

（一）国家立法

沿海国在专属经济区享有的特定权利和管辖权，并非随着地理特征而自动产生，沿海国要建立专属经济区并行使管辖权，首先必须就此立法并宣布。以国家立法的形式行使管辖权是该区域的显著特点。

早在20世纪40年代，拉美国家开始200海里海洋权斗争时起，便以国内立法的形式行使其对这一新的海区的权利。自1973年第三次海洋法会议以来，许多国家，包括北大西洋、太平洋、印度洋等区域的国家，不等会议结束，相继建立了200海里专属经济区或专属渔区，并颁布了此项法规以行使本国在该区域内的权利和管辖权。① 这些新的立法不但宣布了200海里专属经济区或专属渔区，而且还规定了具体的实施办法。如孟加拉国《领海及海区法》中规定，经济区的一切自然资源（生物资源及非生物资源），皆属于孟加拉国的专属资源，并规定违反该法，处以一年以内监禁或500塔卡罚金。又如印度《领海、大陆架、专属经济区及其他海区法》大量吸收了《联合国海洋法公约》的内容，规定“包括外国政府的任何人，除与印度政府签订协定或持有印度政府签发的许可证外，对专属经济区的资源不得进行勘探、开发活动”，“印度政府可以将专属经济区的特

---

① 如贝宁1976年4月28日颁布的《贝宁共和国领海扩展至200海里的法令》，缅甸1977年4月9日的《领海和海洋区域法》，也门民主共和国1977年《关于领海、专属经济区、大陆架和其他海区的第45号法令》，巴基斯坦1976年12月22日的《领海和海区法》，美国1976年4月13日的《渔业法令》，苏联1976年12月10日《最高苏维埃主席团关于在邻接苏联海岸的海区内保护生物资源和捕鱼规定的暂行办法》。此外，还有日本、越南、马尔代夫、多米尼加、厄瓜多尔、海地、新西兰、葡萄牙、挪威、斯里兰卡、多哥、丹麦、联邦德国、危地马拉和爱尔兰等国也都以单方面立法行使其在专属经济区的管辖权。

定区域作为指定区域，并在这一区域内采取保护措施”，“一切外国船舶与飞机在专属经济区及其上空，享有航行与飞越的自由。但是，必须以尊重在这一区域内印度政府所行使的权利为条件”，“违反本法规定，处以3年以内监禁或罚金，或者两者并施”等。可以看出，国家是行使专属经济区权利和管辖的主体，而且对国家单方面的立法，在多数情况下都默认其在国际法上的效力。所以，这实际上就成了沿海国行使专属经济区内立法管辖权的一种重要的方式。

值得注意的是，这种立法管辖权的行使应当体现四个方面的内容：主张设立专属经济区并有权制定该区域的法律规章、行使特定的主权权利和管辖权，其他国家不得干涉；确认国家对有关资源和权益的物权制度；完善保护有关资源和权益的刑事法律①；以及修正相关法律法规中与《联合国海洋法公约》不相适应的国家管辖权条款。② 因此，这种立法不仅包括制定和颁布新的国内海洋法，而且意味着解释和修改原有的相关法律法规，只有做好这两方面的工作，才能确保沿海国对专属经济区立法管辖权的有效行使。

（二）监督

监督是行使执行管辖权的第一步，是沿海国为维护主权、保护其自然资源、保护海洋环境、行使管辖权的必要步骤。沿海国主要通过政府许可，以及海上力量监测、监视和控制来监督在其专属经济区内的勘探开发活动和海洋科研活动，以促使活动者遵守和执行本国的法律规章。

各国立法大都规定，在专属经济区内从事一切勘探、开发活动须经沿海国政府许可或持有许可证，对其自然资源的勘探和开发须经沿海国政府明示同意后方可进行。如要求任何从事捕鱼的人员展示其许可证、渔具和

① 对有些犯罪行为，如涉及破坏海洋资源、海底电缆和管道的犯罪，我国《刑法》中的环境污染罪、毁坏公私财物罪和破坏公共设施罪，虽可解释为包括针对专属经济区内的海洋资源及海底电缆和管道的犯罪，但由于有关规定缺乏针对性，在刑法的罪刑法定原则之下，其适用可能会遇到一定的困难。

② 如《联合国海洋法公约》第303条第2款有关沿海国对毗连区内的考古和历史性文物具有管辖权的规定，在我国现行的《水下文物管理条例》并没有得到充分体现。该条例收窄了沿海国对毗连区水下文物保护的范围，将保护的范围限于在毗连区发现的“起源于中国”或“起源国不明”的水下文物（第2条）。而可以确定起源国的水下文物，则不在该条例保护之列。

捕捞量，许可、限制及管理科学考查，对自然资源的科学研究要发给许可证，许可证只发给科学机构、科学家和其他需要从事科学研究的人等。

《联合国海洋法公约》第204条对海上监测和监视做出了规定：“各国应在符合其他国家权利的情形下，在实际可行范围内，尽力直接或通过各主管国际组织，用公认的科学方法观察、测算、估计和分析海洋环境污染的危险或影响”，“各国特别应不断监视其所准许或从事的任何活动的影响，以便确定这些活动是否可能污染海洋环境”。

海洋监测是指为了在所有时间内了解和研究海洋的现状，特别是为了在全部时间内发现和掌握海洋所出现的变化趋势而进行的连续性日常观察的一种程序。观察对象可能是整个海洋，可能是某一海区，也可能是海洋资源或其他复杂情况。观察手段可能是最原始的测量方法，也可能是利用监测卫星。监测对于海上管理、开发或是鼓励和修正某些海洋活动的规划意义重大。可以说，海洋监测是海洋开发活动的情报基础。

海上监视是指密切注视各类船舶的活动或人类在海上的其他活动，包括海运、捕鱼、航行、勘探开发及娱乐活动等，以发现违法和违禁情况。也就是说，它是通过预防、执行法律或进行惩处，从而防止或消除不良行为，对人类在海上所进行的各类活动进行监视和警戒。监视主要涉及国家管辖范围内和国家管辖范围外海域的本国居民的活动和国家管辖范围内海域的外国居民的活动，以确定它是否在履行合同，防止合同外的任何活动。监视内容包括防止污染方面①、航行方面②、渔业方面③、科研方面④以及勘探和开发方面⑤。

海上监测和监视的费用应与从中所得到的利益成比例，即要与专属经

---

① 主要包括：发现或列出可能或已经倾倒入海的污染物；估价这种污染物对海洋环境实际上或可能造成的影响，并采取措施，赔偿损失，防止和消除污染；预先提出警告；确认有毒有害物质及其对海洋环境造成的影响；检查、确认和惩处违法者等。

② 主要包括：根据船舶载重公约控制和监督船舶设备；根据国际《防止海上油污公约》和《1972伦敦公约》检查和控制船舶排污；根据国际海上避碰规则监督和控制船舶航行；依法监视专属经济区内各类船舶的违法行为，负责执行和在必要时行使紧追权等。

③ 主要包括：检查捕鱼许可证明；监督捕鱼网具和船舶，检查捕捞方式、捕获物和捕捞量；确定对合同或协议的执行情况；监督有关生物资源养护措施法规制度的执行等。

④ 主要包括：检查从事科研活动的许可证明；防止进行危害沿海国利益及其他非法活动等。

⑤ 主要包括：监督合同执行情况，防止污染；安全生产；检查、执行有关法律、法令、规章和制度等。

济区的开发潜在价值，与潜在的违法活动的危险性及由此所造成的经济损失成比例。当然，海上监测和监视的费用应当并且也可以减少，具体措施有：国内各部门应协调一致，避免重复；通过双方协定列入监视条款，在外国渔船上派驻观察员，并由外国渔船承担其一切费用；通过地区或区域合作，把本区域的监测和监视协调起来；通过与国际组织（如渔业协会、地区科研中心、联合国组织等）合作得到帮助等。

专属经济区是范围较大的海域，要对其进行监测、监视和控制，没有技术、资金、人员和经济实力是很难做到的。现在各沿海国都在按照自己的情况，在能力允许的范围内对专属经济区进行监视、执行和控制。当然，具备一支强大的执行力量，以便随时发现和逮捕违法行为，并依法对其进行司法程序，是有效监督的必要条件。海军在专属经济区的监测、监视和执行中是一支不可忽视的重要力量，但目前发展中国家的海军力量还不能满足专属经济区执行和巡逻的需要，因此，发展中国家更迫切地需要加强海军力量建设，以期增强对专属经济区监视和控制的力量。

（三）登临、检查、搜查和逮捕

登临、检查、搜查和逮捕是行使执行管辖权的措施之二。登临是在沿海国官员或其他授权人员有确实理由怀疑外国船舶在其专属经济区内有违法行为或违法企图时，接近登临外国船舶的权利。检查、搜查和逮捕则是在证实外国船舶或人员有违法行为时所采取的进一步措施。登临和检查包括对船舶的设计、设备、结构以及记录等项的调查。对渔船主要是检查证件、渔具、网具、捕获量；对其他船舶则主要检查与油污染有关系的记录簿及可能违反沿海国法律的地方。对于持有证书的渔船和备有油污记录簿及有关证明书的其他船舶，登临和检查必须在船内进行。如果发现或确已查明有违法行为，则需要采取进一步的措施——逮捕。逮捕是沿海国行使管辖权、进行司法程序的重要手段。检查官员如发现任何人或船舶有违法行为者，不需要持有传票、令状或其他手续，就可以逮捕或扣留该船和船上的人员。如果船舶在沿海国港口，则可以禁止其离港，将该船予以扣留。但是，采取这种措施必须及时通知领事官员或外交代表以通知船旗国。同时，所有这些权利的行使都不得妨碍船舶在专属经济区内的正常航行和通过。

（四）提起司法程序

行使执行管辖权的措施之三是沿海国对在其专属经济区内的违法行为提起司法程序。如沿海国发现外国船舶在其专属经济区内违法排污、非法捕捞或贩卖人口，沿海国有权提起司法程序。因此，沿海国对专属经济区的管辖权实际上还包括行政管辖权、民事管辖权和刑事管辖权。但为了保障其他国家的利益和正常的海洋秩序，《联合国海洋法公约》对沿海国的管辖权做了一些限制。如《联合国海洋法公约》第223条规定："在依据本部分提起的司法程序中，各国应采取措施，便利对证人的质讯以及接受另一国当局或主管国际组织提交的证据，并应便利主管国际组织，船旗国或受任何违反行为引起污染影响的任何国家的官方代表参与这种程序。"第220条规定："当船只自愿位于一国港口或岸外设施时，该国对在其领海或专属经济区内发生的任何违反关于防止、减少和控制船只造成的污染的该国按照本公约制定的法律和规章或可适用的国际规则和标准的行为，可在第七节限制下，提起司法程序。"第73条规定："被逮捕的船舶及其船员，在提出适当的保证书或其他担保后，应迅速获得释放"，"沿海国对于在专属经济区内违犯渔业法律和规章的处罚，如有关国家无相反的协议，不得包括监禁或任何其他方式的体罚"。第227条规定："各国根据本部分行使其权利和履行其义务时，不应在形式上或事实上对任何其他国家的船只有所歧视。"第228条规定："从违反行为发生之日起满三年后，对外国船只不应再提起加以处罚的司法程序，又如另一个国家已在第1款所载规定的限制下提起司法程序，任何国家均不得再提起这种程序。"第230条规定："对于外国船只所犯这种违反行为进行可能对其加以处罚的司法程序时，应尊重被告的公认权利。"沿海国如果违反了上述规定，被扣留船舶的船旗国可以向联合国海洋法庭申诉。

沿海国对在专属经济区的违法行为所提起的司法程序，虽然要参照国际法和有关条约，但主要还是依照国内法律进行。国家的行政、渔政、海关等官员及其他国家授权人员对于在其专属经济区内的违法行为应立即向本国最近、最方便的法院提起司法程序。但这种司法程序的提起既不同于领海，也不同于毗连区，而只能对与其自然资源的勘探、开发有关的，和与沿海国在专属经济区的主权权利和专属管辖权的行使有关的违法行为提起。这种司法程序的进行应与该区域的法律地位相符而不能超越。

对有关违法行为有管辖权的司法机关是距离违法地点最近、最方便的法院。司法判决和处罚所依据的法律是法院国的法律。这样做是为了保障沿海国权利和管辖权的行使，使受处罚者不仅要考虑违反条约，而且要清楚地知道，不问违法的场所如何，一律要极其严格地按照法律受到应得的处罚。

此外，还要注意管辖的豁免问题。对于军舰、非商业性国有船舶等享有司法豁免权的外国船舶和人员，除在其本国政府或者联合国组织明确宣布放弃司法豁免权外，沿海国不得提起司法程序。对外国政府提起司法程序，必须征得该国政府同意方可进行。

四、专属经济区上管辖权的发展趋势

专属经济区是《联合国海洋法公约》设立的一个新区域，其法律制度仍处于发展变化之中。各国的实践表明，沿海国对专属经济区管辖权的发展呈现出两个明显的趋势。一方面，沿海国在 200 海里内不断扩充管辖权的内容（thickening jurisdiction），即随着人类对海洋资源认识的深入和对海洋利用能力的提高，沿海国将通过各种努力在该区域内实现对更多活动和事项的管控。如 1990 年美国《石油污染法》规定，在美国专属经济区内向美国驳运石油的外国船舶，即使不进入美国内水，也要向其提供财政担保书。另一方面，沿海国也在 200 海里外不断扩张管辖权的范围（creeping jurisdiction），即沿海国超出《联合国海洋法公约》规定的 200 海里管辖范围，将其管辖的范围扩大到 200 海里以外的公海。如 1985 年加拿大《沿海渔业保护法》规定，加拿大有权对在其专属经济区以外的海域的外国渔船实行扣押。沿海国将管辖权扩大到 200 海里以外有关事项的一个最新例子是，澳大利亚政府于 2005 年 3 月建立了一个共同海岸保护部队（JOPC）[①]，该部门负责搜集、分析和监控澳大利亚领陆以外1 000海里内的海上情报，包括反恐等安全情报。

《联合国海洋法公约》为人类在海洋的活动提供了基本的法律框架，建立了新的海洋秩序。但由于它是各方面利益折中妥协的产物，因此在扩大沿海国的管辖权和缩小公海自由的调整和确立海域管辖制度的过程中，留下了余地和空间，尤其是在专属经济区这一新的区域内，沿海国与其他国家的权利划分在某些方面还存在着不确定之处。对这些剩余权利，《联合国海洋法公约》仅以第 59 条之“应在公平的基础上参照一切有关情况，考虑到所涉利益分别对有关各方和整个国际社会的重要性，加以解决”的规定概述。而随着科学技术的发展，海洋地位、作用日益突出，海上经济、军事活动日益频繁，围绕《联合国海洋法公约》未予规定的剩余权利产生的分歧、矛盾也越来越多。于是，不少国家以国内立法的方式来扩充其对专属经济区的管辖权，使得该区域内越来越多的活动或事项逐渐被纳入沿海国的管辖权内容。因而有学者形容，沿海国是在将领海式的权限（territorial sea-like authority）或准主权（quasi-sovereignty）扩大到 12 海里以外，专属经济区存在着被逐渐演变为功能类似于 200 海里领海区域的危险。[②]

第三节　沿海国对大陆架的管辖权

大陆架是领海以外依沿海国陆地领土的全部自然延伸，扩展至大陆边外缘的海底区域的海床和底土。大陆架从测算领海宽度的基线量起不到200 海里的，扩展至 200 海里；超过 200 海里的，在满足《联合国海洋法公约》所确定的条件下，不得超过 350 海里或不应超过 2 500 米等深线外100 海里。沿海国在其大陆架上享有一定的主权权利和专属管辖权。与专属经济区不同，沿海国对大陆架的这些权利不取决于有效或象征性的占领

① Joint Offshore Protection Command（JOPC）. 参见 Radm Russ Crane, Country Presentations on Operational Solutions: Best Practices, Regional Cooperation Maritime Security, Asean Regional Forum, 2-4 March 2005, Singapore.

② 参见 Wayne S. Ball, The Old Grey Mare, National Enclosure of the Oceans, Ocean Development and International Law, Volume 27, Numbers 1-2, 1996, pp. 103-106.

或明文公告。

一、大陆架制度的产生与发展

大陆架原是地质地理学上的概念，通常是指从大陆海岸向海洋自然延伸所形成的比较平坦的海底区域。[①] 19 世纪末，西方地理学家在绘制海图中搜集了大量的资料，证明大陆架是大陆陆地的自然延伸。于是，一些学者基于这种大陆架与陆地相连接的事实，主张沿海国可将大陆架的海床及其底土据为己有。阿根廷、西班牙、古巴等国有人发表论著，主张按照大陆架的界限来扩大沿海国的管辖权。1916 年沙皇俄国提出对北极一些岛屿的要求，也是基于这些岛屿是以广阔的西伯利亚大陆架同大陆连接在一起的事实。随后，又有若干国际仲裁案和双边国际条约涉及大陆架的性质或权利问题。如 1939 年，在一个石油公司对阿布扎比的仲裁案中，仲裁官就裁定，并没有任何有关沿海国应该对其领海以外被淹没土地的权利和权力的国际法，但作为一般常识，沿海国应该对之有某些程度的控制和管辖。其时，大陆架虽然被提到，但并没有作为一个明确的法律概念提出和确立，也没有作为沿海国对其领海以外的区域下的海床和底土提出主权权利的要求的法律依据。

1945 年 9 月 28 日，美国总统杜鲁门发表《关于美国对大陆架底土和海床自然资源的政策宣言》（即《杜鲁门公告》），把大陆架海床的使用和上覆水域的使用截然分开，宣称“处于公海下但毗连美国海岸的大陆架的底土和海床的自然资源属于美国，受美国的管辖和控制”，“大陆架上覆水域作为公海的性质以及公海自由和无阻碍航行的权利不受任何影响”。该公告虽是美国的国内法文件，但在国际法上具有重要意义。它打破了当时国际法上认为领海以外的海床和底土不属于沿海国的理论和实践，确认这一海域的底土和海床的自然资源属于沿海国所有，受沿海国的管辖和控制；但公告谨慎地避免提到主权，因而仅是对领海以外的资源的管辖权的主张，而不是领土性的主权主张。该公告以地质地理学上的“自然延伸”

① 大陆架之外的坡度急转直下水深可达 3 000 米左右的区域称为大陆坡，在大陆坡脚覆盖着大量沉积物的地方称为大陆基。大陆架、大陆坡和大陆基这三个区域在地项地理学上称为大陆边。

为科学依据提供了一个论断，即沿海国对大陆架海床和底土的自然资源行使管辖权是公平合理的；而这一论断又反过来从法律上给予地理上的“自然延伸”以合法性，使沿海国对其大陆架的权利要求得以建立在可靠的科学和合法的基础上。美国这一单方立法活动成为大陆架法律制度逐步确立的开端和标志。此后，一系列国家都以不同方式对大陆架的资源提出权利要求（其中大多数是拉丁美洲国家），但各国对大陆架权利要求的性质和范围并不相同。

由于各国在大陆架主张上出现的分歧和混乱，联合国国际法委员会于1950年开始了对有关大陆架的国际法编纂。1958年第一次联合国海洋法会议讨论了大陆架的定义问题，并通过了《大陆架公约》。依该公约，大陆架是指“邻接海岸但在领海范围以外，深度达200米或超过此限度而上覆水域的深度容许开采其自然资源的海底区域的海床和底土”。这一规定包含了两项独立的、平行的标准，即200米水深标准和可开发性标准，缔约国有权选取其中一个标准来确定本国的大陆架。关于国家对大陆架拥有的权利的性质的辩论，主要集中在国家享有的权利是主权还是专属性管辖权。发展中国家主张，沿海国对大陆架拥有主权，至少是拥有主权权利；而欧美发达国家则坚决反对任何主权的提法或要求。会议最后通过了“主权权利”这一妥协方案。关于沿海国对大陆架的自然资源的权利，是仅限于矿物资源，还是应当包括生物资源在内，各国主张也不尽相同。会议最终达成折中方案，确认沿海国对大陆架自然资源的权利包括矿物和定着类生物，但不包括海底鱼类。

第三次海洋法会议上，关于大陆架问题的争论主要围绕大陆架的范围展开。讨论中，1958年确定的可开发性标准遭到了广泛批评，而以大陆架是陆地领土的自然延伸这一地质地理属性作为根据确定大陆架范围的意见取得了上风。[①] 最终，会议通过了被规定在《联合国海洋法公约》第76条中的新的大陆架定义：“沿海国的大陆架包括其领海以外依其陆地领土的全部自然延伸，扩展到大陆边外缘的海底区域的海床和底土。”由于承认沿海国对领海基线量起200海里以内的海床和底土的自然资源享有主权权

① 1969年国际法院在其北海大陆架案判决书中阐述的，大陆架是沿海国陆地领土在海下的延伸的观点，对此起了很大作用。

利的专属经济区的确立，《联合国海洋法公约》在大陆架定义中还规定："如果从测算领海宽度的基线量起不到200海里，则扩展到200海里的距离。"这一定义也包含了确定大陆架的两项标准，即自然延伸原则和200海里距离原则；但后者只是辅助标准，只有在一国的大陆架按照自然延伸原则其外部界限距离领海基线不到200海里的情形下才予适用。同时，为防止沿海国大陆架过宽，《联合国海洋法公约》对超出200海里的大陆架外部界限的划定做了限制性规定，使得大陆架的外部界限从领海基线量起不得超过350海里或不应超过2 500米等深线外100海里。关于沿海国对大陆架自然资源的权利，《联合国海洋法公约》将之规定为专属性的主权权利，权利内容包括海床和底土的矿物和其他非生物资源，以及属于定居种的生物。此外，《联合国海洋法公约》还对大陆架上人工岛屿、设施和结构的建造、操作和使用，大陆架上海底电缆和管道的铺设，以及大陆架的钻探等方面权利做出了具体的规定。

二、大陆架上管辖权的性质和内容

（一）大陆架上管辖权的性质

探讨大陆架上管辖权的性质，依然要考察大陆架的法律地位。大陆架介于沿海国的领海和国际海底区域之间，其法律地位与这两种海域有所区别。领海是沿海国领土的一部分，完全处于沿海国的主权支配与管辖之下；而大陆架虽为沿海国陆地领土的自然延伸，但却不能以此认为是沿海国领土的组成部分，沿海国在大陆架的权利主要限于资源开发利用方面。国际海底区域对所有国家开放，区域内的任何部分及其资源属于全人类共同所有，任何国家、自然人或法人不得据为己有；而大陆架是沿海国的专属管辖区域，沿海国在该区域就《联合国海洋法公约》规定的事项享有特定权利。与此相应，沿海国对其大陆架的管辖权，是沿海国在其域外特定管辖海域主要为资源目的而行使的主权权利和部分专属管辖权，是主权的域外管辖的表现。这种管辖权是特定的，主要针对沿海国对区域的勘探及自然资源的开发和利用而言；这种管辖权又是专属性的，沿海国不勘探大陆架或开发其自然资源，任何人未经沿海国明示同意，均不得从事这种活动。但与专属经济区不同的是，这种管辖权是依大陆架为沿海国陆地领土自然延伸之事实而固有的权利，不取决于有效或象征性的占领或明文公告。

沿海国对大陆架自然资源的主权权利，不像沿海国对领海的主权，但在法律上，该权利既是附属于又是直接来自沿海国对紧靠大陆架的领土的主权，[①] 具体表现为沿海国拥有这些资源的永久主权，不论其是否通过开发真正行使该权利。正如《奥本海国际法》所认为的，沿海国对大陆架的有关权利“之所以说是主权权利而不说主权，其理由是，虽然这些权利是领土主权所固有的，所以具有主权的性质，然而限于勘探和开发大陆架的资源的目的，所以并不合计在全部的领土主权以内”。[②]

（二）大陆架上管辖权的内容

大陆架上管辖权的内容是指沿海国可以在其大陆架上对哪些具体事项行使管辖。根据 1982 年《联合国海洋法公约》的规定，沿海国在其大陆架享有下列权利：勘探和开发自然资源的主权权利；建造并授权建造、操作、使用和管理人工岛屿、设施和结构的权利及其专属管辖权；授权和管理为一切目的在大陆架上进行钻探的专属权利；进行海洋科学研究和保护海洋环境的管辖权。因此，沿海国对大陆架具有立法管辖权和执行管辖权。立法管辖权的范围，主要限于沿海国享有主权权利的自然资源，以及拥有管辖权的特定事项，即《联合国海洋法公约》第 77 条规定的主权权利的范围。执行管辖权包括行政执法管辖权和司法管辖权，对此，《联合国海洋法公约》只是在第 111 条规定了有关紧追权的问题。根据该条，沿海国有权对于在大陆架上（包括大陆架上设施周围的安全地带）违犯其有关法律和规章的行为，适用紧追权。在立法实践中，有些国家将全部国内法扩大适用于大陆架的结构和设施。如 1964 年英国《大陆架法》第 3 条规定：“任何发生在指定区域的大陆架设施的表面或其上或其下，或发生在该设施 500 米以内海域的有关行为或不行为，以及在指定区域发生的任

---

① 参见“爱琴海大陆架案”中国际法院的判决。

② ［英］詹宁斯、瓦茨修订：《奥本海国际法》，第一卷，第二分册，王铁崖等译，中国大百科全书出版社，1998 年版，第 195 页。

何与勘探和利用海床或底土的自然资源有关的行为或不行为，按照有关英国法进行审理，并由有关法院对上述行为或不行为行使管辖权。”1987 年英国《刑事管辖（海上活动）令》第 3 条进一步规定：“英格兰、苏格兰和北爱尔兰的刑法[①]适用于在大陆架设施表面或其上或其下，以及该设施 500 米以内海域，发生的有关行为或不行为。”该法第 4 条还规定：“警察有权在上述海上设施或有关设施 500 米以内海域行使有关执法权。”上述英国法律，赋予了该国警方和法院对大陆架上有关活动行使行政执法权和司法管辖权。[②] 有学者认为，这样的立法使得沿海国对大陆架的管辖权依据是大陆架的领土性，还是其在大陆架区域的国际法权利变得模糊不清，而只有基于国际条约对大陆架实行管辖权，才是沿海国行使管辖权的理论依据。具体来说，沿海国对大陆架的管辖权主要有以下内容。

1. 对自然资源的主权权利

根据《联合国海洋法公约》第 77 条，沿海国为勘探大陆架和开发其自然资源的目的对大陆架行使主权权利，因此，沿海国对大陆架内享有主权权利的自然资源拥有立法管辖权，可制定实施有关大陆架主权权利的法律和规章。对于 200 海里以内的大陆架，由于其上覆水域属于专属经济区，可认为沿海国对该区域的全部自然资源享有主权权利。当然，对该区域的海底鱼类资源享有主权权利，是基于《联合国海洋法公约》确立的专属经济区制度，而非大陆架制度。对于 200 海里以外的大陆架，定居种生物的捕获仍是沿海国的专属权利，但由于其上覆水域属于公海，所以对该区域内非定居种生物的管辖应适用公海捕鱼自由制度；而对该区域内的非生物资源的开发要受到《联合国海洋法公约》第 82 条及有关规定的限制，即沿海国仍享有开发的专属权利，但应向国际海底管理局缴付费用或实物。因此，严格地讲，沿海国在大陆架的自然资源是指海床和底土的固体矿

---

① 联合王国由英格兰、苏格兰、威尔士和北爱尔兰四个王国组成。联合王国是个单一制国家，有立法权及全国统一的议会，但由于英格兰及威尔士、苏格兰和北爱尔兰分属三个法律体系，因此，联合王国没有统一适用的刑法。在实践中通常所称的英国法，是指英格兰及威尔士法。

② Continental Shelf Act 1964, The Criminal Jurisdiction (Offshore Activities) 0i l987 and The Civil Jurisdiction (Offshore Activities) Order 1987.

物、[①] 油气等非生物资源，以及定居种生物和生物机体残骸堆积的资源。[②]

2. 对人工岛屿、设施和结构的管辖权

根据《联合国海洋法公约》第60条和第80条，沿海国在大陆架享有建造并授权和管理建造、操作和使用人工岛屿、设施和结构的专属权利，包括海关、财政、卫生、安全、移民的法律和规章方面的管辖权。沿海国有权在必要时在这些人工岛屿、设施和结构的周围，设置不超过500米的合理安全带，并可在该地带中采取适当措施以确保航行以及人工岛屿、设施和结构的安全。值得注意的是，沿海国在大陆架建造人工岛屿、设施和结构的管辖权，与在专属经济区内建造人工岛屿、设施和结构的管辖权相类似，但却不及其广泛：在大陆架只能为《联合国海洋法公约》第56条"所规定的目的和其他经济目的"，即主要是经济目的行使；而在专属经济区则不限于此，即沿海国有权基于非经济利用的目的，如军事目的，建造人工岛屿、设施和结构。

3. 授权和管理为一切目的在大陆架上进行钻探的专属权利

《联合国海洋法公约》第81条规定，沿海国有授权和管理为一切目的在大陆架上进行钻探的专属权利。据此，沿海国有权制定法律和规章对任何个人或组织在其大陆架上进行钻探活动进行授权和管理，未经沿海国明示许可，不得进行钻探活动。所谓"为一切目的"，是指这种钻探可能是基于经济目的，如为行使对油气资源的主权权利而进行的钻探、开发；也可能是基于非经济目的，如为安置某些军事设施而进行的钻探。此外，沿海国有开凿隧道以开发底土的权利，不论底土上水域的深度如何。其他国家在沿海国的大陆架上铺设海底电缆或管道，其路线的划定须经沿海国同意。如果这些海底电缆或管道妨碍了沿海国勘探开发大陆架自然资源，影响其管辖下的人工岛屿、设施和结构而建造或使用，可能或已经造成大陆

① 大陆架上的固体矿物种类繁多，主要有煤、铁、金、银、钻石、锡、磷，钛、汞等。

② 大陆架上的定居种生物种类也很多，其中经济价值较大的有鲍鱼、牡蛎、珍珠贝、马蹄螺等贝类，以及海带、紫菜、石花菜、鹧鸪菜等藻类。而在生物机体残骸堆积形成的资源里，经济价值较大的有贝壳床和珊瑚礁。

架的污染，沿海国有权对其采取合理措施。

4. 对海洋科学研究的管辖权

根据《联合国海洋法公约》第246条，沿海国对其大陆架上的海洋科研活动拥有专属管辖权。沿海国可制定必要的法律和规章，对在其大陆架的海洋科学调查研究活动进行有效的管理，“规定、准许和进行”在大陆架上的海洋科学研究。其他国家在沿海国大陆架上进行海洋科学研究，应经沿海国同意。

《联合国海洋法公约》虽然没有像1958年《大陆架公约》一样，在形式上将海洋科学研究分为纯研究和应用研究两类，但在本质上仍有这种区分。应用海洋科学研究，是指直接影响勘探和开发自然资源的研究。这种研究一般包括涉及大陆架的钻探、炸药的使用或将有害物质引入海洋环境的研究和涉及人工岛屿、设施和结构的建造、操作或使用的研究。纯海洋科学研究，是指“专为和平目的和为了增进关于海洋环境的科学知识以谋全人类利益”而进行的研究。对于纯研究，在正常情形下，沿海国应予同意，应制定规则和程序，确保不致不合理地推迟或拒绝给予同意；但对于应用研究，沿海国具有完全的是否同意的决定权。

关于200海里以外大陆架的海洋科学研究，是否需要沿海国同意，《联合国海洋法公约》第246条只是笼统地说在大陆架上进行海洋科学研究应经沿海国同意，这可能意味着同意只适用于在海底的科研。而第257条“所有国家……均有权依本公约在专属经济区范围以外的水体内进行海洋科学研究”的规定证实了这一点。因此，在200海里以外大陆架的海床和底土进行的海洋科学研究仍需取得沿海国的同意，但沿海国是否同意的决定权受到《联合国海洋法公约》第246条第6款的严格限制，即对该区域进行的海洋科学研究，沿海国不得拒不同意。

三、大陆架与专属经济区管辖权比较

大陆架制度和专属经济区制度并存于《联合国海洋法公约》中，其核心内容都集中在对邻接领海的一带区域内经济资源的调控上，极其相似又相互渗透。尽管专属经济区制度包括了在200海里范围内海床和底土的大陆架利益，但《联合国海洋法公约》并没有因此而否认大陆架制度的独立性。事实上，二者在某些方面也仍然存在着差异，比较这些差异，对于理解该海域的管辖权具有一定的启发。

首先，管辖权的确立基础不同。专属经济区以契约模式为基础，在公约和习惯法之下具有选择性质，其存在取决于国家的实际主张，沿海国对其专属经济区的管辖权，依据国家的积极主张和立法宣告得以确立，国家选择是该权利的基础。大陆架以陆地领土之自然延伸为基础，沿海国对其大陆架的管辖权，依据此自然延伸而固然成立，不以占领或明示权利主张为条件。[①] 因此，如果国家没有主张专属经济区，也不影响对大陆架的主权权利，在这种情形下，大陆架的上覆水域仍然属于公海地位。这是大陆架和专属经济区管辖权最本质的区别，其他区别均源于此，是这种本质区别的外在表现。

其次，管辖权的地域范围不同。按照《联合国海洋法公约》的规定，专属经济区的宽度不得超过 200 海里，而大陆架外部界限的划定并不绝对是 200 海里。大陆架首先以沿海国陆地领土的自然延伸来划定外部界限。如果不到 200 海里，则扩展到 200 海里；如果超出 200 海里，则不得超过 350 海里或不应超过 2 500 米等深线外 100 海里。这样，沿海国对专属经济区管辖权的地域范围只能是从领海基线量起 200 海里，而对大陆架管辖权的地域范围可能超出 200 海里的距离，即 200 海里以外的大陆架权利仍然存在（尽管这种权利的行使受到《联合国海洋法公约》第 82 条的限制），二者并不完全一致。

再次，“主权权利”的涵义不同。《联合国海洋法公约》对沿海国在其专属经济区和大陆架的自然资源的权利都表述为“主权权利”，但这两个“主权权利”事实上是存在差异的。《联合国海洋法公约》在肯定沿海国对其专属经济区的自然资源享有主权权利的同时，从生物资源养护和利用的角度规定了沿海国应决定该区域内生物资源的可捕量及其捕捞这些生物资

① 这一法律原则在“北海大陆架案”的判决中已经被充分确认。该判决说：“有关大陆架的一切法律规则中最根本的一条，在日内瓦（大陆架）公约第二条已经郑重规定，尽管是不依赖该公约的——即沿海国对构成其陆地领土自然延伸至海洋并在海洋下的大陆架区域的权利，是根据事实本身自始就存在的，这是由于它对其陆地享有主权，而且作为该陆地的延伸，为了勘探海床和开发其自然资源而行使其主权权利的。总之，这里有一种固有的权利。”

源的能力，并规定在沿海国没有能力捕捞全部可捕量的情形下，应通过协定或其他安排，并根据沿海国的法律和规章，准许其他国家捕捞可捕量的剩余部分。于是，沿海国对其专属经济区生物资源的“在先的和优先的利益被承认为主权权利”①，实际上是一种“优先捕捞权”，即有能力全部实现就绝对占有总可捕量，没有能力全部实现则必须要与其他国家分享这些生物资源的适当剩余部分，尤其是与《联合国海洋法公约》第 69 条和第 70 条规定的内陆国和地理不利国分享。与此不同的是，《联合国海洋法公约》在沿海国对其大陆架资源开发和开采之主权权利的有关规定中，不仅没有类似上述对专属经济区的“优先权”规定，而且在第 77 条第 1 款确认“沿海国为勘探大陆架和开发其自然资源的目的，对大陆架行使主权权利”后，紧接着在第 2 款中特别强调指出“第 1 款所指的权利是专属性的，即如果沿海国不勘探大陆架或开发其自然资源，任何人未经沿海国明示同意，均不得从事这种活动”。从这样的表述中可以肯定，即使沿海国暂时没有能力真正地全部地行使对其大陆架自然资源的主权权利，也不必与其他国家分享。换言之，沿海国完全拥有其大陆架上的自然资源，不管其是否通过开发使该权利得到有效地行使。

最后，剩余权利的解决方式不同。《联合国海洋法公约》是在特定时期的社会科学技术发展状况下制定的，也是国际社会相互妥协的产物，不可能解决所有的海洋开发、利用、管理等问题。随着科学技术飞速的进步和各国利益发展的需求，专属经济区和大陆架制度中剩余权利的争夺日益凸显。对此，《联合国海洋法公约》在专属经济区部分指出：“在本公约未将在专属经济区内的权利或管辖权归属于沿海国或其他国家而沿海国和任何其他一国或数国之间的利益发生冲突的情形下，这种冲突应在公平的基础上参照一切有关情况，考虑到所涉利益分别对有关各方和整个国际社会的重要性，加以解决。”（第 59 条）而在大陆架部分却没有相关的表述。虽然《联合国海洋法公约》只是确立了一种解决关于专属经济区内权利和管辖权的归属的冲突的基础，在实践中遵守和运用仍存在着相当的困难，但至少表明了《联合国海洋法公约》在这一问题上的基本精神，即对于专

① ［英］詹宁斯、瓦茨修订：《奥本海国际法》，第一卷，第二分册，王铁崖等译，中国大百科全书出版社，1998 年版，第 207 页。

属经济区，剩余权利不得当然地归属沿海国，在新的有关条款形成、确定之前，须在公平的基础上协调各方利益加以解决；而对于大陆架，沿海国一般可基于国家领土之自然延伸而固然获得剩余权利。

第四章　国家在国际海域中的权利

第一节　公海内的权利及法理依据

公海是指各国内水、领海、群岛水域和专属经济区以外不受任何国家主权管辖和支配的海洋的所有部分。公海自由原则是公海活动的基本原则，是公海制度的核心和基础，也是根据长期的惯例所形成的一项国际法原则。沿海国在公海享有的国际法规定的公海自由，也是沿海国海洋权益的一部分内容。根据《联合国海洋法公约》第87条的规定，公海自由的含义是：公海对所有国家开放，不论是沿海国或内陆国；所有国家均有平等行使各种公海自由的权利；侵犯公海自由原则被认为是违反国际法的行为；公海自由不是绝对和没有限制的，公海自由必须在《联合国海洋法公约》和其他国际法规则所规定的条件下行使；各国在行使公海自由时，须适当顾及其他国家的权利和利益；公海应只用于和平目的。这是沿海国在公海内享有相关权益的基本法理依据。具体地讲，沿海国在公海范围内享有“六大自由”以及制止和惩治有关犯罪行为的权利。

一、航行自由

公海航行自由，是公海自由中的首项自由，是公海自由中最主要、最基本的内容。无论是沿海国还是内陆国，都享有此项权益。沿海国在公海上享有的航行自由包括以下内容。

沿海国船舶在遵守国际法和一般接受的国际航行规则、尊重其他国家航行自由权利的前提下，有权在公海的任何部分自由航行，不受任何海上强制性礼节的约束，无须缴纳任何通行税费。这里的船舶主要是指商船，但也包括军用船舶、政府船舶、公务船舶、潜水艇等各种航行器。

在公海上航行的沿海国船舶有权悬挂沿海国旗帜。按照《联合国海洋法公约》的规定，任何在公海上航行的船舶都应该具有国籍，并悬挂其国籍国的国旗，不悬挂国旗的船舶是不能在公海上自由航行的，并且每一船舶上一般只能具有和悬挂一国国旗；但没有具体规定给予船舶国籍的条件，只是要求各个国家在国内法中确定给予船舶国籍、船舶在其领土内登记及船舶悬挂该国旗帜的权利的条件，并向其给予悬挂该国国旗权利的船舶颁发给予该权利的文件。因此，按照沿海国的船舶登记制度在沿海国登记注册的船舶具有沿海国国籍，在公海航行时有权悬挂沿海国的国旗。

在公海上航行的沿海国船舶，只服从国际法和沿海国的法律，而不受任何其他国家的民事和刑事管辖。公海是不属于任何国家管辖的海域，船舶的国籍是船舶的身份证明，是船舶保持与其国籍国法律上联系的证据，是国籍国实施保护和法律管制的法律依据，因此，公海上船舶的管辖权取决于船舶的国籍，其他任何国家无权对悬挂别国国旗的船舶实施管辖。如果沿海国的船舶在公海上航行过程中发生民事或刑事案件，均由沿海国人民法院管辖，适用沿海国法律。沿海国对沿海国船舶在公海上碰撞或发生其他航行事故享有专属管辖权。如该碰撞或任何其他航行事故涉及船长或任何其他为船舶服务的人员的刑事或纪律时，对此种人员的任何刑事诉讼或纪律程序，仅可向沿海国或此种人员所属国的司法或行政当局提出。在纪律事项上，只有发给船长证书或驾驶资格证书或执照的国家，才有权在经过适当的法律程序后宣告撤销该证书，即使证书持有人不是发给证书的国家的国民也不例外。沿海国当局以外的任何当局，即使作为一种调查措施，也不应命令逮捕或扣留船舶。

二、飞越自由

公海自由及于公海的上空，联合国国际法委员会在起草 1958 年《公海公约》时就认为公海上空飞行自由是从公海自由原则引申出来的，《联合国海洋法公约》对此也予以确认。因此，沿海国的航空器（包括军用和民用航空器）在公海上空均有飞行自由，除受沿海国管辖外，任何国家对于这种自由不得加以限制或妨碍。关于公海上空飞行所适用的国际法规则，包括航空器的国籍、飞行安全的保护、海上救助等事项，有的适用国际航空法的有关国际公约，有的适用船舶在海上航行所适用的规则。

三、铺设海底电缆和管道的自由

铺设海底电缆和管道的自由，是指所有国家均有权在大陆架以外的公海海底上铺设海底电缆和管道。该项公海自由中的“海底电缆”，不仅包括电报、电话线电缆，也包括高压输电电缆；“管道”主要是指石油、天然气和煤气管道，但不限于这种用途的管道。这种铺设不影响国际海底的法律地位，也不构成对海底的占有和支配。自1866年世界上第一条横越大西洋的海底电缆铺设以来，在公海上铺设海底电缆和管道，已为国际习惯和国际公约确认为公海自由的内容。1884年《国际保护海底电缆公约》对损害公海海底电缆的行为进行了规制；1958年《公海公约》把“铺设海底电缆和管道自由”正式列为公海自由的一项内容，并对各国在公海铺设海底电缆和管道的权利、保护措施、损害赔偿、处罚等做了规定，从而使公海的这一自由和权利成为具有一般约束力的国际法规则；1982年《联合国海洋法公约》又在此基础上，并根据建立大陆架制度后出现的新情况，对公海的这一项自由做了更具体明确的规定。沿海国在公海上享有的铺设海底电缆和管道的自由包括以下内容。

铺设海底电缆和管道的权利。沿海国有权在大陆架以外的公海海底铺设海底电缆和管道，但铺设海底电缆和管道时，应适当顾及已经铺设的电缆和管道，特别应注意不应使修理现有电缆或管道的可能性受到妨害。

对沿海国船舶及人员破坏或损害海底电缆行为的管辖权。沿海国有权制定必要的法律和规章，对受沿海国管辖的船舶和人员破坏或损害公海海底电缆的行为予以处罚。如果悬挂沿海国旗帜的船舶或受沿海国管辖的人故意或因重大疏忽而破坏或损害公海海底电缆，致使电报或电话通讯停顿或受阻的行为，以及类似的破坏或损害海底管道或高压电缆的行为，沿海国可依据相关国内法予以处罚（如我国1989年颁布的《铺设海底电缆管道管理规定》，主要适用于在中国内海、领海及大陆架上铺设海底电缆、管道以及为了铺设而进行的路径调查、勘测以及其他有关活动。但是，我国目前还没有颁布关于公海海底铺设电缆和管道的立法）。然而，对于仅为了保全自己的生命或船舶的正当目的而行事的人，在采取避免破坏或损害的一切必要预防措施后，仍然发生的任何破坏或损害者除外。如果沿海国的电缆或管道在别国铺设或修理电缆或管道时受到破坏或损害，有权要求其承担修理的费用。

四、建造国际法所容许的人工岛屿和其他设施的自由

与《公海公约》相比，这项内容是《联合国海洋法公约》新增设的一项公海自由。建造人工岛屿和其他设施的自由是指所有国家为了科研、勘探和开发的目的，均享有在公海上建造国际法所容许的人工岛屿和其他设施的自由。该项自由的产生，是海洋科学技术发展的结果。20 世纪 60 年代以后，建立各个水域的海上人工岛屿和其他设施得到迅速发展。美国、日本、联邦德国等发达的海洋国家，已经或正在计划建造各种类型的人工岛屿和其他设施，应用于经济、工业、交通、通讯、海洋地质、天气预报、太阳能电站等各种项目，甚至被用于军事方面，如海军行动和演习，试验核武器、火箭和导弹，布置常规潜艇和核潜艇。有的国家还计划在其沿海建立浮动的和固定的海上城市，以便对海洋进行综合的开发和利用。为了适应和促进这一发展的需要，《联合国海洋法公约》确认各国均享有在公海上建造人工岛屿和其他设施的自由，并将其列为公海六种自由中的一项，同时也规定了若干具体的原则和要求。沿海国在公海上享有的建造人工岛屿和其他设施的自由包括以下内容。

（一）建造国际法所允许的人工岛屿和设施的权利

对于什么样的人工岛屿和设施才是国际法所允许的，《联合国海洋法公约》并没有从正面直接做出具体规定，但从《联合国海洋法公约》在专属经济区及大陆架部分做出的有关规定以及在国家实践中形成的国际惯例，可以看出“国际法允许的”的人工岛屿和设施应当是：其建造的目的应当是专为和平的。任何以破坏或扰乱世界和平、侵犯他国主权和领土完整为目的而建造的人工岛屿和设施都是不允许的，因为“公海应专为和平目的而使用”。其建造的位置应当合理，不能建在公海的航道上，不得妨碍别国船舶公海航行自由的行使。人工岛屿和设施的建造应当符合主管国际组织所制定的为一般所接受的国际标准。

（二）在人工岛屿和设施周围设立安全地带的权利

沿海国在公海上建造人工岛屿、设施和结构，虽然不能在其周围划分领海，但在必要时可以设置合理的安全地带，并可在该地带内采取适当措施以保证航行及人工岛屿的安全。所谓“合理”，首先是指安全地带的宽度应当合理，一般不得超过距离这种岛屿和设施 500 米。其次，这种地带的设立应为确保其与人工岛屿、设施或结构的性质和功能有合理的关联。另外，依照公约的规定，为了国际航行安全，各国关于此种岛屿、设施或结构的建造应妥善地做出通知，并对其存在维持永久性警告方法。一切船舶应当尊重这些安全地带。已被废弃不用的设施和结构应予以拆除，以确保航行安全。尚未全部撤除的任何设施或结构的深度、位置和大小应妥为公布。

（三）各国对这种人工岛屿和设施及其安全地带享有专属管辖权

如果沿海国建造的人工岛屿和设施或其安全地带受到来自外国船舶破坏和损害，沿海国可采取一定的措施。

五、捕鱼自由

捕鱼自由是最早的公海自由之一。依据《联合国海洋法公约》规定，公海渔业对一切国家开放，在国际法的限制下，任何国家或其他国民都有权在公海上自由捕鱼，而不受其他国家的阻碍。1958 年《捕鱼与养护公海生物资源公约》第 1 条和 1982 年《联合国海洋法公约》第 116 条都规定，所有国家均有令其国民在公海上捕鱼的权利。这里所说的“国民”，依上述 1958 年《捕鱼与养护公海生物资源公约》第 14 条的解释，“是指根据有关国家的法律属于该国的各种大小渔船，而不问其船员所属的国籍”。据此，沿海国享有在国际法限制下由沿海国渔船不受阻碍地在公海上捕鱼的权利及相关的经济利益。

最初，捕鱼自由制度建立在海洋渔业资源是取之不尽、用之不竭的理念基础上，捕鱼权利是不受限制的，在公海上，所有人都可以绝对自由的捕鱼；但随着人类捕鱼技术的迅速提高（如大型拖网船、深水拖网、电子仪器、红外摄像设备等在捕鱼中的运用，以及具有捕鱼、加工、冷冻、运输等完整设备的捕鱼船的运用）和捕获种类的增加（如对海洋哺乳动物鲸、海豹等的捕捞），世界海洋捕捞强度不断增大，传统渔业资源呈现日益衰竭的趋势。人类也逐渐认识到鱼类不是捕之不尽的，如果不采取措施控制或限制捕捞，将会破坏生物资源和鱼类的生态平衡，后果不堪设想。因此，在科学的基础上建立合理的捕捞制度成为各国的共同愿望，各国开始通过签订公约和协定来限制和管理海洋渔业资源。如1882年，英国、比利时、丹麦、法国、德国和荷兰签订的《北海渔业公约》，是一个较早限制捕鱼的公约；1911年，英国、美国、俄国和日本签订《北太平洋海豹保护办法公约》；一些国家于1931年、1937年、1938年和1944年，签订了几个关于管理捕鲸的国际协定，1946年12月2日《管理捕鲸的公约》合并和统一了以上各协定。此外，英国、法国、荷兰、挪威、丹麦等12个国家分别于1946年、1959年、1969年签订了《关于限制渔网网眼和鱼体长度的公约》《大西洋东北部渔业公约》和《大西洋东南部渔业公约》。

1958年第一次海洋法会议通过的《公海捕鱼及养护生物资源公约》是一个关于公海捕鱼的全面性国际公约；1982年《联合国海洋法公约》针对建立专属经济区后出现的新情况，对公海捕鱼自由的限制做出新的规定；1994年11月16日《联合国海洋法公约》生效后，许多国际渔业委员会将第三次海洋法会议以后的渔业立法和公约的规定结合起来，加强其职能作用；联合国也提出加强渔业管理，对公海捕鱼自由增加了更多的限制，并根据公约制定了《负责任渔业行为准则》《促进公海渔船遵守国际养护与管理措施协定》和《养护与管理跨界和高度洄游鱼类种群协定》三个法律文件，使公约规定的公海捕鱼自由细化和发展。

依据《联合国海洋法公约》及其他国际条约和法律文件，捕鱼自由的限制方法主要包括：各国的公海捕鱼自由须受其参加条约的义务限制；对于那些同时出现在别国专属经济区内和属于公海范围的专属经济区外的邻接区内种群的捕捞，应与专属经济区沿岸国和其他国家进行协商养护种群的协议，根据协议进行捕捞；在邻接区内捕捞高度洄游鱼种、逆河产卵种群以及降河产卵鱼种时，应当与邻接区沿岸国直接或通过国际组织合作，以保证对这些鱼种的合理捕捞和养护；所有国家均有义务为该国国民采取或与其他国家合作采取养护公海生物资源的必要措施，确定某鱼种的总可捕量、捕捞方式等，不得滥捕。并应确保养护措施及其实施不在形式上或事实上对任何国家的渔民有所歧视；所有国家均有保护海上哺乳动物的义务，如鲸类、海豹、海牛等。

国家在行使捕鱼自由时应受到以下限制：一是条约义务的限制，如我国与美国、俄罗斯等国缔结了《中俄白令海峡鳕资源养护和管理公约》、我国加入了《保护大西洋金枪鱼国际公约》，应当受其义务的限制；二是捕捞特殊的鱼群应受《联合国海洋法公约》规定的沿海国权利、义务和利益的限制，如捕捞那些同时出现在专属经济区和公海邻接区的鱼群，应与沿海国达成有关协议；三是《联合国海洋法公约》规定的养护公海生物资源的义务的限制，《联合国海洋法公约》规定："所有国家均有义务为该国国民采取，或与其他国家合作采取养护公海生物资源的必要措施"，各国应在养护和管理生物资源方面进行合作。

20 世纪 90 年代以来，国际渔业组织快速发展，目前已有 60 多个，如中部西部太平洋渔业委员会，南太平洋渔业委员会等。渔业组织的管理范围覆盖了全球几乎所有的海洋的范围，我国参与了大西洋委员会、印度洋金枪鱼委员会等。基本上遵循了"先来先得"的原则，先来国的捕鱼量会更大。其实施主要是配额制度。年底要求报告其捕鱼量，每年都要审查其配额。我国在公海渔业方面维护自己的权益，主要取决于我们捕鱼能力的提高。发展远洋渔业，开发利用公海渔业资源，是我国海洋渔业实施"走出去"战略的重要措施。我国的远洋渔业自 1985 年起步，经过几十年的艰苦创业取得了长足发展。中国远洋渔业已有 100 多家，2 000 多艘远洋渔船在大西洋、印度洋、太平洋公海从事远洋渔业生产，年产量 200 多万吨，稳定和丰富了国内市场供给，推荐了国际经济合作，拓展了中国在公海渔业资源的生存空间，解决和提供了大量就业门路，形成了显著的经济、社会和生态效益，有效地维护了国家海洋权益。

六、科学研究的自由

科学研究的自由也是一项新的公海自由。基于所有海洋空间及其资源的利用都依赖于海洋科学研究的事实，为了促进全球性的海洋开发和利用以更好地服务于人类发展，在公海上进行科学研究是必要的，也应是自由的。依据《联合国海洋法公约》，任何国家都可以在公海进行海洋科学研究。但是，各国不得以海洋科学研究活动及其成果为法律依据，向公海的任何部分或任何资源（包括生物资源和非生物资源）提出任何权利主张，并且各国在行使科学研究自由时也要受到一定的限制。如在沿海国外大陆架上覆公海水域进行科学研究应征得沿海国同意，沿海国在一般情况下应予以同意；再如进行科学研究应遵守《联合国海洋法公约》第 13 部分专门关于海洋科学研究的各项规定。

（一）科学研究的范围涉及公海的水体、上空、海底的各个方面（关于海底的科学研究适用国际海底区域制度）

沿海国在公海可以进行海洋生物研究，促进渔业和水产养殖业的可持续发展；可以进行海洋地质学研究，以帮助人类更多地发现和更好地利用近海及深海矿物；可以进行物理海洋学研究，通过研究洋流、海浪和海气及其相互作用关系进行天气预报以保障航海安全等。随着海洋科研能力的提高，我国在公海上开展了各种各样的科学研究的活动，这些活动均在国际法规则下进行，是我国应有的海洋权益。

（二）有权参与有关海洋科研的国际合作

根据《联合国海洋法公约》的规定，沿海国可以通过双边、多边条约和主管国际组织参与在平等互利的基础上促进为和平目的而进行的海洋科学研究的国际合作，有权获得在其他国际合作中取得的为防止和控制对人身健康和安全以及对海洋环境的损害所必要的情报。

（三）有权获得海洋技术转让

《联合国海洋法公约》规定了各国有发展和转让海洋科学和海洋技术的义务，应尽力促进有利的经济法律条件，以便在公平的基础上为所有有关各方的利益转让海洋技术。因此，沿海国可以通过各级国际合作，促进海洋技术知识的取得、评价和传播。

七、制止和惩治有关海上国际犯罪的权利

海上国际犯罪是指在海上发生的，危害国际社会各国共同利益的，为各国刑法所普遍禁止的行为。这些犯罪行为，因具有危害国际社会共同利益的性质，或具有多国或跨国因素，或发生在国家领海以外的国际海域，而使所有国家对其具有普遍管辖权。它们包括但不限于：海盗行为、海上非法广播行为、海上贩毒、海上贩运奴隶等。

（一）制止和惩治海盗行为

海盗是人类的公敌，海盗行为是《联合国海洋法公约》明确规定各国有普遍管辖权的国际罪行。《联合国海洋法公约》第 101 条规定了海盗行为的定义，即私人船舶或私人飞机的船员、机组人员或乘客为私人目的，在公海上或任何国家管辖范围以外的地方，对另一只船舶或飞机上的人或物，所从事的任何非法的暴力、扣留或掠夺行为。军舰、政府船舶或政府飞机由于其船员或机组成员发生叛变而从事海盗行为，视同私人船舶或飞机的行为。明知是海盗行为而自愿参加、教唆或故意为这些行为提供便利者，也视为海盗行为。海盗所控制的船舶或飞机是海盗船舶或飞机。依据《联合国海洋法公约》，沿海国的军舰、军用飞机或其他有清楚标志可以辨认并经授权的政府船舶或飞机，在发现海盗行为或有合理根据认为某船舶或飞机有从事海盗行为的嫌疑时，有权对该船舶或飞机及船上或机上的财物进行扣押，并有权逮捕有关人员，使其在沿海国的司法机关按照沿海国的法律接受制裁。近年来，海盗行为猖獗，船舶在公海被劫失踪的案件不断发生。2000 年 8 月 3 日，我国珠海警方将被国际海盗劫持的在巴拿马注册的 6 000 吨级油轮“环球火星”号（GLOBALMARS）完整地交还给日本船东 LALVANCA 公司。这是 1998 年以来我国破获的第六起国际海盗案件。我国司法机关根据《联合国海洋法公约》《制止危及海上安全非法行为公约》和我国《刑法》第 9 条行使刑事管辖权。现代海盗行为的发展趋势是与恐怖主义活动混杂在一起，构成海上恐怖行为，严重威胁着人类的生活方式，直接危害海洋的和平利用。在此方面，我国政府有权制定更为有效的国内法，或与其他国家一同合作制定更多具有针对性的操作协定。

（二）制止海上非法广播行为

《联合国海洋法公约》第 109 条规定，公海上的未经许可的广播是指船舶或设施违反国际规章在公海上播送旨在使公众收听或收看的无线电传音或电视广播（遇难呼号的播送除外）。沿海国对海上非法广播具有管辖权，可以是国籍国管辖，也可以是保护性管辖。即如果沿海国的军舰、军用飞机或政府船舶在公海上发现从事未经许可的广播，或有合理根据认为某船舶从事这种广播，沿海国可基于船旗国、设施登记国、广播人所属国、可以收到这种广播的任何国家、或得到许可的无线电通信受到干扰的国家，登临该船舶，对船舶及其上从事非法广播的人员依法进行逮捕，并扣押广播器材，送交国家司法机关处置。

（三）制止麻醉品或精神调理物质的非法贩运

麻醉药品或精神调理物质在医学与科学用途上有其存在的价值，但其非法生产、贩运和使用不仅危害个人健康，而且构成了对整个人类健康和幸福的严重威胁。因滥用及非法贩运麻醉药品和精神调理物质引起了许多公共社会问题，对社会的经济、文化及政治基础带来了不利影响，不仅损害正常的社会经济秩序，而且严重危及各国的安全和稳定。近年来，麻醉药品的非法贩运更与跨国犯罪集团以及恐怖主义密切联系，使得国际社会寻求进一步改进合作的措施和手段，以适应打击国际毒品犯罪的需要。在海上合作打击贩运毒品行为，是遏制跨国毒品犯罪的重要措施和途径。根据《联合国海洋法公约》第 108 条和沿海国参加的其他相关国际公约（如 1988 年《联合国禁止非法贩运麻醉药品和精神调理物质公约》、《1961 年麻醉药品单一公约》等），沿海国的军舰、军用飞机或政府船舶对有合理根据认为悬挂沿海国旗帜的船舶有非法贩运麻醉药品和精神调理物质嫌疑的，有权利单独或要求与其他国家协作，采取相应的强制性执法措施和行动，并依据船旗国管辖原则对其实施司法管辖。《联合国海洋法公约》没有明确规定公海上麻醉品或精神调理物质的非法贩运的非船旗国的管辖权，仅在第 108 条规定："所有国家应进行合作，以制止船舶违反国际公约在海上从事非法贩运麻醉药品和精神调理物质。"但如果该船舶经公海进入沿海国领海，沿海国有权采取司法管辖措施。

（四）制止海上贩运奴隶

奴隶及奴隶制度是野蛮的和非人道的制度，早已为国际社会所禁止。贩运奴隶的行为是犯罪行为。《联合国海洋法公约》第99条规定："每个国家应采取有效措施，防止和处罚准予悬挂该国旗帜的船舶贩运奴隶，并防止为此目的而非法使用其旗帜。在任何船舶上避难的任何奴隶，不论该船悬挂何国国旗，均当然获得自由。"据此，沿海国有权制定有关法律，以防止和惩罚准予悬挂沿海国旗帜的船舶贩运奴隶，并防止为此目的而非法使用沿海国旗帜。如果沿海国的军舰、军用飞机或政府船舶，有合理根据认为在公海上航行的悬挂沿海国旗帜的船舶从事奴隶贩运时，有权对其采取相应的强制性执法措施，尔后交国家司法机关处置。《联合国海洋法公约》没有明确规定公海上贩运奴隶行为的非船旗国管辖权，但从《联合国海洋法公约》关于登临权的规定允许登临有贩运奴隶嫌疑的外国船舶，可以认为对贩运奴隶的船舶不排除非船旗国的司法管辖权。因此，对于在公海上航行的有贩运奴隶嫌疑的外国船舶，沿海国的军舰、军用飞机或政府船舶也可以进行登临检查，发现确有贩运奴隶的事实，可对其采取一定的司法措施。

第二节　国际海底区域内的权利及法理依据

国际海底区域，即《联合国海洋法公约》规定的"区域"，是指国家管辖范围以外的海床、洋底及其底土。《联合国海洋法公约》第136条规定，国际海底区域及其资源是人类共同继承财产，这一原则是海洋法的一项重要创新。它打破了一些西方国家有关海底区域及其资源的陈旧法律观念，限制了那些国家有权单方面立法进行深海采矿的主张和在经济、技术上居优势的国家的无度开采行为，建立了经济援助基金，补偿了发展中国家因区域开采所受损失。这一原则因而成为包括中国在内的发展中国家维护自身权益，同海洋大国进行斗争的有力武器。可以说，从1970年联合国大会通过的《各国管辖范围以外海床洋底及其底土的原则宣言》开始，到

1982年《联合国海洋法公约》通过，加上1994年7月28日缔约国达成的《关于执行〈联合国海洋法公约〉第十一部分的协定》（以下简称《协定》），有关国际海底区域法律制度已经具备了一个基本的体系。这个体系，尤其是《联合国海洋法公约》的规定合乎沿海国的利益和一贯主张，成为沿海国争取和维护国际海底区域内权益的法理依据。

一、“区域”制度为各国勘探开发“区域”内资源提供了法律基础

国际海底的战略地位根植于其广阔的空间和丰富的资源，它为人类提供了巨大的利益前景，深海海底将成为21世纪多种自然资源的战略性开发基地。当然，20世纪60年代以前，深海海底并未引起国际间的特别重视，甚至在1958年第一次海洋法会议在讨论公约关于公海自由的第2条时，也没有提到对深海海底的开发问题。但是，随着意识到大陆架以外的深海海底要进行商业开发，各国间开始了对海洋资源权利的竞争。一些海洋大国和超级大国利用其掌握的技术和资金优势，抢先开发工业需要的深海海底资源，而深海海底自然资源的巨大经济价值对缺乏资金和技术的发展中国家来讲只能是望洋兴叹。因此，第三世界国家认为深海海底资源的勘探开发应造福全人类，并进行国际管制；并积极主张在深海海底确立一项新的海洋国际法律制度。经过广泛的斗争，1982年《联合国海洋法公约》终将“全人类共同继承财产”这一概念以法律的形式确立下来，并对区域及其资源的开发制度做了详尽细致的规定。《联合国海洋法公约》强调“区域”及其资源的“人类共同继承财产”性质，强调国际社会全体在“区域”内的利益分享，因而遭到既有资金又有技术进行深海海底资源开发的发达国家的反对。它们在公约开放签字之前和随后通过声明、单方面的国内立法以及用“小条约”的形式与公约相对抗。为了保证公约得到尽快生效和普遍适用，1990年，联合国秘书长主持就《联合国海洋法公约》中有关深海海底采矿的规定所涉及的未解决问题展开了一系列的非正式协商，最终于1994年7月完成了修改公约第十一部分的文件——《协定》，从而消除了发达国家参加公约的障碍。

公约建立的国际海底区域法律制度，是沿海国争取和维护国家在国际

海底区域内的权益的基本依据。可以说，如果没有排他性的权利，投资者和开发者就无法实施勘探和开发国际海底区域内资源的活动，并进而实现商业开发国际海底区域资源的目的。根据《联合国海洋法公约》规定，国家管辖范围以外的海床、洋底及其底土（简称“区域”）及其资源，“是全人类的共同继承财产”；“任何国家不应对‘区域’的任何部分和其资源主张和行使主权权利，任何国家和自然人和法人，也不应将‘区域’的任何部分据为己有”；对区域内资源的一切权利属于全人类，由国际海底管理局代表全人类对“区域”内的开发活动进行管理；所有国家均有权开发和利用“区域”的资源，但部分所得收益应交由国际海底管理局公平分配给各个国家。这一制度打破了发达国家对国际海底及其资源的垄断，使所有国家尤其是发展中国家均可分享“区域”资源开发的收益。因此，建立在人类共同继承财产概念基础上的公约“区域”制度，为国际社会勘探和开发“区域”内资源提供了法律基础。

二、勘探开发国际海底区域资源的权利

（一）对国际海底区域资源进行科学研究勘探的权利

根据《联合国海洋法公约》第 143 条的规定，各缔约国可以在“区域”内进行科学研究。目前，关于“区域”资源的争夺更为激烈，海洋勘探资料是申请矿区的重要依据，是制定“游戏”规则的基础，是掌握“区域”话语权的利器。多金属结核是各国在国际海底区域最先进行大规模调查的矿产资源。进入 20 世纪 80 年代后，有的西方国家圈定了具有开发远景的海底多金属结核富矿区，印度、韩国等发展中国家也争相作为联合国登记的国际海底开发先驱投资者在印度洋、太平洋等更广泛的国际水域进行了高强度的投资进行大洋调查，海底争夺愈演愈烈。从 20 世纪 80 年代开始，一些国家在国际海底开展了系统的多金属结核资源勘查活动，通过艰辛的科学考察工作获得了大量的海洋及相关领域的科学资料，为各国政府制定开发海洋的政策奠定了坚实的基础。随着人类对海洋认识的日益深化，异常丰富的海底资源吸引了大批科学家进军海底并获得多项重要科学发现。富钴结壳是继金属结核之后的又一新的资源，也是目前各国竞争的

热点。国际海底管理局从2000年起开始制定多金属硫化物和富钴结壳探矿和勘探规章。在这一领域里，起步较早的国家已基本完成多金属硫化物和富钴结壳申请区域的调查，一旦勘探规章审查通过，即可提出矿区申请。随着国际海底区域资源研究开发对象由单一的多金属结核向多种资源拓展，各国既获得了再次申请矿区的机遇，同时，又面临着申请富钴结壳和热液硫化物矿区准备不足的挑战。为适应国际形势的发展，我国开始加大对富钴结壳勘查工作力度。为此，大洋协会及时调整“区域”计划，在进行多金属结核资源调查的同时，进行了富钴结壳勘探以及对热液硫化物的调查。1990年至1999年，大洋协会紧跟国际海底区域活动发展形势，从有限的专项资金中挤出部分经费及时安排了国际海底区域其他资源的前期勘查和研究工作：在太平洋进行了近10万平方千米的富钴结壳靶区调查评价；对海底热液硫化物和天然气水合物进行预研并初步评价指出了海上勘探的目标区；启动了深海生物基因资源的探索性研究工作。2001年至2003年，大洋协会组织科考船在麦哲伦海山区、中太平洋海山区富钴结壳调查区等区域对富钴结壳资源、硫化物资源进行了总共775天的调查，对国际海底多金属结核示范区进行了资源评价，对硫化物等其他资源进行了靶区研究。

（二）已经登记的先驱投资者，拥有专属勘探区内多金属结核矿区排他性开采权

第三次海洋法会议第十一期会议于1982年4月30日通过“关于对多金属结核开辟活动的预备性投资决议”。该决议承认先驱投资者的地位，赋予他们在一定区域内的勘探权，并承认在公约生效后他们拥有其工作计划被核准的优先权。此项建议原由美国、联邦德国、英国和日本提出。建议声称这些国家的企业和参加的国际财团已花费很多资金用于勘探海底，现在正处于可以做巨额投资的阶段，要求海洋公约承认他们的预先投资，并保证他们享有一定的特权。关于先驱投资者资格决议第一条规定了先驱投资者资格的两项条件：一是申请者必须在1983年1月1日以前至少花费3 000万美元的先驱投资费用（用于开辟活动），其中至少10%的数额用于申请总区域的定位、勘探和评价；先驱投资者必须具有法国、印度、日本

和苏联的国籍或者受其中一个国家或其国民有效控制的自然人或法人（但这些国家必须是公约签字国），四个国际财团也可在一定条件下具备先驱投资者资格，签署公约的任何发展中国家或具有这神国家的国籍或在该国或其国民有效控制下的任何国营企业或自然人或法人，或以上任何组合也可以具备先驱投资者资格。根据决议，中请开辟区域的办法同公约生效后申请勘探开发区相似。每项申请的总区域应包括两个具有同等商业价值的矿址。海底筹委会在45天内指定一块保留给管理局，另一块分配给先驱投资者作为开辟区，供先驱投资者进行开辟活动。开辟区不应超过15万平方千米。在八年内，先驱投资者至少要交出一半的开辟区恢复为国际区域。根据决议，先驱投资者在公约生效时其勘探和开发国际海底的权利应得到保证。根据决议第六条C款，“除非证明国是缔约国，对任何勘探和开发计划均不应予以核准”。先驱投资者的勘探和开发工作计划一旦获准，在分配生产许可时，应对企业部以外所有的非先驱投资者拥有优先权。如果非保留区生产最高限额不多，就先分配给先驱投资者生产。各先驱投资者或者在他们之间分配生产数额，或者先让部分先驱投资者先进行生产。《联合国海洋法公约》最终确立了进行“区域”勘探和开发活动的平行开发制度，《协定》也仍然维系了国际海底区域制度的这一基本框架。依据2000年7月13日通过的人类第一部“深海采矿法典”，即《“区域”内多金属结合探矿和勘探规章》，国际上“已注册的先驱投资者”都与国际海底管理局签订了《勘探合同》，对保留的矿区具有了专属勘探权，并且在多金属结核进入商业开采时具有优先开发权。

三、享有参与国际海底区域决策的权利

（一）参与国际海底管理局决策的权利

《协定》对公约第十一部分及其有关附件对管理局的决策机制进行了重要修改，这些修改对管理局的决策机制影响很大。首先，《协定》提高了理事会的地位，规定管理局的一般政策应由大会会同理事会制订，大会的决定应依赖于理事会的建议，并扩大了理事会向大会做出建议的事项的范围。其次，重新规定了理事会的组成结构以及表决程序问题。理事会是

管理局的执行机关，由5组共36个成员国组成，负责制定具体政策。根据协定的新规定，这5组成员包括：第一类，4个成员，来自在有统计资料的最近5年中，对“从区域取得的各类矿物所产的商品”的消费量占世界总消费量价值的2%，或对上述商品的净进口量占世界总进口量价值的2%的缔约国；第二类，4个成员，来自直接或通过其国民对区域内活动的准备和进行做出了最大投资的8个缔约国；第三类，4个成员，来自缔约国中因在其管辖区域内的生产而成为从区域取得的各类矿物的主要净出口国，其中至少包括两个出口这些矿物对其经济有重大关系的发展中国家；第四类，6个成员，来自发展中国家缔约国，它们应代表特别利益；第五类，18个成员，应按照确保理事会的席位作为一整体做到公平地域分配的原则选出，但每一地理区域至少应有一名根据此原则选出的成员。理事会组成国家中的前三类国家为一分组，后两类选出的发展中国家为一分组，在理事会做出决定时，享有分组否决权。理事会进行表决时，关于程序问题的决定应以出席并参加表决的成员过半数通过做出；关于实质问题的决定，除需要协商一致的外，应以出席并参加表决的成员2/3多数做出，但须每一分组没有过半数国家反对该项决定。

根据协定，关于实质问题的决定，须每一分组没有过半数国家反对该项决定。此外对于保护发展中国家免受不良经济影响、公平分享取得的财政及其他经济利益，对《联合国海洋法公约》第十一部分的修改则需要以协商一致的方式做出。目前，中国与美国、俄罗斯等国同属一组，《协定》的规定使这些具有相当影响力的国家能够互相制衡、合作，有利于构建符合人类长远利益的国际海底开发秩序。早在1998—2000年期间，国际海底管理局讨论和通过《勘探规章》和《环境影响评价准则》时，作为国际海底管理局理事会成员的中国，据理力争去掉了不利于中国及其他没有最后完成海上勘探任务的先驱投资者的条款，维护了它们在国际海底的权益。当前，国际矿物资源的开采难度较大，尤其是技术难度，因而多数投资者仍处于探测阶段。除了《“区域”内多金属结核探矿和勘探规章》外，有关多金属结核开发以及多金属结核以外资源的探矿和勘探以及开发活动规章的制定仍处于讨论阶段，各国若要维护好自己的利益，就应在加强深海资源研究、开发技术攻关、海底金属市场调查的基础上，提出有利于己的方案。

(二) 参与制订国际海底环境保护规则的权利

参与制订海底环境保护规则的权利，其实也属于参与国际海底管理局决策的一个重要内容。但是，由于《联合国海洋法公约》特别强调保护和保全海洋环境的重要性，也由于国际海底管理局的决策还包含一些非规则性的具体事务，所以非常有必要单列出来分析。《联合国海洋法公约》第十二部分完全是有关海洋环境保护问题。在国际海底方面，《联合国海洋法公约》第十一部分确定了国际海底管理局在这一区域内的职能，其中有19处提到环境。管理局自成立以来，一直将环境保护作为其主要优先事项之一。管理局处理的多金属结核勘探方面的三个实际环境保护问题是：海底勘探活动可能造成何种程度的环境影响；使用哪些基线来测量人类活动前的环境状况，以及应如何监测其后发生的变化；对有关的自然过程和人源（人类引起）过程进行何种研究。迄今为止，注意力主要放在勘探活动上，但是有关研讨会也预测了采矿活动可能造成的影响，期望工程人员在设计采矿系统时会尽力查明和减少这些影响。为保护和保全海洋环境，管理局有义务制定环境规则、规章和程序，通过制订规章建立深海环境保护的法律体系。环境规则就是管理局在其关于《“区域”内多金属结核探矿和勘探规章》中为自己和海底承包者规定的义务的一个主要部分。多金属结核勘探规章规定，每一承包者应“尽量在合理的可能范围内，利用其可获得的最佳技术，采取必要措施防止、减少和控制其‘区域’内活动对海洋环境造成的污染和其他危害”。规章还规定，如承包者活动对海洋环境造成严重损害，管理局秘书长可立即采取临时性措施，以防止、控制和减轻这种损害；理事会接着可发布紧急命令，其中可包括暂停或调整作业的命令。如果承包者不迅速遵从紧急命令，理事会可自行采取或通过他方采取行动。沿海国有理由认为其海洋环境受到威胁的可就此通知秘书长。秘书长应向承包者提供审查证据和提出意见的机会。在发现考古或历史文物时，承包者应通知秘书长并采取一切合理措施避免扰动文物。

环保问题是争议较大而又非常关键的问题。深海海底资源勘探开发必须采取有效措施，防止海洋污染，但是有关环境规则的制订必须符合有关各国的利益。2000年，国际海底管理局召开会议，就“采矿法典”进行深入讨论，其中就涉及深海海底环境保护问题。原“采矿法典”中要求采矿者采取“预防措施”，这就意味着包括一些采矿者在没有任何证据证明采矿活动已造成污染损害的情况下就要花费大量金钱购置不必要的环保设备。荷兰等主张“环保至上”的国家还提出将“预防原则”写进“采矿法典”，以期为日后强化环保规定奠定理论基础，一些发展中国家积极行使权利，据理力争，草案中最后采用了“预防态度”这样的中性词代替了“预防原则”和“预防措施”，减轻了采矿者在环保问题上的压力。又如原“采矿法典”草案中要求采矿者在环保中使用世界上“最佳可用技术”，可能对沿海国造成沉重的财政负担，通过艰苦谈判，“最佳可用技术”被改为“采矿者所拥有的最佳可用技术”，解除了对采矿者不利的一大隐患。另外，经过几年的海上调查，科学家提出了一套深海环境调查计划及防止深海采矿对环境影响的措施，出席2005年国际海底管理局会议的代表团根据实际工作和这些科学依据，据理力争，最终修订了国际海底管理局的“环境准则”。

（三）选择国际海洋法法庭及海底争端分庭等途径解决国际海底争端的权利

1982年《联合国海洋法公约》专门成立了国际海洋法法庭，作为解决国际海洋争端的常设司法机构。依据公约及《国际海洋法法庭规约》规定，法庭对于缔约国在国际海底区域内活动的争端具有完全的强制管辖权。《联合国海洋法公约》规定在法庭下设立海底争端分庭，并且规定如果争端当事方不能用自己选择的和平方法解决争端，争端任何一方可将争端提交海底争端分庭，而不需要争端当事方发表授予海底争端分庭管辖权的声明。由于《联合国海洋法公约》实行禁止保留制度，因此，任何一国在批准或加入《联合国海洋法公约》的同时实际上就接受了《联合国海洋法公约》的整个争端解决机制，并且接受了海底争端分庭的强制管辖。海底争端法庭的当事方除了《联合国海洋法公约》规定的缔约国外（包括主权国家、自治联系国或自治领土、政府间国家组织），还有国际海底管理局和企业部、国营企业、自然人或法人等缔约国以外的实体。可以说，法庭在属人管辖权上，突破了传统国际法庭在诉讼主体方面的限制。当然，《联合国海洋法公约》第 188 条对海底争端分庭的管辖权也进行了限制：第一，有关缔约国之间的海底争端可交国际海洋法法庭特别分庭或海底争端分庭专案解决；第二，有关“区域”内活动的合同解释或适用的争端可提交有拘束力的商业仲裁解决；第三，海底争端分庭对管理局行使斟酌确定权方面无管辖权。

国际海洋法法庭资深大法官扬克夫博士曾说，“其实，当两个国家在海洋问题上产生了争端并且相持不下的时候，完全可以走法律程序，提交给国际海洋法法庭来解决，或许这还是比较便捷的一个途径”，“也只有这样，一个国家才能够运用法律武器更好地维护本国的权益”，而且“国际海洋法法庭对联合国的成员国都是免费服务的，联合国成员国在该法庭打官司不用交纳任何的费用”。各个《联合国海洋法公约》的缔约国，在“区域”内的活动与其他缔约国或实体发生争端时，既可以选择和平方法解决，也可以选择交国际海洋法法庭特别分庭或海底争端分庭专案解决，还可以将有关“区域”内活动的合同解释或适用的争端提交有拘束力的商业仲裁解决。可以说，解决争端的方式有一定的选择余地，至于如何依据各国的利益诉求选择最佳解决方式，则是该国的权利。

第五章 海洋环境污染管辖

第一节 海洋环境污染管辖的基本问题

对海洋环境污染的管辖属于国家海上管辖问题的一部分，其主要内容是为防止、减少和控制海洋环境污染而制定和执行必要的法律和规章。海洋环境污染的管辖是一个涉及在不同海域发生不同来源的海洋环境污染行为应由哪个国家管辖和以什么标准管辖的问题。[①] 虽然前几章的内容尽管已涉及了国家对于海洋环境污染管辖方面的问题，为了更全面地介绍海洋环境污染管辖权的内容，本章将以海洋环境污染管辖为重点，结合我国实际，进行专门研究。

一、海洋环境污染

（一）海洋环境污染概念

海洋环境污染，通常是指海洋被玷污、混进有害物质，水质遭到破坏。从海洋生态学的角度看，就是海洋生态系统遭到破坏，即破坏了海洋生态平衡。[②] 按照《联合国海洋法公约》，海洋环境污染是指："人类直接或间接把物质或能源引入海洋环境，其中包括河口湾，以致造成或可能造成损害生物资源和海洋生物、危害人类健康、妨碍包括捕鱼和海洋的其他正当用途在内的各种海洋活动、损害海水适用质量和减损环境优美等有害影响。"[③] 这一认识已得到国际社会公认。

---

① 魏敏主编：《海洋法》，法律出版社，1986 年版，第 297 页。
② 魏敏主编：《海洋法》，法律出版社，1986 年版，第 272 页。
③ 《联合国海洋法公约》第 1 条。

海洋环境是人类赖以生存和发展的自然环境的重要组成部分，包括海洋水体、海底和海面上空的大气，以及同海洋密切相关，并受到海洋影响的沿岸和河口区域，包含各种生物和非生物资源，构成一个复杂的生态系统。海洋是生命的源地、风雨的故乡、资源的宝库、交通的要道和人类活动的广阔空间。海洋作为人类生命系统的基本支柱和支持人类生存的富饶的资源宝库，对人类的生存和发展起着决定作用，尤其蕴涵着无以估量的环境价值和环境功能①。

但是，当前世界海洋环境正承受着来自各方面的不同程度的污染和损害。最普遍的就是石油勘探开发，石油运输、海上航行的船舶造成的石油污染，农药化肥等造成的有机氯化物和有机磷化物的污染，工业废水中的重金属、放射性物质的污染，生活废水中的有机物污染，等等。据报道，每年约有 25 万吨铜、393 万吨锌和 1 万多吨汞进入海洋中，每年流入海洋中的有机氧化物占年生产总量的 60%左右，目前世界大洋中铅的含量比天然含量高两至三倍②。海洋污染具有污染源广，污染物质种类多，影响范围大，危害深远，控制复杂，治理难度大的特点。海洋环境污染触目惊心，严重的污染给人类带来了极为不利的后果。它不但破坏了海洋食物资源，也破坏了沿海国的旅游环境，更导致了地球环境的整个恶化。以我国为例，我国拥有辽阔海域、丰富的海洋资源，但沿海经济的高速发展也给我国的海洋环境造成越来越大的压力。20 世纪 80 年代以来，我国海洋环境总体质量持续恶化，污染损害事件频繁发生。面积 7.8 万平方千米的渤海是我国唯一的内海，已有近一半的海域遭受污染，底层生物资源只有 20 世纪50 年代的十分之一。海洋专家警告说，渤海的环境污染已到了临界点。如果再不采取果断措施，有效遏制污染，十年后，渤海将变成地球上的第一个“死海”。那时，即便不向渤海排入一滴污水，单靠其与外界水体交换恢复清洁，至少需要 200 年的时间！

1982 年联合国第三次海洋法会议通过的《联合国海洋法公约》第十二

① 韩德培主编：《环境保护法教程》，法律出版社，1998 年版，第 214 页。海洋污染状况在很大程度上代表着全球环境的状况，这不仅由于海洋面积占全球总面积的 70%以上，而且更重要的是海洋容易受到来自海上、陆地以及空中等多方面的污染。

② 魏敏主编：《海洋法》，法律出版社，1986 年版，第 269 页。

部分特别规定了“海洋环境的保护与保全”，对沿海、公海区域的环境和控制、防止污染损害，提出了普遍适用的准则。在国际环境组织采取行动的同时，沿海各国也在大力加强海洋环境的治理与保护，大都建立了海洋环境保护的法律制度，步入了运用法律强制力保护生态环境平衡和健康发展的轨道①。

（二）海洋环境污染的种类

为了有效地减少和控制海洋污染，从管辖和治理污染的角度出发可以把海洋污染加以分类②。造成海洋环境污染的形式有多种多样，依据的标准不同分类也不一样。有学者认为，从全球性、区域性和各国关于防止海洋污染的立法和国际法学家的论著来看，海洋污染主要有三种分类方法：一种是根据污染物质的种类来划分，可以分为油类污染、油类物质以外的化学物质的污染和放射性物质污染三种。第二种以污染物质的来源来划分，主要分为陆地源污染、船舶源污染、海上事故源污染和海洋倾废源污染四种。第三种是从对污染的管辖考虑，陆地源污染是发生在国家管辖范围内的行为，不发生管辖冲突的问题；船舶污染包括海洋倾废源污染和海上事故源污染，这些往往涉及沿海国、船旗国和港口国的管辖问题③。也有学者认为，现今对海洋环境污染的分类主要有两种：从污染物的种类来看，有石油污染、生物垃圾、化学及放射性废物等；从污染源来看，造成海洋环境污染的原因主要有船舶污染、勘探和开采海床及其底土造成的污染、陆地源污染、海上倾倒废物造成的污染，以及大气污染引起的海洋污染。但总体上看，以污染物质的来源为根据的划分方法，是目前国际法学界常用的分类方法④，也为国际法文件所广泛使用。当然，以这种方法划分出来的海洋污染种类并非一致。如《联合国海洋法公约》第 194 条第 3 款将海洋环境污染分为四类：第一类是从陆上来源、从大气层或由于倾倒而放出的有毒、有害或有碍健康的物质，特别是持久不变的物质；第

① 管华诗、王曙光主编：《海洋管理概论》，中国海洋大学出版社，2003 年版，第 108 页。
② 魏敏主编：《海洋法》，法律出版社，1986 年版。
③ 魏敏主编：《海洋法》，法律出版社，1986 年版。
④ 魏敏主编：《海洋法》，法律出版社，1986 年版。

二类是来自船只的污染，即故意或无意排放、倾倒污染；第三类是来自勘探和开发海床和底土自然资源设施和装置的污染；第四类是来自在海洋环境内操作的其他设施和装置的污染①。《联合国海洋法公约》第十二部分第五节（防止、减少和控制海洋环境污染的国际规则和国内立法）则将海洋环境污染划分为陆地来源的污染、国家管辖的海底活动造成的污染、来自“区域”内活动的污染、倾倒造成的污染、来自船舶的污染、来自大气层或通过大气层的污染六种②。当然，从严格意义上说，海洋倾倒污染也属于陆地源污染，但由于主要是通过海上活动造成的，因此按照惯例将其放在来自海上的污染一部分加以讨论③。

一般认为，来自大气的污染可归为陆源污染，主要理由是空气污染海洋环境，其污染物质与陆地污染源一样都来自陆地，只不过传入海洋的媒介前者是空气后者是河流④。一些国际公约中也是这样划分的⑤。此外，国家管辖的海底活动造成的污染和国际海底区域活动造成的污染均来源于进行此种活动的船舶或为此种活动设置的固定或非固定平台或设施，因此可以归于船舶源污染⑥。而从管辖角度考虑，海洋倾废源污染和海上事故源污染同样可归于船舶污染⑦。即从总体上可将海洋环境污染划分为陆源污染和船舶源污染两种，海上倾废源污染、海上事故源污染、国家管辖的海底活动造成的污染和国际海底区域活动造成的污染可包括在船源污染内。这种认识，构成了本章论述的基础。又考虑到在各种海洋污染中最为普遍的形式是陆源污染物排放，海洋资源开发勘探污染排放，船舶污染物排放

① 蔡守秋、常记文主编：《国际环境法》，法律出版社，2004 年版，第 149 页。但海洋污染的定义并非在序言中，而在第 1 种用语和范围中。

② 《联合国海洋法公约》第 207 条至第 212 条。

③ 徐祥民等：《海洋环境的法律保护研究》，中国海洋大学出版社，2006 年版，第 74 页。

④ 魏敏主编：《海洋法》，法律出版社，1986 年版，第 271 页。

⑤ 1974 年保护波罗的海的海域环境公约和 1980 年关于消除地中海的陆地污染源的议定书，都是把来自陆地而由空气传来落入海洋的污染物质包括在陆源污染内。

⑥ 魏敏主编：《海洋法》，法律出版社，1986 年版，第 271 页。

⑦ 魏敏主编：《海洋法》，法律出版社，1986 年版，第 271 页、第 297 页。

及船舶事故造成污染[①]，本章在论述时做出现在这样的安排，即以陆源污染物排放管辖制度为一节，包括对来自大气或通过大气层的污染管辖；以船（海）源污染物排放管辖制度为一节，包括对船舶污染物排放及船舶事故、倾倒、海洋资源开发勘探污染排放管辖等内容。

二、海洋环境污染管辖

（一）海洋环境污染国家管辖的基础

如前所述，海洋环境污染的管辖是一个涉及在不同海域发生不同来源的污染行为应由哪个国家管辖和以什么标准进行管辖的问题[②]。那么，海洋环境污染国家管辖的基础是什么呢？

海洋的地域分割意味着沿海国和船籍国对于海上的物、人和事件拥有不同的支配能力。严重的海洋污染使各国日益清楚地认识到，海域使用的自由不是无限制的：对这种自由的使用不能损害他国相同的自由，每个国家都拥有维护其正当的海域自由使用的合法权利。这一原则始终支配着海洋污染管辖的发展。

1972 年《人类环境宣言》包括了一条原则：各国应该采取一切可能的措施来防止那些对人体、海洋生物资源有害的以及妨害对海洋的合法使用的物质造成海洋污染。会议建议各国实施那些控制海洋污染源的制度，并且保证本国船舶以及处于自己管辖区域的船舶遵守这些制度。尽管该原则具有普遍性，但《宣言》仍然承认在当前国际法体系下，各国只对本国船舶或者处于本国管辖区域的船舶拥有管辖权。然而，这并非排除各国所承担的避免有害污染的国际法义务。它只意味着与此义务相对的权利实现的

① 这些直接和间接地把污染源引入海洋，已造成或可能造成损害生物资源和海洋生物、危害人类健康、妨碍捕鱼和海洋的其他正当用途在内的各种海洋活动。为了防止、控制和减少对海洋的各种污染，一些国家和国际组织制定了一系列法律和国际公约。这些法律和国际公约对于防止、控制和减少海洋环境污染起到了积极的作用。但是，海洋环境污染的责任划分和法律管辖问题会涉及各国的利益。国际公约和各国法律虽然做了一些规定，但在实践处理案件中还是存在一定程度的困难。本书就船舶污染海洋环境的管辖问题做一探讨。

② 屈广清主编：《海洋法》，中国人民大学出版社，2005 年版，第 254 页。魏敏主编：《海洋法》，法律出版社，1986 年版，第 297 页。

途径属于外交问题，而不是管辖权问题。在第三次海洋法会议上，这一普遍义务被表达为：各国有义务保护海洋环境，采取一切必要措施减少和控制对海洋环境的任何来源的污染。各国必须采取一切必要措施以保证处于他们管辖权范围内或者控制之下的活动不会对他国造成污染，并且保证这些污染不会扩散到他们行使主权的区域之外。在这次会议上，代表们广泛认为应该将一国保护海洋环境的一般义务加以补充：各国在行使开发自然资源主权权利的同时，有义务保护环境，相应地减轻和控制污染，禁止直接或间接将损害或者危险从一个地区转移到另一地区，禁止将一种污染转化为另一种污染。各国有义务在全球或者地区的基础上进行合作，有义务通知危险，有义务消除环境污染等。各国所承担的防止污染的义务同时也是各国的权力，这就构成了海洋污染管辖的基础。

（二）海洋污染国家管辖的内容

以本章所采取的海洋污染分类为基础，本书将海洋污染的管辖分为陆地源污染管辖和船源污染管辖。有学者认为，船源污染发生较复杂的管辖问题，[①] 而陆地源不发生管辖问题。[②] 实际上，陆地源污染不是不发生管辖问题，而是一般认为陆地来源的污染行为发生在一国境内，对于污染的管辖属于该国主权管辖范围内的事项，不发生国家之间的管辖冲突问题[③]，而“除陆地源污染外，均可能发生船旗国、沿海国和港口国的管辖冲突”。[④] 正是基于此种认识，本章才会对陆源污染和船源污染分别论述。对陆源污染来说，实行陆源污染排放国家管辖权，谁排放谁管辖谁治理，但一般来说，沿海国和群岛国对于控制陆源污染表现出更大的关注，一来受到陆源污染损害的首先且主要是沿海国家，二来沿海国是陆源污染海洋环境的主要责任者，三来内陆国家对陆源污染损害海洋环境的影响小、保护沿海环境的近期利益少，因此，讨论陆源污染的国家管辖权主要还是沿海国管辖问题。当然，内陆国家有权利也有义务防止、减少和控制陆源污染

① 魏敏主编：《海洋法》，法律出版社，1986 年版，第 284 页。
② 魏敏主编：《海洋法》，法律出版社，1986 年版，第 297 页。
③ 魏敏主编：《海洋法》，法律出版社，1986 年版，第 284 页。
④ 屈广清主编：《海洋法》，中国人民大学出版社，2005 年版，第 245 页。

的不合理排放。对船源污染可能实行的管辖有三种：船旗国、沿海国和港口国。当船舶航行在另一国家的领海、专属经济区或停泊在另一国的港口内时，发生在船舶上的行为又同时发生在该国管辖范围之内，这样就容易发生国家之间的管辖冲突。[1] 但某种违反国际规则和国际公约的污染行为（以下简称违反行为）在某个海域（如领海、专属经济区）内发生后，应由哪个国家管辖，这个问题至今尚未得到很好的解决。至于管辖的标准，即以什么标准制订和执行防止、减少和控制海洋污染的法律和法规，也一直在争论。[2] 在第三次海洋法会议上，第三委员会关于海洋环境污染问题的讨论主要围绕管辖问题进行。在第三次海洋法会议以前，对船舶污染源的管辖一直实行传统的船旗国管辖原则，与船旗国较宽的管辖权相比，沿海国和港口国的管辖权极为有限。第三次海洋法会议前夕，讨论制订1973年防污公约时，这种情形才有所改变。经过第三次海洋法会议上的激烈争论，终于打破了船旗国独占管辖的传统制度。《联合国海洋法公约》基本上采取了船旗国、沿海国和港口国管辖结合并存的管辖原则。但同时也相应引发了船旗国、沿海国和港口国管辖之间的进一步冲突。

（三）海洋环境污染管辖权的行使

海上环境污染国家管辖权主要表现在立法管辖、执法管辖和司法管辖三个方面。各国应按照公约的规定制订防止、减少和控制海洋环境污染的法律和规章；有权进行海洋环境保护执法，实施海洋环境污染管理，对违反有关法律和规章的污染行为做出适当行政处理；有权对有关违反环境法律和规章的海洋环境污染行为的诉讼进行司法裁决。《联合国海洋法公约》生效后，各国行使海洋环境污染管辖权时经常会造成冲突，为此公约规定了适用的规则，但并不完善。

同时，国家行使海洋环境污染管辖权也是一项国际义务，在国际习惯法中，“任何国家对于该国的每一国际不法行为负国际责任，这是国际法上一项原则。然而，任何国家的行为只有符合国际不法行为的构成条件，即必须具备其主观要素和客观要素，才可能在法律上引起责任。所谓主观

① 魏敏主编：《海洋法》，法律出版社，1986年版，第284页。

② 魏敏主编：《海洋法》，法律出版社，1986年版，第297页。

要素，是指某一行为可归因于国家；所谓客观要素，是指该行为违背了该国的国际义务。如果一国的行为符合这两方面的要素，就构成国际不法行为，从而引起该国的国际责任”。

国际法承认国家确保在其管辖范围内或控制下的活动不致损害其他国家或在各国管辖以外的地区的海洋环境是一项国际义务。[①] 因此，一国管辖或控制下的活动如果损害其他国家或在各国管辖范围以外地区的海洋环境，就属于国际不当行为，该国因此而负有国家责任，即与海洋环境损害有关的国家责任。

国际海洋环境损害的责任是一般国际法中国家责任制度的延伸，但同时它又具有自身的特点，可以在海洋环境立法对经济参与者的限制相同的区域内真正适用，无论在这个区域内是否存在着政治边界[②]。从责任类别看，国际环境法律责任是国际公法上的国家责任和国际私法上的国际民事责任的综合体；从责任承担者看，国际环境法律责任是国家、法人、自然人等法律主体在涉外环境损害上所负的责任，而国际责任在一般情况下仅指国家所负的责任；从责任的性质和范围看，国际环境法律责任可能是民事的、刑事的或者是行政的责任。[③]

第二节　陆源污染物排放国家管辖制度

陆地污染源是海洋环境污染物质的第一大污染源。据估计，海洋环境污染物质的50%到90%来源于陆地。大量的陆地来源的污染物质通过河流间接或直接注入海洋，已经使海洋这个聚宝盆正在变成藏污纳垢之处。对陆源污染物排放一般由沿海国通过国内法来管辖，但在污染结果跨界时，这个问题就复杂得多。

---

① 屈广清主编：《海洋法》，中国人民大学出版社，2005年版，第255页。《联合国海洋法公约》第194条第2款明确予以规定。对有关的公约、判例和国际组织的决议等国际法文件的考察揭示各国已经承认了这一国际义务。通常认为，国家的环境主权与不损害国外环境原则也是国际环境法的基本原则之一。

② 屈广清、陈小云：《现代国际海洋环境法之基本原则》，载自张乃根主编：《当代国际法研究——21世纪初的中国与国际法》，上海人民出版社，2002年版，第420页。

③ 屈广清主编：《海洋法》，中国人民大学出版社，2005年版，第255页。

根据1985年5月24日《蒙特利尔指导方针》中的定义，陆源是指：(1) 排放到海洋环境的陆上城市，工业或农业的固定或移动污染源，特别是：a. 从海岸、包括直接从河口排入海洋环境或通过径流排入；b. 通过河流、运河或其他水道，包括下水道；c. 通过空气。(2) 在国家管辖范围内近海或移动设备上进行的活动所造成的海洋污染来源，除非这些受到有关国际协定的管制①。因此，一般认为，陆源污染是指来自陆地对海洋环境和自然资源造成破坏的有毒物质通过入海河口、人工管道和径流排入大海所造成的海洋环境污染②。陆地产生的污染物（包括各种含有有害成分的废液、废水、城市垃圾、工作废弃物等）通过不同的渠道（包括自然的如江河、溪流等，人为的如倾倒、堆放、污水管道等）进入并污染海洋的过程和结果。③

根据《海洋环境保护法》的解释，陆地污染源（简称陆源），是指从陆地向海域排放污染物，造成或者可能造成海洋环境污染的场所、设施等；陆源污染物，是指由陆地污染源排放的污染物。凡是直接或者间接地把污染物质或者能量从陆地引入海洋，造成海洋生态环境损害的，都是陆源污染行为，它包括通过河流、排污口直接或间接排放污染物入海，或者以其他方式从陆地上（包括空中）向海洋排污④。这里特别需要提示的是海岸工程建设项目和岸边拆船作业对海洋环境的污染问题。海岸工程是造成海洋自然生态破坏和环境污染的重要原因，国家为此做出专门的规定。岸边拆船包括废船停靠拆船码头拆解、废船在船坞拆解以及废船冲滩（不包括海难事故中的船舶冲滩）拆解三种形式⑤，也是陆源污染的重要方面。

陆源污染的污染物种类繁多，污染危害的持续性强，又容易发生跨界污染。虽然陆源污染的排放地点总体上相对集中，造成污染的行为发生地在国家领土范围内，受污染严重的海域均靠近工业发达的沿海国家和地区，但是海流可以把污染物扩散到海洋环境的各个角落，陆地上的多种有

① 联合国文件《蒙特利尔指导方针》第2页。

② 高成义：《防止陆源污染海洋环境的法律问题》，载自北京市法学会国际法学研究会编《国际法学论丛》，当代世界出版社，1999年版，第119页。

③ 管华诗、王曙光主编：《海洋管理概论》，中国海洋大学出版社，2003年版，第113页。

④ 夏军：《论海事法院对陆源污染案件的管辖权》，载于中国武汉大学环境法研究所网站。

⑤ 徐祥民等：《海洋环境的法律保护研究》，中国海洋大学出版社，2006年版，第72页。

害气体或粉尘还可以通过大气飘流到海洋上空，再以酸雨的形式落入海洋。

一、陆源污染物排放的国家管辖权

（一）管辖的一般原则

陆源污染的一个重要特点就是，造成污染的行为发生在一国领土管辖范围内。根据国家主权原则，国家对自己领土范围内的一切人、事、物拥有管辖权，那么对于发生在一国境内陆地来源污染的管辖也应属于该国主权范围内的事项[①]。而遵循各国应尊重他国主权，不损害他国海洋环境的海洋环境保护的基本原则[②]，着眼于各国承担在其领土范围内做出的行为不得给他国的合法利益造成损害的义务，陆地来源的污染仍然是各国分别管辖和控制的对象，原则上不发生与其他国家的管辖冲突问题[③]。一般认为，陆地源不发生管辖问题[④]，在通常情况下，这种污染是由沿海国进行国内立法来管辖的[⑤]。因为陆地来源的污染物质主要是通过河流进入海洋的，首先受到污染损害的是沿海国家，控制陆地来源的污染直接关系到沿海国家的切身利益，沿海国和群岛国对于控制陆地来源的污染表现出更大的关注。但是，由于这种发生在国家领土范围内的行为所产生的后果超出了国界，防止和控制陆地污染就成为国际性问题，属于国际法调整的范围。当然，国际法把防止陆地来源污染海洋环境问题的具体解决更多地交给了主权国家。

---

① 魏敏主编：《海洋法》，法律出版社，1986年版，第284页。

② 屈广清、陈小云：《现代国际海洋环境法制基本原则考量》，《当代法学》，2004年第5期。

③ 魏敏主编：《海洋法》，法律出版社，1986年版，第275页、第284页。屈广清主编：《海洋法》，中国人民大学出版社，2005年版，第245页。

④ 魏敏主编：《海洋法》，法律出版社，1986年版，第297页。这种对陆地源污染管辖的看法为国内广大学者所认同，在众多有关海上环境污染管辖的篇章中鲜有对陆源污染管辖的详尽论述。

⑤ 胡兴艳：《海洋环境陆源污染防治法律问题探析》.《法制与社会》，2014年第35期，第12页。

（二）管辖权的确认

如前所述，海洋环境污染的管辖问题涉及两个方面，一个是在不同海域发生不同来源的污染行为应由哪个国家管辖，另一个是国家以什么标准进行管辖的问题[①]。那么对陆源污染国家管辖权的确认也应当包括这两个方面。这种确认是通过国际法和国内法共同完成的。

基于造成污染的活动只受领土国的管辖权支配，其他国家无权干涉的认识，又出于各国政治、经济和社会情况有较大差异，在该污染的防治方面达成共识较为复杂和困难的考虑，《联合国海洋法公约》和其他普遍性的多边公约对此均未做具体规定以尊重国家主权[②]。《联合国海洋法公约》规定，各国有保护和保全海洋环境的义务（第192条），为了防止、减少和控制陆地来源的海洋环境污染，各国应采取一切符合该公约的必要措施（第207条）。这些必要措施至少包括：各国应制定法律和规章，以防止、减少和控制陆地来源，包括河流、河口湾、管道和排水口结构对海洋环境的污染，同时考虑到国际上议定的规则、标准和建议的办法及程序；各国应尽力在适当的区域一级协调其这方面的政策；各国特别应通过主管国际组织或外交会议采取行动，尽力制定全球性和区域性规则、标准和建议的办法及程序，以防止、减少和控制这种污染，同时考虑到区域的特点，发展中国家的经济能力及其经济发展的需要，这种规则、标准和建议的办法及程序应根据需要随时重新审查。《联合国海洋法公约》不但规定了防止陆地来源污染海洋环境问题的国际规则、标准和国内法制定，还规定了有关陆地来源的污染的执行。根据公约第213条，各国应执行其按照公约第207条制定的法律和规章，并应执行法律和规章和采取其他必要措施，以实施通过主管国际组织或外交会议为防止、减少和控制陆地来源对海洋环境的污染而制定的可使用的国际规则和标准。对于来自大气层或通过大气层的污染，《联合国海洋法公约》规定，各国为防止、减少和控制来自大气层或通过大气层的海洋环境污染，应制定适用于在其主权下的上空和

① 屈广清主编：《海洋法》，中国人民大学出版社，2005年版，第245页。

② 屈广清、陈小云：《现代国际海洋环境法制基本原则考量》，《当代法学》，2004年第5期。

悬挂其旗帜的船只或在其国内登记的船只或飞机的法律和规章；各国应采取其他可能必要的措施，以防止、减少和控制这种污染。[①]

从上述规定看，《联合国海洋法公约》确认了主权国家对陆地来源的管辖权，并把实际遵循《联合国海洋法公约》规定具体执行管辖标准的权利交给了有管辖权的各会员国。关于防止陆源污染海洋环境的问题，为什么《联合国海洋法公约》会做这种安排？有学者说，在海底委员会和海洋法会议上，尽管一般认为保护海洋环境必须包括处理来自陆地的海洋污染来源（包括通过大气进入海水的污染源）的措施，但认为海洋法会议不一定是制定这种措施的理想场合。[②] 海洋法规定了各种海上活动，以及这些活动中所涉及的国家之间的关系。而陆地活动，尽管对海洋环境有很大影响，实际上是海洋环境污染的最重要来源，如果要在海洋法会议上做详细的规定，显然会引起全然不相同的问题，尤其是在管辖权方面，将会有将海洋法扩展到内陆领土之嫌，这将使海洋法中的有关部分的解决发生更多的困难。基于此，海洋法仅对陆源污染损害海洋环境的防治规定了一些原则（对于陆源污染，公约条文甚至未用到"应"字，只要求单纯地考虑国际标准即可[③]），其他的留待主权国家去解决。各公约会员国为了履行自己的国际承诺，普遍制定法律和规章，以防止、减少和控制陆地来源的污染。但是，各国有关防止、减少和控制陆地来源污染的法律规章并非都是产生于《联合国海洋法公约》批准之后，相反，在《联合国海洋法公约》批准之前就已经开始了有关国内立法工作。如我国早在20世纪70年代就开展了海洋环境保护工作，并于1983年实施了《中华人民共和国海洋环境保护法》、于1990年发布了《中华人民共和国防治陆源污染物污染损害海洋环境管理条例》，确认了防止陆源污染海洋环境的管辖权。只不过随着各国相继批准加入了一些国际公约和议定书，特别是批准了《联合国海洋法公约》后，在国际海洋事务中的权利义务发生了一些变化，因而根据这些变化适时地对国内法做了适当调整，如我国在1999年就对《中华人民共和国海洋环境保护法》做了适当修改，以体现我国享有国际公约赋予

① 《联合国海洋法公约》第212条
② 屈广清主编：《海洋法》，中国人民大学出版社，2005年版，第240页。
③ 傅崐成：《海洋法专题研究》，厦门大学出版社，2004年版，第70页。

参加国的权利和利益，并履行我国的国际承诺①。对于具体以何种标准进行管辖，各国国内法都做了具体规定。我国的《中华人民共和国海洋环境保护法》第四章和《中华人民共和国防治陆源污染物污染损害海洋环境管理条例》就专门对防治陆源污染物污染损害海洋环境做了具体规定，是我国对防治陆源污染物污染损害海洋环境行使管辖权的具体标准。

（三）管辖权的内容

1. 立法管辖

防治陆源污染物污染损害海洋环境，涉及陆源污染物排放的主体、排放标准和区域、排放的申请和审批、防治陆源污染物污染损害海洋环境的行政主管部门、行政主管部门的监督和检查、陆源污染物污染损害海洋环境的治理和处罚等问题。这些问题都是国内法管辖的事项，只能由各国国内法专门做具体规定。例如，我国《中华人民共和国海洋环境保护法》第四章和《中华人民共和国防治陆源污染物污染损害海洋环境管理条例》对向海域排放陆源污染物的主体，入海排污口位置的选择，入海河流的管理，陆源污染物排放的申报，各种废水的排放，沿海农田、林场施用化学农药、化肥和植物生长剂，在岸滩弃置、堆放、处理固体废物，向内水、海域转移危险废物，城市污水管理，防止大气污染环境，防治陆源污染物污染损害海洋环境的行政主管部门、行政主管部门的监督和检查、陆源污染物污染损害海洋环境的治理和处罚等问题做出规定。我国《环境保护法》《水污染防治法》及其实施细则、《地面水环境质量标准》《污水综合排放标准》《海水水质标准》《辐射防护规定》《城市放射性废物管理办法》《农业法》《农药管理条例》《农药安全使用规定》《农药安全使用标准》《固体废物污染环境防治法》《大气污染防治法》《汽车排气污染监督管理办法》《大气污染物综合排放标准》《关于在酸雨控制区和二氧化硫污染控制区开展二氧化硫排污收费扩大试点的通知》等法律法规，具体规定

① 张皓若、卞耀武主编：《中华人民共和国海洋环境保护法释义》，法律出版社，2000年版，第2页。

了水质、大气质量、固体废物的排放标准。这些标准，是防治陆源污染物污染损害海洋环境执法管辖和司法管辖的基本依据。

2. 执法管辖

各国有权依据国际法及国内法实施海洋环境污染管理，对违反有关法律和规章的污染行为做出适当行政处理。在我国，行使防治陆源污染物污染损害海洋环境执法管辖权的主体主要是各级环境保护行政主管部门。他们具体负责防治陆源污染物污染损害海洋环境的执法和监督检查，并依法做出行政处罚。根据《中华人民共和国海洋环境保护法》和《中华人民共和国防治陆源污染物污染损害海洋环境管理条例》的规定，有关环境保护行政主管部门负责人海排污口的批准、入海河流管理、排放陆源污染物的审批、向管辖的其他海域转移危险废物的书面同意、超标排污费的收取、有关单位和个人执行规定和标准的监督检查，以及对有关问题的调查处理并做出处罚等事项。当然，环境保护行政主管部门在做出某些决定时，根据法律规定必须征求海洋、海事、渔业行政主管部门和军队环境保护部门的意见。

3. 司法管辖

在陆源污染行为、陆源污染结果皆发生在一国之内时，该国国内法院当然地对陆源污染案件享有管辖权，而且这种管辖权的行使也不会发生冲突问题。但是，陆源污染的一个重要特征是，造成污染的行为发生在一国领土之内，而污染产生的后果经常地超越了国界①。发生这种情况时，司法管辖的界定就稍显复杂。国际上把在一国境内产生，通过各种环境媒介而对其他国家或区域有着不利影响的污染称为跨界污染，陆源污染就兼有跨界污染的双重性。陆源污染海洋环境一般不发生管辖问题，但是如果一国领土内陆地来源的排放通过水流（如雨水、河流、运河、地下水或其水道)、大气等途径被传播到一国管辖范围以外的其他国家或地区（如公海、外层空间等共有领域），在另一国家或管辖以外地区造成海洋环境污染时，

① 屈广清主编：《海洋法》，中国人民大学出版社，2005 年版，第 240 页。

即发生越界污染时，将会引起陆源污染的国家管辖权问题①。为了防止或终止越界污染，特别是突发性的严重越界污染事件，或使所受的污染损害得到赔偿，污染受害人往往要向有关国家的法院提起诉讼，以期获得保护自己的利益的判决。

受理越界污染必须先确定管辖权问题。一国法院对所提起的诉讼具有管辖权，是该国法院有权受理此案的前提。因此，陆源越界污染诉讼中管辖权的确定对当事人或其国家具有重要意义。但是，要做到这一点并不容易。陆源污染是各国管辖的对象，其管辖权的规定和解释的不同，必然容易引起管辖上的冲突。解决的做法，主要是缔结有关国际环境保护的国际公约或双边协定，以 1974 年《丹麦、芬兰、挪威、瑞典环境保护公约》为典型。该公约第 3 条规定："缔约国中任何在另一缔约国已遭受或可能遭受有害于环境的活动的受害者，有权向活动所在国的适当法院或行政机关提出是否允许此种活动的问题（包括采取防止危害的措施的问题），并且有权以活动所在国法律实体的同等资格，就该法院或行政机关的决定提出上诉。"但是，现行有关公约和双边协定能够就跨界污染管辖权问题做出明确规定或解释的并不多。签订双边协定，也不失为解决跨界污染案管辖冲突问题的有益途径：第一，许多跨界污染事件仅涉及两国，有关管辖权的问题当然只能由两国协商解决；第二，双边协定涉及的利益国家少，问题相对简单，更容易达成一致意见，使管辖问题获得解决；第三，即便跨界污染属于涉及多个国家的区域污染，通过两两达成多项双边协定，也比达成多边协定解决多国间跨界污染案管辖冲突问题简单。因此，早在 1909 年美国和加拿大签署了《边界水协定》，规定如果边界任何一方在水或河床从事妨害活动，或使河水改道，给边界另一方造成任何损害，应予对方受害人与本方类似受害人同等的权利和补偿，如同该损害发生在本方一样。但是，这种做法并不普遍。究其原因，可能是：第一，有关当事国往往通过外交谈判解决了跨界污染争议，从而避免了国内司法诉讼及随之

① 主要是司法管辖问题，因为陆源污染行为发生地在一国领土范围之内，污染受害国不可能就陆源污染排放国的陆源污染排放行为进行立法约束并就相关法律法规的执行情况进行执法，而只能采取措施防止或终止越界污染，并就陆源污染行为损害本国及国民利益的后果提出赔偿请求，这就可能发生陆源污染行为发生地国与陆源污染结果发生地国司法管辖的冲突问题。

可能产生的管辖冲突；第二，跨界污染问题虽然已引起各国的重视，但毕竟是一个较新的国际问题，如何解决这一领域里的管辖权方面的冲突，各国尚有待摸索；第三，跨国污染诉讼管辖权的确定与当事人及其本国的利益，特别是国家的经济发展利益密切相关，各国当然会对这一问题持极为审慎的态度。

在促进国际立法以协调跨界污染案管辖冲突方面，一些国际组织的宣言和建议书做出了有益尝试。1974 年，欧洲经合组织在《关于跨国界污染的各项原则》建议书中提出，各成员国应准许因起源于本国领域内的跨国界污染而受到或可能受到影响的人，享有与本国领域内因同样污染而处于相同情况下的人的同等权利和待遇。1976 年 5 月和 1977 年 5 月该组织又分别通过了《关于跨国界污染的平等诉讼权》和《关于跨国界污染的平等诉讼权和无差别待遇制度的执行》两项建议书，进一步阐明了平等诉讼权和无差别待遇问题。1985 年《蒙特利尔宣言》也曾要求：每一国家对受到它管辖范围内陆源污染的影响国家的人民，应在相互基础上给予平等待遇，可出席其他行政程序，不受歧视。不难看出，这种主张污染起源国的法院要给外国人在该国法院提出诉讼的权利，以及不排除污染受害人在损害发生地国法院提出诉讼的可能性的做法，反映了当今跨界污染案管辖的发展趋势：允许污染受害人对法院地做出选择以保护污染受害人的利益。

二、陆源污染物排放国家责任与陆源环境保护

（一）陆源污染的国家责任

《联合国海洋法公约》规定：“各国应采取一切必要措施，确保在其管辖或控制下的活动的进行不致使其他国家及其环境遭受污染的损害，并确保在其管辖或控制范围内的事件或活动所造成的污染不致扩大到其按照本公约行使主权权利的区域之外。”违反这样一项国际义务则属于国际不法行为，该国应为此而负有国家责任①。

陆源污染经常性地发生跨界污染损害的情形。国家海洋环境法所关注

① 屈广清主编：《海洋法》，中国人民大学出版社，2005 年版，第 255 页。

的不仅是一国发生于自己境内的海洋环境污染行为，更多的是全球范围内的海洋环境污染，尤其是跨界海洋污染的问题。[①] 对于陆源污染所造成他国海洋环境的损害，不论受害者是个人还是国家，产生污染源的国家都应当承担国家责任。“原则上，当一个国家违反国际义务而造成损害时，才有跨国界污染的责任问题。这要看一个国家是否采取条约法或一般国际法所要求的，必要的立法和行政措施。当一个案件在适用条约法时，采取什么必要的措施，既是技术上可能的，又是政治上可行的。这个问题当然比较容易回答。[②]” 也就是说，承担陆源污染责任的主体是国家，国家承担陆源污染责任的前提是该国家行为违背了其国际义务——“各国应采取一切必要措施，确保在其管辖或控制下的活动的进行不致使其他国家及其环境遭受污染的损害[③]”“一国领土内陆地来源的排放可能在另一国家或国家管辖范围以外地区造成海洋环境污染时，这个国家应立即通知其他国家及有关的国际组织，及时提供资料，使他们能够采取适当的行动，来防止、减轻和控制此种污染。同时，有关国家认为有必要时应立即进行协商，以防止、减轻和控制此种污染”[④]。也就是说，各国都负有确保其陆源污染排放不致使其他国家及其环境遭受污染的损害，对于已经发生的陆源跨界污染要及时向有关国家通报并协商应对措施的国际义务，对于违反此义务的要依经济、技术水平承担责任。

陆源污染可能是国家的行为，也可能是私人行为造成的。但是，国家对私人行为也要承担国家责任。环境保护在所有国家都是重要的国家任务。造成环境负担，尤其在产生有害影响时，都在国家控制之下。如开发大陆架和向河道、海口排放污水需沿岸国发给许可证。这表明国家从开始就参与了环境保护活动。因此，这不仅涉及了对所有其他私人行为的国家控制，而且也涉及环境污染的特殊控制。如果国家在国际上承担环境保护责任，则应执行“环境保护是国家任务”的原则。国家承担在其主权和司法管辖范围利用环境的义务，实行有效的控制，不得造成跨国界环境负

① 屈广清主编：《海洋法》，中国人民大学出版社，2005年版，第256页。

② 洛塔尔·京·特林：《国家对跨国污染的责任》，《当代联邦德国国际法论文集》，第432页。

③ 《联合国海洋法公约》第194条。

④ 联合国文件《蒙特利尔指导方针》第6页，联合国文件《蒙特利尔指导方针》第7页。

担，不论它是由国家机构还是由私人所造成的。“各国应保证在其管辖范围内的自然人或法人造成的海洋污染所引起的损失应可通过其法律体系要求迅速的、适当的赔偿。[①]”对于陆源污染所造成的损害，不论受害者是个人还是国家，产生污染源的国家都应承担国际责任，即有害物质从陆地经跨国界的河道或海域，对其他国家管辖的海域造成污染损害，该产生陆源污染的国家应负国际责任。

一个国家如何承担陆源海洋污染的赔偿责任，还有待于实践去证明可行性[②]。在一般情况下，某一种污染损害总是某一国的自然人或法人造成的，如果另一国的自然人或法人遭受了损害，赔偿之诉只可在遭受污染之国的法院提起。当然，如果污染受害人在其求偿诉讼的过程中遇到了困难，可以根据《联合国海洋法公约》第 235 条第 2 款通过其国家要求污染责任方的国家给予协助，以便使其遭受的污染损害得到赔偿。公约第 235 条第 2 款规定“各国对于在其管辖下的自然人或法人污染海洋环境所造成的损害，应确保按照其法律制度，可以提起申诉以获得迅速和适当的补偿或其他救济”，各国应制定关于污染和其他环境损害的责任和赔偿受害者的国家的法律。此外，“各国还应迅速并且更坚决地进行合作，进一步制定关于在其管辖或控制范围内的活动对在其管辖外的地区造成的环境损害的不利影响的责任和赔偿的国际法律。[③]”尽管《联合国海洋法公约》和《蒙特利尔指导方针》对国家责任做出了规定，但在现阶段，如果一国的海洋环境遭受了来自另一国的污染损害的话，最可取的解决办法可能是通过协商来解决。如果在法院对造成污染损害的国家提起诉讼，将引起法律的选择、适用的原则和法院的管辖权等一系列的问题[④]。

（二）防治陆源污染的国家管理与国际合作

众所周知，海洋的各种生物资源，主要生长在大洋边缘，这部分水域

---

① 联合国文件《蒙特利尔指导方针》第 16 条第 8 款

② 高成义：《防止陆源污染海洋环境的法律问题》，载自北京市法学会国际法学研究会编《国际法学论丛》，当代世界出版社，1999 年版，第 123 页。

③ 联合国环境与发展大会文献《里约环境与发展宣言》

④ 高成义：《防止陆源污染海洋环境的法律问题》，载自北京市法学会国际法学研究会编《国际法学论丛》，当代世界出版社，1999 年版，第 124 页。

只占海洋总面积的十几分之一，是最容易遭受污染损害的水域。从以上陆源污染的特点、危害状况来看，陆源污染的确是海洋污染的头号污染源。防治陆源污染损害环境的主要责任在各主权国家。由于陆地来源的污染物主要是通过河流进入海洋的，首先受到污染损害的是沿海国家。因此，沿海国和群岛国对于控制陆地来源的污染表现出更大的关注，采取了更多的措施。但是，随着陆源污染引起的海洋环境问题的日趋严重，人们逐渐认识到，地球是个不可分割的生态系统。环境问题是没有国界的，只有通过国际合作，协调各国的行为，才能防止陆源污染，保护、改善海洋环境。正如《斯德哥尔摩宣言》所指出："保护和改善人类环境是关系到世界各国人民福利和全世界经济发展的一个重要问题，是世界各国人民的迫切愿望，是各国政府应尽的责任。"因此，通过国际社会积极合作制定防止陆源污染的法律并采取相应的措施是十分必要的，而且这也是各会员国参加《联合国海洋法公约》应履行的义务。

在海洋环境污染中，陆地来源的污染占 75%，而且污染基本上发自国家管辖领土范围以内。然而，由于陆地污染主要是由一国在其领土内的活动造成的，这些活动只受到领土国管辖权的支配，其他国家无涉，因此，1982 年《联合国海洋法公约》第 207 条只是要求"各国应制定法律和规章，以防止、减少和控制陆地来源……"，"各国应特别通过主管国际组织或外交会议采取行动，尽力制订全球性和区域性规则、标准和建议的办法及程序，以防止、减少和控制这种污染"。

实际上，国际上防止陆源污染的法律规则主要规定在区域性的公约中。例如，1974 年 6 月，政府间海事协商组织签订了一个区域性防止陆源海洋污染公约（Convention for the Prevention of Marine Pollution from Land-Based Sources）。该公约目的在于通过单独和联合采取防止海洋污染的措施、并协调缔约国在这一方面的政策以采取一切可能步骤防止海洋污染。公约对经由水道、海岸（包括水下管道等）、受缔约国管辖的人工建筑等途径造成海洋污染的陆源污染物实行控制，规定各国应当建立永久性的监测系统，并决定设立缔约国委员会监督公约的履行。此外，其他涉及陆源污染的区域性公约还有 1974 年的《保护波罗的海海域海洋环境的赫尔辛基公约》、1980 年的《保护地中海不受陆地来源污染的雅典议定书》，以及1983年的《保护东南太平洋不受陆地来源污染的基多议定书》等。

三、我国陆源污染国家管辖权行使的完善

我国历年的海洋环境质量公报显示，陆源污染是近岸海域污染的元凶，主要污染物质是无机氮、磷酸盐、油类以及有机物和重金属。有关资料表明：我国陆源污染物占入海污染物总量的80%以上。20世纪90年代初每年排海污水为80亿吨，以年均3亿吨递增。2009年检测数据显示，通过直排、混排和市政下水等途径的人海污水超过100亿吨，各种有害污染物达180余万吨。大量无机氮、活性磷酸盐、石油类、化学需氧量和重金属污染物，使近岸海域海水超四类和四类水质占46.5%。

（一）完善法律制度，建立相应政策体系

“依法管海”是强化海洋管理和防止、减轻、控制各种陆源污染排放的重要手段。因而开展陆源污染管理的核心，是严格贯彻执行有关法律制度[①]。为了有效实施对陆源污染排放的综合管理，必须完善这方面的法律制度，建立法律、法规、规章、环境质量标准和各类污染物排放标准体系，这也是为了履行我国参加《联合国海洋法公约》的承诺。目前，我国具体规范陆源污染防止的法律法规主要有《海洋环境保护法》《防治陆源污染物污染损害海洋环境管理条例》，此外《环境保护法》《水污染防治法》及其实施细则、《地面水环境质量标准》《污水综合排放标准》《海水水质标准》《辐射防护规定》《城市放射性废物管理办法》《农业法》《农药管理条例》《农药安全使用规定》《农药安全使用标准》《固体废物污染环境防治法》《大气污染防治法》《汽车排气污染监督管理办法》《大气污染物综合排放标准》《关于在酸雨控制区和二氧化硫污染控制区开展二氧化硫排污收费扩大试点的通知》《防治海岸工程建设项目污染损害海洋环境管理条例》《防止拆船污染环境管理条例》等法律法规也涉及陆源污染物的防治。当前及今后一段时期，为了防治陆源污染物损害海洋环境，还应该加强海域管理、海岸带管理、滩涂养殖废水排放管理、近海海域环境

① 管华诗、王曙光主编：《海洋管理概论》，中国海洋大学出版社，2003年版，第113页。

底质标准、近海海域环境生物体污染物含量、陆源污染物排放标准、海岸带滩涂固体废弃物控制标准等方面的法律法规建立、完善和升级①，完善陆源污染控制法律法规体系。

（二）强化海洋执法，控制和削减陆源污染物入海排放量

强化海洋执法，首先，要强化海洋管理机构，统一海洋执法队伍。国家对海洋的管理主要是通过其职能机构完成的。当前我国海洋工作涉及18个部委和12个沿海省市以及台湾、港澳等特殊行政管辖区域，属分散型管理体制②。多头管理，各自为政，各行业管理部门之间矛盾时有发生，非常不利于控制和削减陆源污染物的排放。为此，必须调整国家海洋管理体制，实行综合管理为主，与分级分部门管理相结合的管理体制，并不断加强基层海洋管理机构建设。其次，要加强陆源污染物管理，控制和削减陆源污染物入海排放量。中国沿海污染主要来自陆源污染物的大量输入③，根据对“十五”期间黄海海域水质的监测数据，每年经河口流入黄海的污染物约达356 638吨。有关部门提出，控制和减少陆源污染是改善近岸海域环境状况的根本之策。加强陆源污染物管理主要包括加强污染物排放管理，加强在沿岸区堆放、弃置和处理固体废物的管理两个方面。沿海工矿企业、城镇向海洋排放陆源污染物，必须遵守有关排放申报、排放区域、排放标准、排放方式的规定；任何单位和个人不经批准并按遵循有关规定不得在岸滩区堆放、弃置或处理固体废弃物。为此，海洋行政部门应充分发挥并不断强化对陆源污染物排放的监督作用。为了治理日趋严重的海洋环境污染，国家必须采取一些对策和措施，如“关停并转”小型污染企业，淘汰设备落后、治理无望的企业和生产线，巩固“一控双达标”的成果；对新建项目，执行“环保第一审批制”，杜绝“先污染后治理”现象；加强沿海城市污水处理系统和深海排放工程的建设等。再次，整合各种力量，建立防治陆源污染长效机制。为了治理日趋严重的海洋环境污染，国

① 海岸带综合管理技术研究课题组：《海岸带和海洋生态经济管理》，海洋出版社，2000年版，第189页。

② 海岸带综合管理技术研究课题组：《海岸带和海洋生态经济管理》，海洋出版社，2000年版，第195页。

③ 管华诗、王曙光主编：《海洋管理概论》，中国海洋大学出版社，2003年版，第113页。

家进行了大量的投入，也采取了一些对策和措施，如实施总投资555亿元，包括城市污水处理、海上污染应急、海岸生态建设、船舶污染治理等内容的《渤海碧海行动计划》。但是，防止陆源污染是一个庞大的系统工程，涉及经济的、行政的、法律的方方面面。当前，加强陆源污染管理面临的重大现实问题就是，建立适应新形势的海洋环境监督管理机制，消除有法不依、执法不严、地方保护、部门掣肘的困扰，整合包括法律手段在内的各种力量，从源头上遏制海洋污染。

（三）积极调整政策，确立海事法院对陆源污染案件的管辖权

对于陆源污染物污染损害海洋环境，一般由一国内普通法院管辖。但从我国《海事诉讼法》和保护海洋环境的需要，以及海事法院在处理这类案件上所具有的优势来看，应将由陆源污染造成的海洋环境损害纠纷明确置于海事法院的管辖之下①。当陆源污染物损害海洋环境时（通常是侵害海水养殖场和渔业资源），受害者是否可以向海事法院寻求司法救济，海事法院能否受理此类养殖损害赔偿纠纷案件，我国法律没有明文规定，也缺乏相应的司法解释，是一个存在争议的问题②。最高人民法院1989年发布的《关于海事法院收案范围的规定》，规定海事法院可以受理海洋开发利用纠纷案件，但这一规定并未明确解答海事法院是否管辖污染源离海较远的海洋污染案件。最高人民法院2001年9月发布的《关于海事法院受理案件范围的若干规定》，对海事法院受理案件范围做出较大幅度调整，删去了海洋开发利用纠纷案件中的海岸带的开发利用，海洋渔业和水产品养殖、开发和利用纠纷案件。自此，对于绝大多数源自陆地的海洋污染案件（港口施工、造船作业等除外），海事法院不再拥有管辖权，当事人只能向地方法院提起诉讼。那么，海事法院有无必要管辖陆地源污染海洋环境案件呢？一般认为，现代国家设立海事法院的目的，并不是维护海洋交通运输业或者船东的特殊利益，而是妥善解决人们在开发利用海洋资源过程中

---

① 陈晨：《论海事法院对陆源污染案件的管辖权》，载于李耀臻、徐祥民主编：《海洋世纪与中国海洋发展战略研究》，中国海洋大学出版社，2006年版。

② 夏军：《论海事法院对陆源污染案件的管辖权》，载于中国武汉大学环境法研究所网站。

发生的各种利益冲突，为合理用海提供公平高效的法律服务和保障机制[①]。

事实上，我国的海事司法管辖权，早已延伸到海洋资源开发、海洋环境保护领域[②]。如果仅以是否属于航运纠纷和涉及海船作为海事法院受理案件的分界线不但毫无意义而且极为不利。实际上，陆源污染案件到底由海事法院还是地方法院审理，归根结底要看哪种安排有利于保障污染受害人的诉权和实体权益，有利于实现法院对于环境纠纷的有效干预，有利于维护正常的法律秩序和贯彻可持续发展战略[③]。毫无疑问，海洋环境污染的防治，比海洋资源的开发、保护更为重要，更需要强有力的司法介入。由于种种原因，我国法院审理环境污染案件普遍存在较大的难度。其阻碍不仅与法律适用、证据认定、实务经验有关，很大程度上还来自行政干预和地方保护主义。作为专门审判机构的海事法院，在地域设置、人员素质、运行机制等方面更具有抗御地方保护主义的能力和审判案件的独特优势。我国海事法院设立于沿海大城市，独立性、专业性很高，由其集中管辖陆源污染案件，可以充分排除地方政府的干预，排除执行环境保护法的各种障碍，保证办案质量，提高办案效率，积极推动陆源污染治理，加强海洋环境保护，保障我国经济持续、健康、快速地发展。实际上，世界上任何一个国家的海事法院，在海洋环境保护方面都有所作为，发挥着重要作用。我国海事法院所审理的发生在海上的船舶排放、泄漏、倾废纠纷以及损害水产养殖物、滩涂污染纠纷，绝不仅仅只是“与船舶和航运有关”，还因为它损害了海洋生态环境，对用海权、环境权构成了侵犯。众所周知，海洋污染物80%以上来自陆地，陆源污染是海洋环境的头号杀手，既然我们承认海事法院保护海洋环境、资源的重要职能，就应做出政策调整，授予海事法院对于陆源污染案件的完全管辖权[④]，全面确立海事法院对海洋环境资源纠纷案件的管辖权，使其更加充分地发挥海洋环境保护功能。2002 年 4 月 12 日，天津海事法院对孙有礼等 18 名渔民诉河北省迁安

---

① 夏军：《论海事法院对陆源污染案件的管辖权》，载于中国武汉大学环境法研究所网站。

② 《海事诉讼特别程序法》第 7 条第 3 项规定：因在中华人民共和国领域和有管辖权的海域履行的海洋勘探开发合同纠纷提起的诉讼，由合同履行地海事法院专属管辖。至于海事法院审理海上生产作业（如开采海洋石油）造成水域污染的侵权纠纷，在实践中也不鲜见。

③ 夏军：《论海事法院对陆源污染案件的管辖权》，载于中国武汉大学环境法研究所网站。

④ 夏军：《论海事法院对陆源污染案件的管辖权》，载于中国武汉大学环境法研究所网站。

第一造纸厂等9家企业养殖污染损害赔偿案（即乐亭特大渔业污染案）做出了一审判决，判定9被告连带赔偿原告贝类、鱼类损失1 365.97万元，并立即停止侵害，不得再排放污水入海，消除继续污染原告养殖区域的危险。可以说，该案是由海事法院审理的一起陆源污染损害滩涂养殖物的纠纷，是对海事案件种类、范围的扩大。在现行的法律框架下，完全有可能通过最高法院的司法解释，将陆源污染对沿海水域和滩涂环境的损害赔偿案件明确纳入海事法院的受理范围。①

第三节　船（海）源污染排放国家管辖制度

船舶造成海洋污染是海洋环境污染中最普遍的现象之一。引起船舶造成海洋污染责任原因主要有以下三个方面：第一，来自正常航行船舶操作引起的污染；第二，来自非正常航行船舶发生海上事故引起的污染；第三，来自船舶倾倒引起的污染。② 为管辖的目的，海上事故源和海洋倾倒源都可归为船舶源这一类。正常航行船舶操作引起的污染问题，在航行中较为普遍。船舶事故源污染是海洋环境污染的重要原因，一旦船舶发生碰撞、搁浅、触礁等事故，会使船舶的燃料、载运原油或其他污染物进入海洋，影响和危害甚大③。船舶倾倒是指将陆地上的废弃物质或其他物质经过船舶运输专程去倾倒的行为。船源污染是海洋环境污染来源之一。由于船舶具有较强的流动性，船源污染可能涉及船旗国、沿海国和港口国等多个国家的利益。对于船源污染案件，各船旗国、港口国和沿海国都有可能对于违反法律者进行法律规制。④ 因而对船舶源的污染，可能实行管辖的国家有三种：船旗国、沿海国和港口国。在当今世界，三种管辖并存，如果船旗国、沿海国和港口国合一的情形下，自然不存在管辖冲突的问题，但通常情况下并不是这样，因此冲突也总是经常的、难免的。

---

① 陈晨：《论海事法院对陆源污染案件的管辖权》，载于李耀臻、徐祥民主编：《海洋世纪与中国海洋发展战略研究》，中国海洋大学出版社，2006年版。

② 陈宪民：《论船舶造成海洋环境污染的管辖制度》，国际法论坛——华政国际法。

③ 据英国有关资料报告，每年泄入海洋的石油约330万吨。其中150万吨来自船舶（其中船舶事故占25.7万吨），170万吨来自海洋沿岸活动，8万吨来自海洋勘探开发事故。

④ 傅崐成：《海洋法专题研究》，厦门大学出版社，2004年版，第68页。

一、海上船源污染国家管辖制度的演变

防治船源污染的管辖权一直是个争论不休的问题。某种违反国际规则和国际公约的污染行为（简称违反行为）在某个海域（如领海、专属经济区）内发生后，应由哪个国家来管辖？这个问题至今尚未得到很好地解决。至于管辖的标准，即以什么标准制定和执行防止、减少和控制海洋污染的法律和规章，也一直存在争论。

从20世纪50年代海洋污染问题提到世界日程到1973年第三次海洋法会议以前，在由谁来管辖船舶上发生的污染行为的问题上，传统的船旗国管辖原则一直占统治地位①。根据这一原则，船旗国有较宽的管辖权，沿海国和港口国的管辖权极为有限。到第三次海洋法会议前夕，讨论制定1973年防污公约时，以船旗国为主的管辖制度，才有所改变。但从1954年《国际防止海上油污染公约》和1973年《国际防止造成船舶污染公约》及其1978年议定书，可以清楚地看到在制定和执行防止各个不同海域（包括领海）内船舶源污染以及惩罚污染行为的法律和规章方面，还是主要由船旗国管辖，沿海国和港口国的管辖权受到很大限制②。在第三次海洋法会议上，第三委员会关于海洋环境污染问题的讨论主要围绕管辖问题进行的。经过激烈争论，最终打破了船旗国独自管辖的传统制度。《联合国海洋法公约》在立法、司法和执行方面，打破了以船旗国管辖为主的管辖原则，肯定了沿海国和港口国的管辖权，基本上采取了船旗国、沿海国和港口国相结合的管辖原则。至此，在防治海洋船源污染方面，形成了船旗国、沿海国、港口国共同管辖的格局，较为恰当地平衡了沿海国、港口国与船旗国之间的利益冲突，体现了21世纪海洋防污染的立法趋势，对于防止、减少和控制海洋船源污染极为有利，对各国海事立法、海事行政执法和司法均带来深远的影响。但是，从公约的规定可以看出，几种管辖仍未达到完全平衡，船旗国管辖权在某种程度上仍优于沿海国和港口国的管辖权，公约中的某些条款仍对船旗国有利。海洋污染管辖是海洋法中较为

---

① 魏敏主编:《海洋法》，法律出版社，1986年版，第298页。

② 魏敏主编:《海洋法》，法律出版社，1986年版，第298页。

复杂的问题。今后在执行公约时还难免发生这方面的争论。

二、防止海上船源污染国家管辖制度

（一）船旗国管辖

1. 船旗国管辖是海上船源污染管辖的传统原则

船旗国的管辖权是指船旗国可以对悬挂其国旗航行的违法船舶行使司法管辖权。船旗国管辖原则是海上运输的一种传统国际法的管辖原则，也是海上船源污染国家管辖传统原则，至今仍占有重要地位。《1954年国际防止海上污染公约》第4条第3款规定，船舶在海上航行时，有违法行为的一律“按船旗国的法律予以惩处”。公约同时还规定，凡违反公约规定的排放标准污染海洋环境者，应按照有关船旗国法律予以罚款。公约仅允许船旗国一方对被指控的违反行为进行调查和提起司法程序。而沿海国和港口国的权力则仅限于向有关船旗国政府提供有关违章的证明及详细情报和检查自愿停泊在其港口的船舶上的油类登记簿，对船舶、船舶的操作和防污设备不得进行检查。公约只字未提沿海国和港口国对其管辖范围内的违反行为提起司法程序的权利。这时的船旗国管辖制度，单纯地考虑了各船旗国维护悬挂其国旗的船东和船员的利益，而对于发生在公海上的违反防污染法律的行为视而不见，忽视了沿海国和港口国的利益，于防治海洋污染弊多利少。实质上，这种做法反映出该公约的缺陷方面。事实上，公约生效后从未发生过这类诉讼案。

2. 船旗国管辖原则独占地位的打破

船源污染是船旗国管辖还是沿海国管辖问题，随着海洋环境污染日趋严重，变得越来越尖锐，因为不论是海上事故还是船舶排污造成的污染，最先受到污染损害或受损害最严重的国家多数是沿海国。特别是对发展中沿海国，工业发达国家将大量废渣倾入发展中沿海国的附近海域，造成无法治理的严重污染；海上事故一旦发生在它们的附近海域，所造成的污染对它们的沿海居民带来的损失是灾难性的。1975年日本籍“翔和丸”油轮在马六甲海峡触礁后，大量石油漏出，造成严重污染，受到污染影响的水域内，鱼的最大捕获量两个月以后还没有恢复到正常水平。广大发展中沿海国家越来越深刻地认识到，不改变以船旗国管辖为主的传统概念，扩大沿海国的管辖权，海洋环境污染难以控制，它们的利益将受到更大损害。在第三次海洋法会议上，针对海洋污染管辖这一核心问题各国展开了激烈的争论，当然争论焦点是沿海国对其管辖范围内的海域的污染有无管辖权。

关于是否应扩大沿海国的管辖权问题，在广大沿海国（包括发展中国家和一些发达国家，如加拿大等国）与海洋大国之间存在着严重分歧。多数沿海国都反对以船旗国管辖为主的传统观念，极力主张扩大沿海国和港口国的管辖权，以弥补船旗国管辖的不足。它们认为那种片面地强调少数船旗国的利益，置多数沿海国的利益于不顾的制度是不平等的，沿海国应制订并执行在其管辖范围内的海域防止海洋污染的法律和规章，并有权对违反行为提起司法程序。某些海洋大国坚持维护传统的船旗国管辖原则，认为船舶在缔约国的内水、领海和经济区内违反海上排污规定时，船旗国可按沿海国提出的书面要求提起司法程序[①]；主张只能给予沿海国以有限的权力，并应建立严密的保护措施以防止沿海国滥用权力，妨碍船舶航行自由。当然大多数的沿海国家都反对这种以船旗国管辖为主的传统观念。当时的苏联代表指出，为了防止沿海国滥用其权力，应给予船旗国以在一定期限内对任何违反行为提起司法程序的优先权。[②] 但是，由于海运大国的坚决反对，最后《联合国海洋法公约》保留了船旗国管辖权制度，第221条对船旗国的管辖权做了明确的规定。这一规定基本上偏袒了海运大国的利益。广大发展中国家在与会期间反对超级大国称霸海洋的同时，要求防止和控制海洋污染，保护沿海国的利益。[③] 因而1982年《联合国海洋法公约》也同时制定了沿海国和港口国的管辖权条款。《联合国海洋法公约》有关污染管辖的规定正是这两种倾向相妥协的产物，在一定程度上肯

① 董世忠：《我国在第三次海洋法会议上的原则立场》，《海洋问题研究（海洋法专辑）》，1983年（第二卷）第2期，第13页。转引自魏敏主编：《海洋法》，法律出版社，1986年版，第300页。

② 转引自魏敏主编：《海洋法》，法律出版社，1986年版，第300页。

③ 陈宪民：《论船舶造成海洋环境污染的管辖制度》，国际法论坛——华政国际法。

定了沿海国和港口国管辖权，但仍显不足。

3. 船旗国管辖仍是当代国际海洋船源污染管辖的基本原则

（1）《联合国海洋法公约》对船旗国管辖权的确认。公约关于海洋污染管辖的规定在很大程度上保留了船旗国管辖原则。公约第 94 条第 1 款规定："每个国家应对悬挂该国旗帜的船舶有效地行使行政、技术及社会事项上的管辖和控制。"因此，船旗国既有管辖本国船只的权利，又有对悬挂其旗帜的船只管辖的权利，特别在海洋环境污染的问题上。这既是一项权利，又是一项责任和义务。[①] 为此，《联合国海洋法公约》规定，船旗国应"制定法律和规章，以防止、减少和控制悬挂其旗帜或其国内登记的船只对海洋环境的污染"[②]，并采取措施"确保悬挂其旗帜或在其国内登记的船只"遵守其按照《联合国海洋法公约》制定的法律和规章，使之得到有效执行[③]。船旗国制定的"法律和规章至少应具有与通过主管国际组织或一般外交会议制订的一般接受的国际规则和标准相同的效力"[④]，这种"法律和规章对悬挂其旗帜的船只所规定的处罚应足够严厉，以防阻违反行为在任何地方发生"[⑤]。

（2）船旗国管辖权的行使。船旗国对于悬挂其旗帜的船只的违反行为，"应设法立即进行调查，并在适当情形下应对被指控的违反行为提起司法程序，不论行为在何处发生，也不论这种违反行为所造成的污染在何处发生或发现"[⑥]。"船旗国调查违反行为时，可向提供合作能有助于澄清案件情况的任何其他国家请求协助。各国应尽力满足船旗国的适当请求"[⑦]。

（3）船旗国管辖权对他国请求的处理。船旗国"经任何国家的书面请求应对悬挂其旗帜的船只被指控所犯的任何违反行为进行调查。船旗国如

① 蔡守秋、常记文主编：《国际环境法学》，法律出版社，2004 年版，第 160 页。
② 《联合国海洋法公约》第 217 条第 2 款
③ 《联合国海洋法公约》第 217 条第 1 款
④ 《联合国海洋法公约》第 217 条第 2 款
⑤ 《联合国海洋法公约》第 217 条第 8 款
⑥ 《联合国海洋法公约》第 217 条第 4 款
⑦ 《联合国海洋法公约》第 217 条第 5 款

认为有充分证据可对被指控的违反行为提起司法程序，应毫不迟延地按照其法律提起这种程序”[①] “船旗国应将所采取行动及其结果迅速通知请求国和主管国际组织。所有国家应得到这种情报”[②]。

（4）船旗国管辖优先权。公约规定，船旗国如果在其他国家对其船只的违反行为提起司法程序最初六个月内，就同样控告提出加以处罚的司法程序，其他国家应立即暂停进行司法程序，除非该违反行为使沿海国遭受重大损害。这反映出船旗国的管辖权在某种程度上优于沿海国和港口国的管辖权。而且，不论别国是否已先提起这种程序，都不妨碍船旗国按照本国法律，采取任何措施的权利，包括提起加以处罚的司法程序的权利[③]。

（5）船旗国管辖制度的优缺点。船旗国通过国内立法可以保证本国船舶在船体结构、设备配备及人员配备、操作规范上达到本国法律规定的最低要求，并且船舶不会因不同国家法律、法规规定的不同而受到限制。另外，船旗国管辖有利于保证法律关系的稳定性、行为后果的可预见性及判决的一致性。到目前为止，船旗国管辖对于防止海洋船源污染仍具有重大意义，发挥着不可替代的作用。但是，船旗国管辖对于保护沿海国和港口国利益略显不足，特别是方便旗船的大量出现造成船旗国管辖的效果不理想。开放登记国对船舶防污染方面的技术要求相对较低，并且不对悬挂其国旗的船舶进行实质性管理，不愿意或不积极行使船旗国管理权。另外，未登记船舶以及双重登记船舶的大量存在，客观上也降低了船旗国管辖的效果。为了弥补船旗国管辖的不足，应在相关国际公约、国内立法中强调船旗国与船舶之间必须存在真正的实质性联系，并通过国际协议增强沿海国和港口国的管辖权，同时，还需加强、完善有关国际海事立法，尽量使船舶登记条件、船舶所有人责任、船舶建造检验规范、船员资格等方面达到国际统一。

---

① 《联合国海洋法公约》第 217 条第 6 款
② 《联合国海洋法公约》第 217 条第 7 款
③ 《联合国海洋法公约》第 228 条第 3 款

（二）沿海国管辖

1. 沿海国管辖制度的确立

传统的船旗国管辖原则，直到第三次海洋法会议前夕讨论制订1973年《国际防止船舶造成污染公约》时才有所改变。1973年《国际防止船舶造成污染公约》规定，沿海国可以对在其领海的外国船舶实施管辖权，对在其管辖范围内发生任何违反公约的行为，应根据该国的法律予以禁止并加以制裁。

该公约提出了“行政当局”的管辖原则，所谓“行政当局”既可以是船旗国，也可以是沿海国。基于此，沿海国对违反规定的船舶既可以直接提起司法诉讼，也可以将其发现的违法行为情况和证据交船旗国当局，如果证据充分，船旗国应尽早对违反规定的船舶提起司法诉讼。因此说，1973年《国际防止船舶造成污染公约》基本上打破了传统的单纯船旗国管辖制度。该公约提出可选择沿海国管辖的创新，实质上是符合防止、减少和控制船舶造成污染原理的。与1954年公约相比，1973年公约在海洋污染的管辖制度方面的确向前迈进了一步。但是，该公约还存在许多问题，一些问题由于在海洋大国和发展中沿海国之间存在严重分歧，未能载入公约。例如，沿海国对外国船舶违反排放标准行为实行管辖的地理范围，公约中没有确切的定义。又如，沿海国是否有权对在其港口或在其管辖范围内的外国船舶适用和执行严于国际标准的规章，公约也没有做出规定。

另外，关于港口国是否有权对在其管辖范围以外做出违反行为，而后又自愿进入其港口的外籍船舶提起司法程序的问题，也没有在公约中得到解决。上述分歧较大的问题均留待第三次海洋法会议去解决。但是，1973年的《国际防止船舶造成污染公约》以及随后的1978年议定书（MARPOL73/78）仍然以船旗国管辖为主。

沿海国在其领海内行使管理权，是一个国家主权所使然，也是习惯国际法所承认的。[①] 对其管辖的海域行使主权并制订法律来防止污染，这是

① 蔡守秋、常记文主编：《国际环境法学》，法律出版社，2004年版，第159页。

沿海国不可剥夺的权利。况且，当发生海洋环境污染时，受损害最为严重的就是沿海国，因此其应当有管辖权。[①] 经过广泛激烈的斗争，《联合国海洋法公约》承认了沿海国防止船源污染的管辖权。

2.《联合国海洋法公约》规定的沿海国管辖权

（1）沿海国管辖权的行使

立法。《联合国海洋法公约》承认各沿海国为防止、控制和减少外国船只包括行使无害通过权的船只对海洋的污染，在领海行使其主权，可制定法律和规章。[②] 非经沿海国事先明示核准，外国船只不应在领海和专属经济区或大陆架上进行倾倒，沿海国经与由于地理处境可能受倾倒不利影响的其他国家适当审议此事后，有权核准、规定和控制这种倾倒。[③]

沿海国家为了执行的目的，可对专属经济区制定法律和规章，以防止、减少和控制来自船只的污染，当然这种法律和规章也必须符合通过主管国际组织或一般外交会议制订的一般接受的国际准则和标准，并使其有效。[④] 如果由于专属经济区某一明确划定的特定区域的海洋学和生态条件方面的特殊条件，以及该区域的利用或其资源的保护及其航运上的特殊性质，沿海国认为国际规则和标准不足以适应这种特殊情况，可以在专属经济区内划定特定区域，采取特别强制性措施以防止来自船只的污染。公约这一规定的意义在于给了沿海国管辖权上更大的权利和自由，即当沿海国认为"国际规则和标准"不足以适应该国专属经济区域时，有权采取特殊的措施。[⑤]

执行。如沿海国有明显的证据认为在该国领海内航行的外国船只，在通过领海时，违反了关于防止、减少和控制来自船只污染的该国的法律和规章或可适用的国际规则和标准，可就违反行为对该船舶进行实际检查，并可在持有充分证据时提起司法程序，包括对该船的拘留在内，但都要以

① 余民才主编：《国际法专论》，中信出版社，2003 年版，第 98 页。
② 《联合国海洋法公约》第 211 条第 4 款
③ 《联合国海洋法公约》第 201 条第 4 款
④ 《联合国海洋法公约》第 211 条第 5 款
⑤ 蔡守秋、常记文主编：《国际环境法学》，法律出版社，2004 年版，第 160 页。

不妨碍无害通过权为限。[①] 公约第19条第2款规定，外国船舶如果在领海进行任何故意和严重的污染行为，就构成有害通过。与公约这一条款联系起来看，沿海国对外国船舶在其领海内的违反行为提起诉讼的权力，仅限于"故意的和严重污染行为"。[②]

沿海国在领海内享有管辖权自不待言，而在专属经济区内沿海国的污染管辖权又是怎样一种情况呢？沿海国对专属经济区的管辖权是从其领海扩张到专属经济区，并对该区内的自然资源享有主权。鉴于这种特殊的法律地位，发展中国家提出从保护经济区资源的利益出发。沿海国对外国船舶的污染行为享有管辖权。但是，一些海运大国担心因此而损害其在该区域的传统的航行利益。他们主张专属经济区至少对于航行自由应属于公约航行自由性质，在该区域航行的船舶只受传统的船旗国管辖。而代表沿海国利益的国家则主张，应赋予沿海国对于该区域内的航行有较大的控制权。《联合国海洋法公约》对这个问题达成了妥协。在海洋环境的保护和保全的管辖权方面，沿海国可对专属经济区制订法律和规章，以防止、减少和控制来自船舶的污染，这种法律和规章应符合已制定的一般接受的国际规则和标准。《联合国海洋法公约》第220条第6款："如有明显客观证据证明在一国专属经济区或领海内航行的船只，在专属经济区内犯有第3款所指的行为而导致排放，对沿海国的海岸或有关利益，或对其领海或专属经济区内的任何资源，造成重大损害的威胁，该国在有充分证据时，可在第七节限制下，按照该国法律提起司法程序，包括对该船只拘留在内。"从上述规定可以看出，尽管国家对这些海域的管辖权受到外国商船无害通过的限制，但是，国家对发生在该海域的污染行为可以行使管辖权。公约将外国船只在专属经济区内的违反行为按其危害程度分为三等，沿海国根据不同等级，对违反行为采取不同措施。[③]

只有在最后一种情况下，沿海国才可以提起司法程序。第一等级的情况是，如果沿海国有明显证据认为在一国专属经济区或领海内航行的船只，在专属经济区内违反关于防止、减少或控制来自船只的污染的可适用

① 《联合国海洋法公约》第220条第2款

② 魏敏主编：《海洋法》，法律出版社，1986年版，第302页。

③ 魏敏主编：《海洋法》，法律出版社，1986年版，第303页。

的国际规则和标准或符合这种国际规则和标准并使其有效的该国的法律和规章，该国可要求该船提供关于该船的识别标志、登记港口、上次停泊和下次停泊的港口，以及其他必要的有关情报，以确定是否已有违反行为的发生①，船旗国有义务使其船只遵从这种要求。第二等级的情况是，如果沿海国有明显根据认为在该国专属经济区或领海内航行的外国船只在其专属经济区犯有（第一等级的）违反行为导致大量排放，对海洋环境造成重大污染或具有重大污染的威胁，同时该船拒不提供有关情报，或提供的情报与明显实际情况显然不符，并且依案件情况确有进行检查的理由时，沿海国可就有关违反行为的事项对该船举行实际检查②。第三等级的情况是，如果沿海国有明显客观证据证明在该国专属经济区或领海航行的外国船只，在其专属经济区内犯有（第一等级的）违反行为导致排放，对沿海国的海岸或有关利益，或对其领海或专属经济区内的任何资源，造成重大损害或造成重大损害的威胁，该沿海国在有充分证据时，可按该国法律提起司法程序，包括对该船的扣留在内。③

（2）沿海国管辖权的限制

沿海国管辖权的限制来源于两个方面原因：一是考虑到外国船舶作为该外国的“浮动领土”，对它的管辖《联合国海洋法公约》规定了某种程度的限制；二是迫于第三次海洋法会议期间海洋大国的压力，《联合国海洋法公约》做了某种程度的妥协。这些限制主要表现在两个方面：一方面是立法上的限制；一方面是执法上的限制。

立法的限制。《联合国海洋法公约》承认各沿海国为防止、控制和减少外国船只对海洋的污染而制定法律和规章的权利。④ 但同时规定了许多限制条件，这些限制至少包括两个方面：第一，不妨碍外国船舶的无害通过。“本条不妨碍船只继续行使其无害通过权”⑤，“按照第二部分第三节的

---

① 《联合国海洋法公约》第 220 条第 3 款
② 《联合国海洋法公约》第 220 条第 5 款
③ 《联合国海洋法公约》第 220 条第 6 款
④ 《联合国海洋法公约》第 211 条第 3、4、5、6 款
⑤ 《联合国海洋法公约》第 211 条第 3 款

规定[①]，这种法律和规章不应阻碍外国船只的无害通过”[②]。第二，不对外国船舶的设计、建造、人员配备或装备标准造成干涉，“这种增订的法律和规章可涉及排放和航行办法，且不应要求外国船只遵守一般接受的国际规则和标准以外的设计、建造、人员配备或装备标准”。[③]

执行的限制。在执行管辖方面，公约详细规定了沿海国管辖权的条件和可采取的措施。沿海国在一定条件下可以对在其领海或专属经济区内航行的船舶实施检查，在证据充分时，可滞留船舶。然而，执行在不同程度上要受到一些限制，这些限制主要包括两个方面：第一，检查不妨碍外国船舶的无害通过、继续航行。沿海国对在领海航行的有违反行为的外国船只进行实际检查时，也必须“不妨碍第二部分第三节有关规定的适用”，“无论何时如已通过主管国际组织或另外协议制订了适当程序，从而以及确保关于保证书或其他适当财政担保的规定得到遵守，沿海国如受这种程序的拘束，应立即准许该船继续航行”。[④] 第二，行使执行权力时应避免不良后果。根据本公约对外国行使执行权利时，沿海国应注意不危害航行安全或造成船只的任何危险，或将船只带到不安全的港口或停泊地，或使海洋环境面临不寻常的危险。[⑤] 第三，执行权利的行使主体受一定限制。根据《联合国海洋法公约》，本部分规定的对外国船只的执行权利，只有官员或军舰、军用飞机、或其他有清楚标志可以识别为政府服务并经授权的船舶或飞机才能行使。[⑥] 第四，在专属经济区采取特殊措施的限制。沿海国在专属经济区建立特定区域需要遵循严格的程序，这包括通过主管国际组织与有关国家协商、就该区域向该组织发出通知、提供证据和有关情报等。当该国际组织确定该区域的情况与有关要求相符时，该沿海国始得对该区域制定防止、减少和控制来自船只的污染的法律和规章，实施有关标准和办法。[⑦] 而且，在向该组织发出通知满 15 个月以后，这些法律才能适

① 关于领海的无害通过规定
② 《联合国海洋法公约》第 211 条第 4 款
③ 《联合国海洋法公约》第 211 条第 6 款（c）
④ 《联合国海洋法公约》第 220 条第 7 款
⑤ 《联合国海洋法公约》第 225 条
⑥ 《联合国海洋法公约》第 224 条
⑦ 《联合国海洋法公约》第 211 条第 6 款（a）

用于外国船只。第五，沿海国管辖权受到船旗国管辖权的限制。《联合国海洋法公约》第228条第1款规定，沿海国对外国船只在提起司法程序的国家的领海外所犯任何违反行为诉请加以处罚的司法程序时，如果船旗国在这种程序最初提起之日起6个月内就同样的控制提出加以处罚的司法程序，则沿海国应即暂停其司法程序，除非这种程序涉及沿海国遭受重大损害的案件或有关船旗国一再不顾其本国船舶违反有效的国际规则和标准。在船旗国按照这种情况提起司法管辖的情况下，沿海国不得再提起这种程序。[①] 第六，提起司法程序的时限限制。《联合国海洋法公约》第228条第2款规定，从违反行为发生之日起满三年后，对外国船只不应再提起加以处罚的司法程序。第七，对外国船舶的羁留时间和检查范围限制。公约规定，各国羁留外国船只不得超过为调查目的的所必需的时间。任何对外国船只的实际检查应只限于查阅该船按照一般接受的国际规则和标准所须持有的证书、记录、或其他文件或所持有的任何类似文件；只有在经过这样的查阅后以及在有明显根据认为该船的情况或其装备与这些文件所载各节有重点不符，或者这类文件的内容不足以证实或证明涉嫌的违反为，或者该船根本未持有有效的证件和记录时，才可对船只进行进一步的实际检查。[②] 为了避免在海上对船只做不必要的实际检查，各沿海国、港口国和船旗国应进行合作，制定程序。[③]

3. 沿海国管辖的几个特殊问题

（1）海洋环境污染的沿海国管辖的广义、狭义问题

《联合国海洋法公约》第21条规定，沿海国有权制定法律和规章，养护海洋生物资源，保全沿海国的环境，并防止、减少和控制该环境不受污染。公约还规定，对于陆地来源、国家管辖的海底活动、倾倒、来自船只的海洋污染，沿海国有权制定法律和规章进行控制。对于前两项污染行为，沿海国还有执行本国法律和规章的权利，而对于后两种污染行为，沿海国的执行权利有一定限制。从这个意义上说，沿海国的管辖并不限于对

① 《联合国海洋法公约》第218条第2款
② 《联合国海洋法公约》第226条第1款（a）
③ 《联合国海洋法公约》第226条第2款

船源污染的管辖，陆源污染也在沿海国管辖范围之内，因此海岸工程项目污染海洋环境、海洋工程项目污染海洋环境不管是否来自船舶，都属于广义上的沿海国管辖问题，而此节论述的仅是狭义上的沿海国管辖即对船源污染的管辖。

（2）沿海国对发生在公海上的污染的干预问题

对于沿海国对公海污染的干预问题，似乎不是关注的重点。因为根据《联合国海洋法公约》第 92 条第 1 款规定："船舶航行应仅悬挂一国的旗帜……在公海上应受该国的专属管辖。"鉴于公海自由的原则，沿海国原则上对发生在公海上的污染行为不享有管辖权。[①] 但是，由于海上事故多发生在接近沿岸的海域，因此可能导致石油或其他有害物质大量流入从而造成沿海国局部海域的灾难性污染。随着海上石油运输总量、油轮数目和规模的不断增大，海上事故越来越频繁地爆发，其对沿海国所管辖海域的威胁越来越大。例如，1967 年"Torrey Canyon 案"[②] 和 1978 年"Amoco Cardiz 案"两起震惊世界的油污案，引起全球的关注。特别是国际组织和沿海国认识到有必要制订国际公约使沿海国能对海上航行的船舶采取干预措施，以保护其海岸免受污染威胁。这类发生在沿海水域油污案的管辖权比较容易适用，它主要依据沿海国法律进行管辖。至于沿海国对于其领海外的外国船舶发生海上事故有无干涉和管辖的权利，这就是一个较复杂的法律问题了。"托里坎荣"号（Torrey Canyon）事件发生后，国际社会终于承认沿海国有关在公海上对外国商船采取必要措施，以防止、减轻或消除由于该船发生事故所产生的油污或油污威胁对其海岸或有关利益所造成的危险。[③] 1969 年《国际干预公海油污事件公约》就是国际间第一个以干

① 余民才主编：《国际法专论》，中信出版社，2003 年版，第 99 页。

② 1967 年 3 月 18 日，悬挂利比亚旗帜的大型油轮"Torrey Canyon"在自波斯湾艾哈迈迪港开往英国米尔福德港途中于英国东南海岸外的公海上搁浅。约有 8 万吨原油流入海洋，对英法两国的沿岸海域造成严重污染。经过慎重考虑，英国政府决定炸毁该船，并声明其目的不是毁船而是试图把船打开将油烧掉。对此，船主和利比亚政府均未提出异议。在通知船主后，英国战斗机轰炸了该船。英国政府为清除溢油共花费 7 000 万美元。在两国的要求下，船主及船舶租赁人分别赔偿了两国 150 万英镑。英国政府的上述行为在国际上引起了激烈的争论。有学者指责英国违反了航行于公海的船受船旗国专属管辖的原则。但 1968 年联合国国际法委员会认为英国此举符合"紧急状态"原则，鉴于该事件对英国沿岸海域环境安全造成的严重和迫切威胁，英国有权采取自保措施。案例来源：余民才主编：《国际法专论》，中信出版社，2003 年版，第 99 页。

③ 屈广清主编：《海洋法》，中国人民大学出版社，2005 年版，第 247 页。

预为目的的国际公约。该公约第1条规定："本公约缔约国为了防止、减少或消除海上事故或与事故有关的油污或油污威胁所产生的对其海岸或有关利益的严重和急迫的危险，可在公海上采取必要的措施。"1973年11月2日订立的《干预公海非油类物质污染议定书》，则明确规定了沿海国家有权对公海上除油类以外的其他物质造成的海洋污染失误加以干预。[①] 1973年《干预公海非油类物质污染议定书》规定1969年《国际干预公海油污事件公约》的内容也适用于非油类物质的污染，两者一起构成在公海干预污染事故的完整的法律制度。[②]

但是沿海国干预受到许多限制，在其试图干预时，必须做到：第一，在采取任何措施之前应与其他受影响的国家，特别是与肇事船舶所有人、货物所有人和船旗国进行协商，将其得知或估计的损失通知有关方面，情况极为紧急时可立即采取必要措施，然后再通知对方。第二，应将拟采取的措施通知它所知道的所有的利益将受到影响的自然人或法人。第三，应竭力避免使人命受到威胁，并对遇难者提供所需要的帮助。第四，采取的措施应与实际损害或有损害危险的情况相适应，必须是为达到防止污染的目的而十分必要的，而不得超出达到目的的合理需要，并应在达到目的后立即停止。如采取的措施超出了合理需要的范围，则有关沿海国家应负担赔偿责任。

这里值得强调的是1969年《国际干预公海油污事件公约》的管辖范围是针对公海干预而言的。这项规定与1982年《联合国海洋法公约》第221条"避免海难引起的措施"有明显的区别。《联合国海洋法公约》第221条适用范围是"在其领海范围以外"。因此该条款把领海与公海之间的专属经济区也包括在内。

（3）是制订统一的防污标准还是由沿海国制订不同的标准

在第三次海洋法会议第三委员会的讨论中，加拿大代表团指出，沿海国应保有环境自卫权（environmental self-protection），为防止领海免受污染，沿海国应有制订防污标准的权利。加拿大代表认为，如果禁止沿海国建立关于船舶设计、建造、人员配备和装备方面的防污标准，当发生环境

① 余民才主编：《国际法专论》，中信出版社，2003年版，第99页。

② 吴焕宁主编：《海商法》（第二版），法律出版社，1996年版，第222页。

污染威胁而又没有现行国际规则和标准规定作为参照时，沿海国将失去任何应付的能力。这一观点得到了其他一些国家的赞同。

然而，沿海国制订防污标准的要求遭到许多国家的反对。肯尼亚代表团认为，沿海国对其领海的主权是不能动摇的。但是，如果沿海国要求外国船舶遵守它们自己制订的关于船舶建造和人员配备方面的法律和规章，将产生许多问题。肯尼亚代表团建议有关这方面的标准应尽可能符合已建立的国际标准，如"海协"组织建立的标准。古巴代表团认为，允许沿海国建立更严格的防污标准对许多国家都不利，特别是对准备建立自己的船队的发展中国家更为不利。对船舶设计、建造的标准提得越严，造船的费用就越高，这不是发展中国家所希望的。法国、希腊等国也不同意沿海国在船舶设计、建造等方面制订严于国际统一的防污标准的法律和规章，认为那样会产生复杂的经济、技术和法律上的问题。多数海洋大国在海洋法会议上期望限制沿海国的立法权，以便统一沿海国防污染立法的标准。

（三）港口国管辖

1. 港口国管辖的确认

港口所在国家在其港口或领海对违反规定造成油污事件的外国船舶可以行使管辖权。港口是指"为了划定领海的目的，构成海港体系组成部分最外部永久海港工程，视为海岸的一部分。近岸设施和人工岛屿不应视为永久海港工程"。[①] 这种管辖权在国际防止油污公约中也存在差异。按1954年《国际防止海上油污公约》第9条规定，港口国可以检查外国船舶的油类记录簿，如果发现该轮违反了公约的规定，应将证据交船旗国提起司法诉讼。但在海运实践中，船旗国的管辖并不理想。主要原因是：（1）船旗国并不十分愿意对其船舶排污进行真正的控制；（2）船旗国中的方便旗船，其实质上不愿或不积极执行。按此规定，对于违约船舶收集证据，寻找有关证人方便的港口国却没有管辖权。为了弥补1954年《国际防止海上油污公约》的不足之处，1973年《国际防止船舶造成污染公约》及

① 《联合国海洋法公约》第11条

其1978年议定书（MARPOL73/78）规定，港口国当局可以对外国船舶进行拘留直至被扣船舶不再对海洋环境造成不当威胁和危害时为止。随着国际海运业的不断发展，船舶污染海洋事件也相应增加。1982年《联合国海洋法公约》对于港口国管辖污染的船舶做了新的规定，港口国可以制订关于防治、减少和控制海洋环境污染的特别规定作为外国船只进入其港口或内水，或在其岸外停靠的条件，应将这种规定妥为公布，并通知主管国际组织。①

2. 港口国管辖的执行

《联合国海洋法公约》就“港口国的执行”规定了四种情形：第一，当船只自愿位于一国港口或岸外设施时，该国可对该船违反通过主管国际组织或一般外交会议制订的可适用的国际规则和标准在该国内水、领海或专属经济区外的任何排放进行调查，并可在有充分证据的情形下，提起司法程序。② 第二，对于在另一国内水、领海或专属经济区内发生的排放的违反行为，经该国、船旗国或受排放的违反行为损害或威胁的国家的请求，或者违反行为已对或可能对提起司法程序的国家的内水、领海或专属经济区造成污染，可提起司法程序。③ 第三，只要当船只自愿位于一国港口或岸外码头，该国就应在实际可行范围内满足任何国家因认为船只的排放的违反行为已在其内水、领海或专属经济区内发生，对其内水、领海或专属经济区已造成损害或有损害的威胁而提出的进行调查的请求，并在实际可行的范围内满足船旗国对这一违反行为所提出的进行调查的请求，而不论违反行为在何处发生。④ 第四，当船只自愿位于一国港口或岸外设施时，该国对于在其领海或专属经济区内发生的任何违反关于防止、减少或控制船只造成污染的该国法律和规章或适用的国际规则和标准的行为，可以提起司法程序。⑤

① 《联合国海洋法公约》第211条第3款
② 《联合国海洋法公约》第218条第1款
③ 《联合国海洋法公约》第218条第2款
④ 《联合国海洋法公约》第218条第3款
⑤ 《联合国海洋法公约》第220条第1款

3. 港口国管辖的范围和限制

与港口国的管辖范围有关的重要问题是港口国对于在其管辖范围以外（如在公海上，或在其他国家的港口）犯有违反行为后，自愿进入其港口的外国船舶，是否可以提起司法程序。一些沿海国家认为，考虑到停靠港在海运上的重要作用，并且考虑到一些船旗国不愿对它们本国的船舶实施管制，港口国的管辖对于保证国际防污规则和标准的实施是非常必要的。在第三次海洋法会议上，英国代表团指出，由于船舶在一国的领海或邻近领海的水域违反法律后，为逃避沿海国的起诉，逃到另一国港口这样的事情时有发生，有必要建立停靠港管辖制度。美国、新西兰、埃及等沿海国也认为对港口国管辖的限制不能太多，应给予港口国以制订和执行法律规章的权力。苏联等国则不同意港口国有执行权力。苏联认为如果给予港口国以这样的权力，必须建立严密的保护措施。苏联建议，为限制港口国提起司法程序的权力，应允许船旗国有优先权，对违反防污标准的船舶只许罚款不许扣押，由于滥用权力造成的损害，港口国应承担赔偿责任。从第三委员会的讨论情况看，港口国对外围船舶在其管辖范围以外的违反行为可以提起司法程序，但是，有些国家提出对港口国的管辖权要严加限制，有些国家则反对限制过多。

关于港口国管辖范围的争论非常尖锐，难以达成协议，《联合国海洋法公约》做了妥协，在确认港口国有一定程度管辖权的同时，又规定了许多限制条件。第一，法律和规章效力上的限制。公约一方面确认港口国可以制订关于防止、减少的条件。港口国如果做出特别规定，应通知主管国际组织并妥为公布。[①] 另一方面又规定，每个国家应规定悬挂其旗帜或在其国内登记的船只的船长在参加这种合作安排[②]的国家的领海内航行时，如经该国要求，应告知该国是否正驶往参加这种安排的同一区域的国家，如系驶往这种国家，应说明是否遵守该国关于进出港口的规定。[③] 也就是

① 《联合国海洋法公约》第220条第1款

② 这种安排是指，如果两个或两个以上的沿海国制定相同的规定，以求协调政策，在通知时应说明哪些国家参加这种安排。

③ 《联合国海洋法公约》第211条第3款

说，外国船只在驶入做出特别规定国家的港口时，有权做出是否遵守该国有关进入港口规定的通知。这种“船旗国有权决定是否遵守港口国的特别规定”的情形，是对港口国法律和规章效力的限制。第二，提起司法程序的限制。公约承认了当外国船只自愿停泊在一国港口或岸外设施时，港口国可以对该船在该国内水、领海或专属经济区以外的任何排放行为进行调查，并可在有充分证据的情形下，提起司法程序，[①] 并可对在其领海或专属经济区内发生的任何违反行为，提起司法程序。[②] 但另一方面公约又规定，对于发生在另一国家的内水、领海或专属经济区内的违反行为，港口国不应提起司法程序，除非经该国、船旗国或受违反行为损害的国家提出请求，或者该违反行为已对或可能对港口国的内水、领海或专属经济区造成污染。但港口国已就违反行为进行调查或提起司法程序，但一经船旗国或沿海国的请求，其所依据公约规定所进行的调查的记录就应转交出去。而且，在第七节的限制下，如果违反行为发生在沿海国内水、领海或专属经济区内，港口国根据这种调查结果提起的任何司法程序，经该沿海国请求可暂停进行。案件的证据和记录，连同缴交港口国当局的任何保证书，或其他财政担保，应在这种情形下转交该沿海国。转交后，在港口国即不应继续进行司法程序。[③] 由此看出，港口国的管辖权是非常有限的。

4. 港口国管辖的意义

船舶的安全监督，其责任首先在于船旗国。所有有关船舶安全和防止污染的国际公约主要针对船旗国提出要求，要求其通过对公约的实施保证本国船舶的安全和防止海洋环境污染。但是，任何一个船旗国政府想要凭借自身的力量保证本国随时符合国际公约的要求，事实上非常困难。因为依照公约规定，平均每年才对船舶检查一次，更何况很多船舶长时间航行于国外，难有回国接受检查的机会。港口国管辖能够较好地弥补船旗国安全管理的缺陷，其最主要的表现形式是港口国监督（PSC）。港口国监督指港口所在国对进入本国港口的外国籍船舶所实施的核实其是否符合相关安

---

① 《联合国海洋法公约》第 218 条第 1 款
② 《联合国海洋法公约》第 220 条第 1 款
③ 《联合国海洋法公约》第 218 条第 4 款

全公约要求的监督检查。通过对船舶技术状况和船员操作状态的监督检查，对低标准船舶采取包括滞留在内的强制性整改措施，以确保海上航行安全，防止船舶污染环境，维护港口国利益，监督船旗国履约。

（四）船源污染管辖的其他问题

1. 关于船只适航条件的避免污染措施

在公约规定的保障办法的限制下，各国如经请求或出于自己主动，已查明在其港口或岸外设施的船只违反关于船只适航条件的可适用的国际规则和标准从而有损害海洋环境的威胁，应在实际可行范围内采取行政措施以阻止该船航行。这种国家可准许该船仅驶往最近的适当的修船厂，并应于违反行为的原因消除后，准许该船立即继续航行。①

2. 关于避免海难引起污染的措施

各国有为保护其海岸或有关利益，包括捕鱼，免受海难或与海难有关的行动所引起，并能合理预期造成重大有害后果的污染或污染威胁，而依据国际法，不论是根据习惯还是条约，在其领海范围以外，采取和执行与实际的或有发生的威胁的损害相称的措施的权利。②

3. 国际海事组织（IMO）所制订的诸多海洋船源污染的规范

由于大多数只受海运国家的重视，许多欠缺海运机能的沿海国家自始即未加入，因此，这些公约的规范原本并不能为世界上的多数国家所接受、适用。国际社会要想有效管理、防治海洋污染问题，除了要强调船旗国家的管理权利与义务外，各个沿海国家管理海洋污染问题的决心与权限，也至关重要。保护海洋环境的利益，经常与维护航行自由或其他利用海洋的自由相互冲突。船旗国与沿海国的利益有时也不一致，因此也常常需要保持两者的平衡。公约的这一做法就是要建立一个母法性质的保护伞，将各项技术性规范纳入各个签约国的国内法之中，而又不失去公约本

① 《联合国海洋法公约》第 219 条
② 《联合国海洋法公约》第 221 条

身的基本精神。

4. 管辖范围、管辖冲突以及管辖豁免问题

按照《联合国海洋法公约》的规定，船旗国可能管辖的污染种类主要是来自船只的污染、倾倒造成的污染、国家管辖的海底活动造成的污染以及来自“区域”内活动的污染。[①] 船旗国对各种情形污染的管辖都可能会与沿海国、港口国产生冲突。船旗国管辖的污染来自本国船舶，船旗国不可能对外国船舶，包括外国商船和外国军舰等公务船舶有管辖权。沿海国可能管辖的污染种类主要是来自船只的污染、倾倒造成的污染、国家管辖的海底活动造成的污染以及来自“区域”内活动的污染。[②] 沿海国对各种情形污染的管辖都可能会与船旗国产生冲突。沿海国管辖的污染既可能来自本国船舶，也可能来自外国船舶，包括外国商船和外国军舰等公务船舶。但对于军舰等公务用船的管辖，又涉及管辖权豁免问题。港口国可能管辖的主要是来自船只的污染、倾倒造成的污染、国家管辖的每底活动造成的污染以及来自“区域”内活动的污染。[③] 港口国对各种情形污染的管辖都可能会与船旗国、沿海国产生冲突。港口国管辖的污染主要是指来自外国船舶，包括外国商船和外国军舰等公务船舶的污染。但对于军舰等公务用船的管辖，也涉及管辖权豁免问题。港口国在对来自本国船舶源污染行使管辖权时，其港口国与沿海国的身份经常是重合的，尤其该港口是海港时。

三、防止海源污染国家管辖制度列举

（一）海洋资源开发勘探污染排放管辖制度

在国际海洋资源的开发方面，《联合国海洋法公约》是国际社会规范海洋资源开发活动主要法律制度，它通过建立专属经济区和大陆架资源开发新制度，以及确立人类共同继承财产概念在公约中的地位并将此概念用

① 《联合国海洋法公约》第十二部分第五节
② 《联合国海洋法公约》第十二部分第五节
③ 《联合国海洋法公约》第十二部分第五节

于“区域”制度，为国际社会加快海洋资源的勘探开发进程注入了力量。但是，在利用海洋、开发海洋的过程中，人类也必须学会善待海洋、保护海洋，用可持续发展的观点对待海洋勘探与开发，才是对待海洋的唯一正确认识。当前，善待海洋、保护海洋最重要也最棘手的一个问题就是防止海洋资源勘探开发对海洋环境的污染问题。

《联合国海洋法公约》强调，要“建立一种法律秩序，以便利国际交通和促进海洋的和平用途，海洋资源的公平而有效的利用，海洋生物资源的养护以及研究、保护和保全海洋环境”。

1. 海洋资源勘探开发及其污染排放对海洋环境的影响

海洋勘探开发活动涉及的范围很广，不仅包括海洋产业，如海上观光旅游、海水浴场、海水养殖等开发活动，也包括海堤、矿产资源的勘探开发工程项目建设等。考虑到惯例，海岸的有关工程项目建设造成的海洋污染问题已经在前述归于陆源污染部分，在此不予以赘述。海洋勘探开发活动对海洋环境的污染随着海洋资源开发力度的加大有加重的趋势，形势不容乐观。例如，随着《联合国海洋法公约》的生效由此而带来的公海传统捕鱼区的缩小，作为传统捕鱼业的重要替代方式，海水养殖也得到了很大发展。但是，这种以施放饲料、化肥、豆浆以及消毒用石灰、高锰酸钾等化学物质为主要方式的海水养殖过程，却造成了严重的海洋水质污染。据报道，我国每年大约有 80 亿吨的虾池废水被排入近海①，严重威胁到近海生物的生存和作为食品的质量安全。

2. 海洋资源勘探开发污染排放国家管辖分析

从总体上说，各国都应根据《联合国海洋法公约》第 194 条的规定，采取一切必要措施，确保在其管辖或控制下的活动的进行不致使其他国家及其环境遭受污染的损害，并确保在其管辖或控制范围内的事件或活动所造成的污染不致扩大到其按照本公约行使主权权利的区域之外。这些措施，其中就包括针对来自在用于勘探或开发海床和底土的自然资源的设施

① 阮春林、高之国：《世纪初的行动——海洋环境保护法的修改与完善》，载于《海洋开发与管理》，1999 年第 4 期。

装置的污染，特别是为了防止意外事件和处理紧急情况，促进海上操作安全，以及规定这些设施或装置的设计、建造、装备、操作和人员配备的措施；以及来自在海洋环境内操作的其他设施和装置的污染，特别是为了防止意外事件和处理紧急情况，保证海上操作安全，以及规定这些设施或装置的设计、建造、装备、操作和人员配备的措施。

具体来看，第一，国家管辖的海底活动造成的污染管辖问题。《联合国海洋法公约》第208条和第214条规定了国家管辖的海底活动造成的污染所应采取的措施。公约要求，沿海国应当制定法律和规章，以防止、减少和控制来自受其管辖的海底活动或与此种活动有关的对海洋环境的污染，以及来自其管辖下的人工岛屿、设施和结构对海洋环境的污染；各国应采取其他可能必要的措施，以防止、减少和控制这种污染；这些制定的法律、规章和采取的其他必要措施的效力不应低于国际规则、标准和建议的办法及程序。[①] 当然，在从事该活动的船只、平台属于沿海国时，不存在管辖冲突问题；但当船旗国与沿海国不是同一国家时，就产生了船旗国与沿海国的管辖冲突问题。

第二，对来自“区域”内活动造成的污染的管辖问题。在国际海底区域进行资源勘探开发活动必然会对区域海洋生态系统造成影响。对此，《联合国海洋法公约》首先要求缔约国对于国际海底区域活动承担相应的环境保护义务。《联合国海洋法公约》第209条要求各国制定法律和规章以防止、减少和控制由于悬挂其旗帜或在其国内登记或在其权力下经营的船只、设施、结构和其他装置进行的“区域”内活动所造成对海洋环境的污染。这种国内法律和规章的效力应不低于管理局所制定的国际规则、规章和程序。而且，经批准的先驱投资者必须遵守国际规定，严格进行开发前的培训。对未经培训或草率培训，或虽经培训却仍在勘探和开发中造成严重海洋环境污染的，各国可按本国法律严格追究行政责任、民事责任和刑事责任。[②] 从这一点看，船旗国对“区域”活动造成的污染及损害享有管辖权。但同时，《联合国海洋法公约》还特别通过国际海底管理局的建立为海底区域的环境保护提供了组织上的保证。《联合国海洋法公约》

① 《联合国海洋法公约》第208条

② 江伟钰：《海洋资源开发与环境保护》，源自检察日报正义网，2001年2月9日。

第 145 条规定：各国应按照本公约对“区域”内活动采取必要措施，以确保切实保护海洋环境，不受这种活动可能产生的有害影响。为此目的，管理局应制定适当的规则、规章和程序，以便除其他外：（a）防止、减少和控制对包括海岸在内的海洋环境的污染和其他危害，并防止干扰海洋环境的生态平衡，特别注意使其不受诸如钻探、挖泥、挖凿、废物处置等活动，以及建造和操作或维修与这种活动有关的设施管道和其他装置所产生的有害影响；（b）保护和养护“区域”的自然资源，并防止对海洋环境中动植物的损害。此外，《采矿守则》还应注意到区域活动对沿海国管辖区域环境可能造成的损害，规定沿海国有理由认为合同方的勘探活动可能对其海洋环境造成严重威胁时，可以将有关情况书面通知管理局秘书长，秘书长给予合同方及其国家以合理的机会对有关证据进行查验，并可提交自己的观测资料。如果确实存在可能造成严重环境损害的情况，秘书长则须视情况采取必要的措施。

3. 海洋资源勘探开发污染排放管辖的中国国家实践

我国关于海洋开发活动污染防治的法律规定主要体现在对海洋工程项目的污染防治上。《中华人民共和国海洋环境保护法》规定，应加强对工程建设项目污染防治的监督管理，海洋工程建设项目要符合海洋功能区划，实行环境影响评价制度和“三同时”制度等。

对于海洋工程建设中的海洋石油资源勘探开发，国务院于 1983 年专门颁布了《海洋石油勘探开发环境保护管理条例》。1990 年，国家海洋局又专门制定了《海洋石油勘探开发环境保护管理条例实施办法》。对铺设海底电缆管道等其他的海洋工程建设活动的环境污染问题，国务院于 1989 年颁布了《铺设海底电缆管道管理规定》，1992 年国家海洋局又制定了《铺设海底电缆管道管理规定实施办法》。

但从整体上说，我国有关防止海洋开发活动污染方面的立法相对薄弱，主要是集中在海洋石油勘探开发活动方面。随着我国对海洋生物资源和非生物资源的开发全面升温，除了传统的捕鱼、航运等产业外，养殖、娱乐、旅游、海水利用等新型海洋产业以及各种海洋科学研究活动必然日趋活跃。这些都对海洋环境带来很大的压力，亟待加强有关方面的海洋环境保护立法活动，以防止这些海洋勘探开发活动对海洋造成新的污染。

（二）海洋倾倒造成污染的管辖权

1. 防止海洋倾倒的国家管辖权解析

海洋倾倒与船舶排放等行为不同，是指任何从船舶、飞机、平台和其他海上人工构造物上有意地在海上倾弃废物及其他物质的行为和有意地在海上弃置船舶、飞机、平台及其他海上人工构造物的行为。为了防止、减少和控制倾倒对海洋环境的污染，按照海洋法公约制定的法律和规章，以及通过主管国际组织或外交会议制订的可适用的国际规则和标准①，对于在沿海国领海或其专属经济区或在其大陆架上的倾倒，应由该沿海国执行，对于悬挂旗籍国旗帜的船只或在其国内登记的船只和飞机，应由该船旗国执行，对于在任何国家领土内或在其岸外设施装载废料或其他物质的行为，应由该国执行。②

2. 防止海洋倾倒国家管辖的中国国家实践

为了加强对海洋倾废行为的管理，我国除了在《中华人民共和国海洋环境保护法》中对海洋倾倒行为做出规定外，还专门制定了《中华人民共和国海洋倾废管理条例》和《海洋倾废管理条例实施办法》具体对海洋倾废行为予以规范。为了防止境外污染转嫁，禁止境外的废弃物在我国管辖海域倾倒，这些禁止倾倒的外国废弃物包括弃置船舶、航空器、平台和其他海上人工构造物。对于违反规定倾倒者，主管部门可责令其限期治理，支付清除污染费，赔偿损失，并处以罚款。对在我国管辖海域以外倾倒废弃物，造成我国管辖海域污染损害的，主管部门可责令其限期清理、支付清除污染费、向受害方赔偿由此造成的损失，并视情节轻重和污染损害程度，处以警告或罚款。对于经过我国管辖海域运送海洋废弃物的人和船舶及其他载运工具，应当在进入我国管辖海域15天之前通报主管部门，同时报告进入我国管辖海域的时间、航线以及废弃物的名称、数量及成分。

---

① 1972年《防止倾倒废物及其他物质污染海洋的公约》等

② 《联合国海洋法公约》第216条

四、我国防止船源污染管辖的现状与对策

船舶造成海洋污染的管辖制度是一个较复杂的法律问题，既涉及海事立法国际化的要求，更涉及各国国内立法和利益，备受国际社会的重视。当今世界有关防止船舶污染海洋国际公约逐渐增多，管辖权问题和国际条约的适用范围问题逐渐凸显。因此，研究船源污染管辖制度的现状并提出应对之策，是一个具有实践意义的重大课题。

（一）行使防止船源污染管辖权现状及存在的问题

1. 行使船旗国管辖权现状及存在的问题

我国是航运大国，拥有庞大的商船队，始终积极行使船旗国管辖权。为了履行《联合国海洋法公约》规定的制订法律和规章以防止、减少和控制悬挂其旗帜或在其国内登记的船只对海洋环境的污染的义务，我国先后制定或修改了《海上交通安全法》《港口法》《防止船舶污染海域管理条例》《海洋倾废管理规则》《防止拆船污染海域管理条例》《船舶载运危险货物监督管理规定》《海洋环境保护法》等有关防止海洋船源污染的法律规章和《海洋石油开发工业含油污水排放标准》等环境标准。为了切实保障这些法律规章的有效执行，依法赋予海事局具体行使防治海洋船源污染的职责，严格海洋执法监督和管理整治。国家各级相应机关也根据《联合国海洋法公约》的要求，制定了国家级、地区级、港口级溢油应急反应计划，并着手建立健全油污损害民事赔偿责任基金制度和强制保险制度。

但是，在防治海洋船源污染方面，我们贯彻执行《联合国海洋法公约》还不够，与一些海运强国相比也还有差距。从法律体系上看，我国参加的一些国际条约未能及时转化为国内法。我国已经先后加入了《国际油污损害民事责任公约》《防止船舶污染国际公约》（MARPOL）等国际公约，但一些国内法规还没有按照有关的国际公约进行修订。因而一些先进的内容在我国目前的国内立法中还没有得到体现，如MARPOL73/78中对船舶结构和设备上的要求等还未被吸收到我国海船建造规范之中。有关污染民事赔偿责任制度、基金制度、强制保险制度尚未有效建立健全，并且

不同法律法规之间存在法律冲突，造成适用的混乱。

2. 行使沿海国和港口国管辖权现状及存在的问题

沿海国、港口国管辖权对防治海洋污染十分重要，尤其是对我们这样一个有着漫长海岸线的海洋大国。我国已经制订了以《海洋环境保护法》为龙头的防治海洋污染保护海洋的法律法规体系，这对于保护海洋环境起到了重要的作用。但是有关法律、法规之间存在法律适用多样，不统一，不利于执法，也影响了法律的严肃性。① 尤其是目前实施的《防治陆源污染物污染损害海洋环境管理条例》《防治海岸工程建设项目污染损害海洋环境管理条例》等多个涉及海洋环境保护的行政法规、环境标准，均制订于《海洋环境保护法》修订之前，没有根据新修订的法律进行修改和完善。而且，《海洋环境保护法》明确规定需要“国家制定”的相关法规至今没有出台。如海洋工程污染防治、海岸带环境管理等方面，需尽快出台相关法规予以规范。“海洋环境保护法”专设一章对防治海洋工程建设项目对海洋环境污染做出了规定，但我国目前只有《海洋石油勘探开发环境保护管理条例》是涉及海洋工程的，其他的海洋工程如铺设海底电缆、海底管道等还没有从法律层面上明确规范。

另外，海洋环境执法涉及的部门较多，彼此之间的职责和权限不够分明。在我国一些海域，类似的矛盾和纠纷很多，由于处理不好，结果是严重制约了各涉海行业的协调发展，甚至带来灾难性的后果。1998 年前后，大连航道、锚地被养殖侵占面积达 20 多平方千米，部分港区被侵占 40% 以上，造成旅顺军港船舶进出受到严重影响，被列入国家“特大事故隐患”之一；而辽宁庄河市兴建连岛大坝，隔断沿海正常海流，造成大坝两侧渔业资源急剧衰竭，当地海水养殖业遭受灭顶之灾。②

此外，我国已经将专属经济区、领海及其他管辖海域作为防止船源污染法律、法规的地理适用范围。但是，我国目前海事行政执法机构尚不具

① 学者郭萍的观点，引自徐祥民、张广海、田其云、桑红：《我国海洋发展战略的初步探讨——首届海洋发展论坛学术综述》，原文见中国海洋大学海洋经济与海洋法研究中心网站。

② 《〈海域法〉颁布实施快 3 年了，我国海洋管理仍是多龙“闹”海》，载于 2004 年 11 月 1 日《中国青年报》。

备对专属经济区、领海等港口外海域发生的违法行为进行有效监控的能力。2006 年 6 月，美国国土安全部海岸警备队“急流”号执法船访问青岛，这艘美国国土安全部海岸警备队主力执法船，船长 115 米，宽 13 米，满载排水量 3 300 吨，航速 29 节，续航能力高达 9 600 海里。[①] 美国海岸警备队还配备多架装有“空中慧眼”系统的监测飞机，以保证对 200 海里内海域环境进行有效监控。相比之下，中国海洋执法力量显得较为薄弱。我国海事主管机构主要依靠巡逻艇对海区实行巡逻监测，限于巡逻密度和巡航等级以及巡逻艇自身巡航能力、抗风等级等因素的影响，海事主管机构根本无法及时发现在专属经济区、领海等港口水域外海域内发生的外国船舶违反防污染法律法规的行为，导致国内相关立法未能发挥其应有的作用。1996 年，我国开始在天津试点实施港口国监督，至今沿海主要港口均开展 PSC 检查。但是，我国港口国监督存在国内立法不完善、检查范围狭窄、检查人员语言能力不强、信息不畅等问题，亟须加以解决。

(二) 行使防止船源污染管辖权对策

1. 行使船旗国管辖权策略

船旗国管辖原则对于海洋大国来说至关重要，用得好可以有效维护海洋权益，用不好可能造成不必要的冲突和纷争。我国是航运大国，随着航运业的发展，我国油轮船队不断扩大，各类油船广泛开展着海上石油运输业务。策略地行使船旗国管辖权，意义重大，为此应着重围绕以下三个方面做好工作。

第一，为更好地履行公约义务和防治船舶造成海洋污染，适应污染立法国际统一化的要求，应考虑逐步建立和完善我国防止船舶污染法律体系。《联合国海洋法公约》确认了船旗国制定法律法规，为悬挂其国旗的船舶或在本国登记的船舶制定标准的权力，但要求船旗国使其法律符合主管国际组织或一般外交会议所确立的普遍接受的国际准则和标准。因此，我们将建立的这个法律体系，首先，应符合《联合国海洋法公约》规定的

---

① 时永明：《海洋权益争端是对中国和平发展的考验》，《和平与发展》，2012 年第 5 期，第 12 页。

这个国际社会的最低标准，要对船体结构、污染物的地区性排放标准以及船员培训等方面提出更高的要求。其次，这个法律体系应包括防治船舶污染应急反应机制方面的法律规范和有关的污染民事赔偿责任制度、基金制度、强制保险制度等。最后，这个法律体系还应包括一些技术性的法律、规范，如水上污染应急反应体系及专家支持系统等，以利于及时有效地清除船舶造成的海洋污染。

第二，积极行使船旗国提起司法程序的权利。作为船旗国，我们必须在沿海国或港口国采取行动六个月内，积极就同样控告提出加以处罚的司法诉讼，而且不能一再不顾对本国船舶违法行为有效执行国际规则和标准的义务，否则，沿海国和港口国就有采取行动的权利。① 当然，在被按照公约的规定要求暂停进行司法程序时，应于适当期间内将案件的全部卷宗和程序记录提供早先提起程序的国家。② 而且，在船旗国提起的司法程序结束时，暂停的司法程序应予以终止，在这种程序中应收的费用经缴纳后，有关沿海国应向我国发还与暂停的诉讼程序有关的任何保证书或其他财产保证。另外，如果违反行为发生之日起满三年后，沿海国或港口国不应对悬挂我国旗帜的船只再提起加以处罚的司法程序，又在沿海国之一已提起司法程序的情形下，港口国或不得再提起这种程序，反之亦然。③ 当然，无论别国是否已经先提起过这种程序，作为船旗国我国仍可按照自己的法律，对船只依法采取任何措施，包括提起加以处罚的司法程序的权利。④

第三，从全局和长远考虑，我国应承认油船污染事故发生后，船旗国在一定的情况下负有国家责任。一般来说，对于船舶油污染事故中民商事范畴内的损害赔偿行为，国家一般不承担直接的责任。但是，一般认为，国家在防止损害的发生或惩治违法者方面未给予适当注意（due

① 《联合国海洋法公约》第 228 条第 1 款
② 《联合国海洋法公约》第 228 条第 1 款
③ 《联合国海洋法公约》第 228 条第 2 款
④ 《联合国海洋法公约》第 228 条第 3 款

diligence)，应承担国家责任。[①] 我国的《海洋环境保护法》《防止船舶污染海域管理条例》等法律、法规规定，国家海事行政主管部门依法负责中国籍船舶登记、发证、检查和进出港（境）签证；负责外国籍船舶入出境及在我国港口、水域的监督管理；负责船舶载运危险货物及其他货物的安全监督；组织实施国际海事条约；履行“船旗国”及“港口国”监督管理义务，依法维护国家主权；调查、处理船舶污染事故；在发生油污事故后，海事局应依法履行接受事故报告，做出事故评价，监督清污行为和效果等监督管理职责。从这个角度看，国家对防治船舶油污事故、监督管理油船和保护海洋环境负有重要的职责，一旦出现国家在防止损害的发生或惩治违法者方面未给予适当注意的情形，国家在相关民事赔偿中可能就要承担适当的责任。这里的“长远和全局”，主要是指与我国作为航运大国的地位相称、与向航运强国的目标迈进等情形。

2. 行使沿海国管辖权策略

我国作为沿海国家，受油污损害非常严重，目前，我国海域发生船舶污染事故的次数越来越多，据专家预测，未来我国也将是油污事故的多发区和重灾区。1983 年 11 月 25 日，巴拿马籍油轮“东方大使”号在青岛港中沙礁搁浅，造成胶州湾及附近 230 千米海岸线严重污染，是我国沿岸发生的最为严重、索赔数额最大的事故[②]；1999 年 3 月 24 日，台州东海海运有限公司所属的“东海 209”号轮与中国船舶燃料供应福建有限公司所属的“闽燃供 2”号轮在珠江口水域发生碰撞，船上所载重油部分泄漏入海，珠海市部分水域及海岸受到污染。珠海市淇澳管理区为清理油污付出费用 54 000 多元。[③] 因此，我国必须积极地研究沿海国、港口国管辖权问题，

① 依据《防止海洋油污的国际公约》《防止船舶造成污染的国际公约》《国际干预公海油污事件公约》《联合国海洋法公约》的要求，各缔约国对其所属的和进入其海域的船舶要进行统一的监督和管理。国家对以国家或政府名义所从事的、由国家正式授权并控制的行为，在其违背该国所承担的国际义务的情况下，应负国家责任。国际不法行为包括了对国际法的轻微违反到国际罪行等各种行为。如果船旗国没有履行或不适当履行自己所承担的管理油船登记、运营、事故处理等方面的职责（义务），其对由此造成的受害国的损害，应负国家责任。

② 吴焕宁主编：《海商法》（第二版），法律出版社，1996 年版，第 213 页。

③ 梅宏：《论船舶油污事故的责任主体及责任性质》，2003 年中国法学会环境资源法学研究会年会论文集，第 45 页。

以应不时之需。

第一，沿海国在制订有关法律和规章时必须考虑到某些因素。沿海国对其管辖的海域行使主权并制订法律来防止污染海洋环境是沿海国的权利。《联合国海洋法公约》规定沿海国制订涉及排放和航行办法的法律时，“不应要求外国船舶遵守一般接受的国际规则和标准以外的设计、建设、人员配备或装备标准”[①] 这种法律和规章应予以公布，不应存在歧视性条款，不应妨碍外国无害通过的船舶。[②] 因此，沿海国在制订法律时，应考虑该法律与国际法律和航行惯例相协调，不要为制订防止污染法律，而给自己管辖海域带来不便。[③] 我国在制订涉及船舶的结构要求、污染排放、倾倒、勘探或开发等特别规定的有关法律和规章时，必须考虑到这些因素。

第二，沿海国如何积极执行提起司法程序。《联合国海洋法公约》在赋予沿海国在领海内制订法律和规章以防止、减少和控制外国船舶造成的污染损害海洋环境的权利[④]的同时，规定对来自船舶的污染如果船旗国首先提起司法诉讼，其他国家应立即停止提起司法诉讼。这正是《联合国海洋法公约》妥协性的体现：一方面在权限上好像增加了沿海国管辖权而削弱了船旗国管辖权[⑤]，一方面又在行使上以船旗国管辖权限制沿海国的管辖权。这对沿海国行使船舶污染海洋环境的管辖权提出了挑战。虽然如此，但是作为沿海国必须清楚，外国船舶的违反行为致使其领海或管辖的海域发生遭受重大损失时，沿海国并无终止司法诉讼的义务。[⑥] 如果船旗国在沿海国或港口国采取行动六个月内，船旗国没有就同样控告提出加以处罚的司法诉讼，或船旗国一再忽视对本国船舶违法行为有效执行国际规则和标准的义务，沿海国和港口国可以采取行动；如果沿海国因这种污染损害而遭受重大损害，沿海国和港口国可以径行采取行动。[⑦] 而且，如果

① 《联合国海洋法公约》第 211 条第 6 款
② 《联合国海洋法公约》第 211 条第 4 款
③ 陈宪民：《论船舶造成海洋环境污染的管辖制度》，国际法论坛——华政国际法。
④ 《联合国海洋法公约》第 211 条第 4 款
⑤ 陈宪民：《论船舶造成海洋环境污染的管辖制度》，国际法论坛——华政国际法。
⑥ 陈宪民：《论船舶造成海洋环境污染的管辖制度》，国际法论坛——华政国际法。
⑦ 《联合国海洋法公约》第 228 条

船旗国提起的司法诉讼没有任何结论，沿海国或港口国可以重新提起司法诉讼，继续审理未结案的案件。所以，我国应积极研究这些相关问题，并做到灵活运用。

第三，沿海国应大力加强海上污染环境执法。建立统一的海洋事务管理体制以协调国家海洋战略是国际法和国际合作的基本要求，也是各国通行的做法。我国应在加快海洋立法的同时，统一海洋战略的实施、监督和管理，统一国家海洋管理权属、整合海上执法力量。

第六章　国家海上管辖权冲突研究

实践中，国家海上管辖权发生冲突的情况很多。本章着重研究的是确定国家管辖权依据的条约冲突（条约在适用、解释方面的冲突），以及条约外有关国家的权利冲突。

第一节　条约冲突

一、条约冲突

国家海上管辖权是国际管辖权的新发展，其依据是海洋法的有关条约及协定。而国际法条约的特点决定了这些条约往往不具有普遍的全局效力及统一性，因此，当这些条约内容矛盾时，必将导致国家在实施海上管辖权时发生冲突。例如，1958 年《公海公约》第 1 条规定，“公海”一词是指不包括在一国领海或内水在内的全部海域。1958 年公约反映了传统的海洋法律制度，即领海-公海制度，而 1982 年《联合国海洋法公约》第86 条做了如下规定：公海“适用于不包括在国家的专属经济区、领海或内水或群岛国的群岛水域内的全部海域”。换句话说，现在的公海是指沿海国内水、领海、专属经济区、大陆架和群岛国的群岛水域以外的全部水域。同时，1982 年公约《联合国海洋法公约》第 55 条规定：“专属经济区是领海以外并邻接领海的一个区域”，确定了沿海国关于专属经济区的管辖权。这就使得自领海基线量起的 200 海里海域在两个公约中的地位的矛盾，依据 1958 年公约，该区域为公海，各国享有公海自由权利，而依据 1982 年《联合国海洋法公约》，该区域为沿海国的专属经济区，沿海国享有专属的管辖权。

（一）法律分析

《维也纳条约法公约》第 30 条规定了有关“同一事项先后所定条约适用”的冲突规则，具体如下：

（1）以不违反《联合国宪章》第 103 条为限，就同一事项先后所定条约当事国之权利义务应依下列各项确定。

（2）遇条约订明须不违反先订或后订条约或不得视为与先订或后订条约不合时，该先订或先订条约之规定应居优先。

（3）遇先订条约全体当事国亦为后订条约当事国但不依第 59 条终止或停止施行先订条约时，先订条约仅于其规定与后订条约规定相合之范围内适用之。

（4）遇后订条约之当事国不包括先订条约之当事国时。

a. 在同为两条约之当事国间，适用第（3）项之同一规则。

b. 在为两条约之当事国与仅为其中一条约之当事国间彼此之权利与义务依两国均为当事国之条约定之。

（5）第（4）项不妨碍第 41 条或依第 60 条终止或停止施行条约之任何问题，或一国因缔结或适用一条约而其规定与该国依另一条约对另一国之义务不合所生之任何责任问题。①

1982 年《联合国海洋法公约》第 311 条规定了《联合国海洋法公约》同其他公约和国际协定的关系：

（1）在各缔约国间，本公约应优于 1958 年 4 月 29 日《日内瓦海洋法公约》。

（2）本公约应不改变各缔约国根据与本公约相符合的其他条约而产生的权利和义务，但以不影响其他缔约国根据本公约享有其权利或履行其义务为限。

因此，根据上述法律规定，在各缔约国之间，1982 年公约优于1958 年公约，即后法（优先）原则。

---

① 转引自［比］约斯特·鲍威林：《国际公法规则之冲突》，法律出版社，2006 年版，第 412 页。

（二）冲突之实践问题

1982年公约代表了现代海洋法律制度，反映了世界大多数国家的共同利益，受到了普遍的欢迎，截至2016年，共有167个缔约国（组织）。但是，美国、德国等一些发达国家，借口《联合国海洋法公约》第十一部分不能满足其要求，拒绝签署。从而产生了所谓公约的“普遍性”问题，这些国家在实践中仍然以1958年签署的《领海及毗连区公约》《公海公约》作为行动依据，美国认为：“缔约双方无权独自达成协议减少第三者的权利，亦无权把双方的愿望强加给第三者，海洋法大会及有意成为缔约国的国家都未被准予全球范围的立法权……美国将继续按照国际法行使自己的权利及履行自己的义务。”① 为此，美国坚持在别国的专属经济区内行使公海的权利。美国认为：“公约中所阐述的概念承认海岸国家对经济区内资源的利益，并准许该国对经济区内有关资源活动行使管辖权。同时，所有国家在经济区内继续享有传统的公海自由权利：航海权、航空权、铺设海底电缆和管道权，以及其客观存在于公海自由权有关的任何合法的公海使用权，这些权利无论从质上、还是从量上都与传统的公海自由权利一样。军事演习、训练活动历来被国际社会公认为是对公海的合法使用……”②

基于此种理论，美国在实践中多次侵犯我国海洋权益。2001年3月至7月美国海军“鲍迪奇”测量船，未经我国政府批准，先后3次擅自闯入黄海我国管辖海域进行军事测量活动，我军舰以及海监船前往现场驱赶。2001年4月1日美间谍飞机在我国海域内进行侦察，酿成了中美撞机事件。在两国关于上述事件的磋商中，我国根据1982年《联合国海洋法公约》指出美国在我专属经济区行为的违法性，美国则以1958年《公海公约》为自己在我国专属经济区的行为进行辩解，从而出现了同一事件中存在两个判断标准的矛盾。

对于上述冲突，从法律上来分析，中国不是1958年《公海公约》的

---

① 参见《美国海上军事行动法指挥官手册》，于世敬、张菊芬等译，海军军事学术研究所，1993年版，第334页，“ASI-2美国有关答辩权的声明，美利坚合众国（1983年3月8日）缔约国的权利和义务”。

② 同上。

缔约国，而美国又没有签署 1982 年《联合国海洋法公约》，该条约冲突不能适用《维也纳条约法公约》第 30 条的规定，不能用法律冲突规则来解决。中美关于专属经济区的分歧，从形式上看，是双方依据的权利依据不同，发生冲突，而实质上反映的是国家之间的政治冲突，尤其是美国等一些推行霸权主义政策的国家与广大发展中国家之间意志冲突。因此，这些冲突的发生与存在，与国家之间政治方针、国家根本利益、国家的综合实力等因素密切相关，单单依靠法律不能解决问题。美国不承认别国对专属经济区的管辖权，却宣布了自己专属经济区和大陆架，享受公约确定的权利，却拒不履行公约规定的义务，将自己本国的意志强加给广大缔约国家。美国追求的就是“法外权利”，就是要在双方适用的法律体系不同的环境下，实现其霸权利益。

（三）对策分析

国际法无法强制美国缔结《联合国海洋法公约》。政治问题需要政治手段来解决，要依靠发展中国家的进一步团结与发展，从总体上制约、反对霸权主义来实现。实践中发生的各类冲突，各国国家意志冲突的具体表现，其联系点是双方的具体行为，冲突各方只有通过对具体行为的处置进行磋商解决。应当承认，在现代国际环境中，法律上的权利必须与具有强制力的实力联系起来才有意义，对海洋权益的维护，还必须依靠国家对海洋国土的实际控制能力。正如美国军事历史专家艾尔弗雷德·塞耶·马汉所说：“光有法律而没有力量就得不到公正；法律的合理与否虽不取决于力量，但其有效性要由后者赋予。”鉴于我国实际情况，我国在实践中可以适当考虑设立军事警戒区①、防空识别区②等相关区域，以维护国家的海洋权益。

二、条约适用之冲突

关于军舰是否同商船一样享有无害通过领海权利的问题，国际上一直存在着争论，各国的实践也不尽相同。第一次和第三次联合国海洋法会议均对这一问题进行了长时间的讨论，仍然未能消除分歧，达成协议。在一些国家的坚持下，《领海及毗连区公约》和《联合国海洋法公约》以相同的文字规定，所有国家的船舶均享有无害通过领海的权利③，而没有区分军舰和商船。一些反对给予军舰无害通过权的国家分别对《领海及毗连区公约》和《联合国海洋法公约》的有关条款提出了保留或发表了解释性声明。④

中国在批准《联合国海洋法公约》时附带有如下声明："《联合国海洋法公约》有关领海内无害通过的规定，不妨碍沿海国按其法律规章要求外国军舰通过领海必须事先得到该国许可或通知该国的权利。"⑤《中华人民共和国领海及毗连区法》第6条规定："外国军用船舶进入中华人民共和国领海，须经中华人民共和国批准。"

但是，这些国家对于领海无害通过的声明或说明遭到了美国等一些国

① 我国政府曾宣布过军事警戒区；台湾1992年7月31日公布的《台湾地区与大陆地区人民关系条例》第29条也规定了一些针对我国大陆地区人民的"限制或禁止水域""台北飞行情报区性质区域"。朝鲜于1977年8月1日由其人民军事最高司令部发布公告，宣布建立"军事警戒线"此军事警戒线在东海（日本海）方面，从领海的基线计算宽达50海里，在西海（黄海）部分则与其经济水域重叠。在军事警戒线内禁止外国飞机、船舶未经许可进入。越南也在其领海外宣布了安全防御区。

② "防空识别区"是指沿海国为了国家安全，要求对航空器能立即识别、定位和管制而划定的空域。这种空域一般为毗连领空但在领空以外的一带空域。美国于1950年12月22日、加拿大于1951年5月12日分别设立了防空识别区。此外，还有澳大利亚、缅甸、韩国、古巴、芬兰、希腊、印度、冰岛、意大利、日本、利比亚、巴拿马、菲律宾、泰国、土耳其等国家也都设立了防空识别区。

③ 参见《领海及毗连区公约》第14条第一款；《联合国海洋法公约》第17条。

④ 按照《联合国海洋法公约》第309条、第310条规定，对该公约不容许做出保留，但是，可对它做出声明或说明。傅崐成编校：《海洋法相关公约及中英文索引》，厦门大学出版社，2005年版，第113页。

⑤ 全国人民代表大会委员会关于批准《联合国海洋法公约》的决定（1996年5月15日）。

家的反对。美国认为“军舰或其他非商务性质的政府船只进入某沿海国家的领海前，该沿海国可以要求对方预先通知和申请批准。这种论点与公约中有关无害通过条款的含义是相违背的”。[①] 在实践中他们也采取了一系列的行动主张他们的理论。

1986 年 3 月，美国海军两艘军舰突然闯入苏联领海内距其军港 6 海里处，苏海军措手不及，动用了各种电子设备，结果全部被美舰截获。1988 年 2 月 12 日，美国海军 3 艘巡洋舰和驱逐舰借口“维护无害通过权”，又闯入苏联领海距塞瓦斯托尔军港 7 海里处。苏联则以“侵犯领海且有危险动作”为由，命令两艘护卫舰前往拦截。苏舰先向美舰发出“我舰奉命撞击你舰”的信号，见美舰无反应，便全速撞击上去，结果双方各有损伤。这就是发生在美国与苏联之间的“黑海事件”。

（一）法律分析

《联合国海洋法公约》第 311 条第 3 款、第 4 款规定：“3. 本公约两个或两个以上缔约国可订立仅在各该国相互关系上适用的、修改或暂停适用本公约的规定的协定，但须这种协定不涉及本公约中某项规定，如对该规定予以减损就与公约的目的及宗旨的有效执行不相符合，而且这种协定不应影响本公约所载各项基本原则的适用，同时这种协定的规定不影响其他缔约国根据本公约享有其权利和履行其义务。4. 有意订立第 3 款所指任何协定的缔约国，应通过本公约的保管者将其订立协定的意思及该协定所规定对本公约的修改或暂停适用通知其他缔约国。”

由于美苏“黑海事件”等一系列冲突的发生，美苏双方终于同意就军舰无害通过问题和避免危险军事行动问题进行谈判。1989 年 9 月 23 日，双方签署了“关于无害通过的国际法规则的联合的共同解释”，该解释除确认了国际法有关船舶在领海内无害通过的规则规定与 1982 年《联合国海洋法公约》中特别是第二部分第三节的内容外，还对以下几项内容加以明确：（1）所有船舶，包括军舰，不论其货物、军械或推进方式如何，均

---

① 参见《美国海上军事行动法指挥官手册》，于世敬、张菊芬等译，海军军事学术研究所，1993 年版，第 334 页，“ASI-2 美国有关答辩权的声明，美利坚合众国（1983 年 3 月 8 日）缔约国的权利和义务”。

根据国际法享有无害通过领海的权利，无须事先通知或批准；（2）对船舶的特定通过是否为无害还有疑问的沿海国，应将其怀疑的原因通知该船，并应给予该船机会说明自己的意图或在合理的短时间内改正自己的行为；（3）行使无害通过的船舶应遵守沿海国制定的与反映在1982年公约第21条、第22条、第23条和第25条中有关无害通过的规则一致的所有法律和规章。包括：船舶在行使无害通过权通过领海时应使用可能为保护航行安全而规定的海道和分道通航制。在规定了海道或分道通航制的区域，船舶仍享有无害通过权；（4）如果军舰有违反法律或法规或所列非无害的行为，或没有根据要求采取正确行动，正如1982年公约第30条所规定的，沿海国可要求其离开领海。在这种情况下，该军舰应立即这样做；（5）为了不使沿海国和船旗国行使的权利受到损害，所有可能由于船舶通过领海引起的特殊案件应通过外交途径或其他同意的方式解决。

（二）实践分析

在领海无害通过权问题上，由于以美国为首的发达国家的坚持，沿海国在关于军舰无害通过领海的声明及解释性说明，在法律上约束力不强；各国捍卫领海主权的决心应与沿海国根据法律所规定的捍卫领海的主权权利的具体措施结合来实现。《联合国海洋法公约》确立了沿海国对其领海享有海上航行和空中飞行管辖权、海洋环境保护和保全管辖权、国防保卫权等。沿海国可以扩大对领海以外海域的防范范围，对可能或声明进入本国领海的军舰进行管辖，根据国防安全、环境保护等需要，划定航道，全程控制。就我国而言，在领海，我国享有排他的主权权利，这种权利及于领海的上空、海域和底土。外国船舶只享有无害通过权，外国军用船舶和飞机未事先通告经我国政府批准，不得进入我国领海和领空。公约第25条第1款规定：“沿海国可在其领海内采取必要的步骤以防止非无害的通过。”一般认为，“必要的步骤”应包括：就有关事项制定法律和规章（第21条）；指定或规定海道和分道通航制（第22条）；暂时停止外国船舶的无害通过（第25条）；在特定的情况下，行使刑事管辖权（第27条）；要求军舰立即离开领海（第30条）。

因此，一切违反无害通过规定的行为及违反我国法律的行为都要追究其责任，一切损害我国权益的行为都是对我国主权的侵犯，对于违反公约第19条第2款所列12项内容的行为均不能视为无害通过，我海军有权采取各种手段进行制止、反击（享有豁免权的船舶除外）。

三、条约解释之冲突

（一）条约解释冲突之产生

海洋法是各国统治阶级海洋意志较量与妥协的产物。由各国利益所左右，国际法规则在制定时为妥协各方矛盾，往往会对一些具体问题进行回避。从而导致“国际法规则和内容经常模糊不清”①；导致国际法在实施的过程中，出现了标准不统一、法规不确切、理解不一致等问题。条约在具体适用、解释中也会发生冲突。

例如，如何解决海岸相向或相邻国家间因各自主张的专属经济区和大陆架相互重叠而产生的划界问题，国际海洋法没有具体的标准。在第一次和第三次联合国海洋法会议上，与会国家就此问题观点严重分歧。一些国家坚持主张按照中间线或等距离原则划界，认为中间线或等距离原则是最公平、最合理的客观标准；另一些国家则认为，由于各个海域的情况十分复杂，以中间线或等距离线划界可能导致不公平的结果。他们主张在考虑到一切有关情况的前提下，按照公平原则进行划界。在争论双方不能达成协议的情况下，会议上主席提出了一折中案文并获得了通过。

《联合国海洋法公约》第83条第1款的折中案文：“海岸相向或相邻国家间大陆架的界限，应在国际法院规约第38条所指国际法的基础上以协议划定，以便得到公平解决。”措辞与关于专属经济区划界的第74条第1款相同。公约没有对大陆架划界规定一个具体的标准或原则，实践中大陆架划界依据十分宽泛，包罗了条约（例如1958年《大陆架公约》）、国际法院判决（例如北海大陆架案）和习惯法，还提出了“公平解决”的准绳或标准。

① ［比］约斯特·鲍威林：《国际公法规则之冲突》，法律出版社，2006年版，第111页。

（二）冲突之案例——北海大陆架案

西德与丹麦、荷兰在北海大陆架的划界问题上发生了争执。西德认为，在习惯国际法中没有等距离原则，而且用这种方法划分北海大陆架疆界对西德来说是极不公平的。由于西德的海岸是凹形的，其海岸线向内弯曲很大，如果按照等距离原则来划分大陆架对它很不利，而丹麦和荷兰则坚持适用等距离原则。1966 年三国进行了进一步的谈判而未能使问题获得解决。1967 年 2 月 20 日，西德分别同丹麦、荷兰签订特别协定，将划分北海大陆架的争端提交国际法院解决。当事国要求国际法院指明应适用的国际法原则和规则，并承诺将按照国际法指明的原则规则来协商划界。

国际法院将两案的诉讼结合起来，所以法院对两案只做出一个单一的判决。1969 年 2 月 20 日，法院以 11 票对 6 票判定，西德没有义务在划分大陆架时接受等距离原则。划界应考虑到一切有关情况，依照公平原则，通过协议来划定，使构成当事国陆地领土海底自然延伸部分的大陆架归其所有。本案涉及国际法的主要问题是在相邻国家之间的大陆架划界应遵循什么原则。

1. 等距离原则不是大陆架划界一项习惯国际法规则

国际法院在判决中并未接受西德以其特定形式提出的论点，驳回了它要分得“公正和公平的一份”的要求，因为划界不等于把一共同的大陆架瓜分，而只是在相互关系上公平地确定现存的本国大陆架的边界。

法院在判决中也否定了丹麦和荷兰关于该项划界应依 1958 年的日内瓦《大陆架公约》第 6 条中的等距离原则加以解释的论点，因为西德未批准这一公约，在法律上并不受第 6 条规定的约束。况且，等距离原则并非划分大陆架界线固有的原则。在两个或两个以上的国家相互接壤的同一个大陆架区域时，不得单独使用一种几何学的方法，若利用等距离法在两个相向的海岸之间划出中间线时，在正常情况下，这种方法能把这块大陆架公平划分，若把这种方法用在两侧边界时，在某种沿岸地形结构（凹面形海岸线即海岸的一些基点突出）下，该方法很有可能把边界线推向被认为是其他国家领土自然延伸部分的两侧海区。所以，等距离的划界方法并不是必须遵守的，也没有在一切情况下都必须遵守的其他单一的划界方法，所以在划界时应考虑到一切有关情况。

2. 公平原则是划分大陆架疆界的原则

1958年《大陆架公约》第6条所指的原则即相邻国家按等距离原则来划界，这个原则不是一项习惯国际法规则，这是因为：（1）批准的国家尚属有限；（2）公约允许对第6条保留；（3）除公约外以及在签订该公约以后，没有普遍和实际统一的实践说明了这一原则已取得普遍的承认。因此，没有任何证据证明，一定有义务使用等距离原则来划分相邻国家之间的大陆架疆界。如果不顾现实情况，硬把等距离原则适用于某些地理环境，那就可能导致不公平。法院在判决本案中提出了按公平原则划分大陆架的疆界，对大陆架划界的发展产生了重要的作用，得到了广大沿海国家，特别是第三世界国家的重视。在第三次海洋法会议上通过的《联合国海洋法公约》中确立了根据公平原则来对大陆架的划界，从而成为一个被普遍接受的基本规则。在此，该公约所强调的"公平"二字，它不仅指必须采取公平的划界方法，更重要的是要达到公平的结果，这种结果不是意味着有关国家不顾一切情况的平分，而是要维护大陆架同陆地领土的自然延伸关系的事实，并使这一事实变成法律事实。由于国际法院在判决本案中提出的依公平原则划界的原则，也就否定了等距离原则作为强制性习惯国际法规则的主张。

国际法院做出判决后，西德、丹麦和荷兰三国经过谈判，于1971年1月28日，分别签订了西德、丹麦、荷兰三边议定书。根据三边议定书，西德与丹麦、西德与荷兰签订了双边条约，分别调整了彼此在北海的大陆架疆界，从而使西德同丹麦、荷兰之间的大陆架划界争端获得解决。

第二节　条约之外的冲突

国际法学者鲍威廉曾分析指出："规则之冲突可以概括为一国或几个

国家的权利和义务的冲突，尽管不总是契约性的。”[①] 事实上，各国海上实践活动中，还存在着规则之外或契约之外的冲突。例如专属经济区军事利用权利问题。

专属经济区制度是一项全新的海洋法制度。专属经济区不是领海也不是公海，而是一种由专属经济区所属国和其他国家同时享有海洋权益的“自成一类”海域。在第三次联合国海洋法会议讨论专属经济区的法律地位时，对于专属经济区剩余权利的归属，各国存在不同的主张。一些国家坚持专属经济区应是公海的一部分的主张，他们认为，沿海国在专属经济区内的权利必须严格加以限定，所有其他剩余权利应当归于国际社会。这种观点受到许多发展中沿海国家的反对，这些国家从专属经济区是沿海国国家管辖区域的观点出发，主张把沿海国以外的其他国家在该区域内可以享有的权利一一规定清楚，而一切未经特别规定让予这些国家的其他剩余权利均归沿海国所有。肯尼亚代表在会上发言强调，专属经济区应是以经济为目的的国家主权区域，在该经济区内，沿海国不仅对一切资源享有主权，而且对保护这些资源行使专属管辖权。因此，列举沿海国在这个区域内的权利和义务是不恰当的。相反，会议倒是应当把国际社会将在这个区域内享受什么权力和利益列举清楚。会议没有采纳这一正确建议，而是像在许多其他问题上一样采取了调和折中的办法。在《联合国海洋法公约》中用列举的方式分别规定了沿海国和其他国家在专属经济区内的权利和义务，而没有把《联合国海洋法公约》明确规定的这些权利以外的剩余权利归属于沿海国或其他国家的任何一方。由于公约对专属经济区的军事利用等剩余权利未做出规定，而是在第 59 条规定了在各国利用专属经济区产生矛盾的解决方法。[②]

一、剩余权利法理分析

剩余权利就是法律未加明文规定或禁止的权利。国家权力以法律明文规定（授权）为限，不允许对国家权力作扩张解释和推定，亦即国家机关

① ［比］约斯特·鲍威林：《国际公法规则之冲突》，法律出版社，2006 年版，第 14 页。
② 傅崐成编校：《海洋法相关公约及中英文索引》，厦门大学出版社，2005 年版，第 21 页。

及其工作人员不能行使法律未规定的权力，否则构成越权。一般来说，法律未加明文规定或禁止的权利（即我国学者所谓的“剩余权利”），原则上公民都可以行使。也就是说，权利并不以法律的明文规定为限，在一定的原则前提下可以从权利、义务、职权、职责、法律原则以及事实状态中推定公民所享有和应当享有的权利。①

剩余权利原则是由人民主权原则派生的。也就是说，凡没有在宪法中明确的公共权力同样应当属于人民。剩余权利原则也是与人民主权原则密切相关的，它是主权作为权力与权利的结合体的又一种逻辑演绎形式。也就是说，宪法作为人民之间的总契约，肯定了公民的基本权利，也明确了公民的基本义务。② 从逻辑上来看，凡宪法上没有禁止的，公民都是可以做的，但以符合一定的法律原则为前提。

照此逻辑演绎推理，专属经济区海洋法中的剩余权利应是现代海洋法（主要是《联合国海洋法公约》）中没有明确规定或没有明令禁止的那部分权利。对于这部分权利，虽然法律没有明确权利的归属，但不意味着它们不存在，更不意味着可以任意行使，剩余权利的行使也必须符合海洋法规定的相关原则。

从法理上分析，权利可以表述为“法律保护的利益”，或法律所保护的为了实现某种利益的可能性（包括作为、不作为）。权利与义务相对应，权利可以选择、可以放弃，而义务不可以选择更不允许放弃，必须履行。剩余权利仍应是“法律保护的利益”，但与其他权利相比较，其权利主体、权利内容不明确。国家可以不主张这些权利，但是，一旦国家主张这些权利，或在行使权力发生纠纷时，应当分析剩余权利的行使是否有国际法原则依据，是否违背了国际法。另一方面，权利的内容应当是明确、具体的，权利的行使及维护也应于法有据。这里的法律既包括国际法，也包括国内法。

二、专属经济区剩余权利的归属分析

沿海国主张专属经济区内剩余权利，应当宣告。根据《联合国海洋法

① 周忠海：《科技与海洋法》，泰山出版社，1998年版。

② 吴双全、陈威等：《国际法前沿》，人民法院出版社，2005年版，第99页。

公约》规定，沿海国对专属经济区的权利基于直告，也就是说，沿海国在专属经济区内享有的权利不是固有的，而是在宣布了本国的专属经济区之后才享有的，这是专属经济区与大陆架的不同之处。同样，沿海国主张专属经济区剩余权利，也应明确宣告，因为《联合国海洋法公约》并未明文规定出专属经济区剩余权利的内容和归属，沿海国对专属经济区的宣告只能使其当然享有《联合国海洋法公约》明确规定的专属经济区的权利义务，对于专属经济区内的剩余权利并不当然享有。沿海国只有通过宣告明确主张剩余权利，才能使专属经济区内剩余权利有了主体及内容上的归属，才能行使权利，维护权利。以专属经济区上空的法律地位为例：《联合国海洋法公约》规定，专属经济区宽度自领海基线量起不超过200 海里，包括水体、海床及其底土。对于专属经济区上空的法律地位，公约第 58 条第 1 款规定，他国“在本公约有关规定的限制下，享有第 87 条所指的航行和飞越自由”。但公约规定：“各国在专属经济区内根据本公约行使其权利和履行其义务时，应适当顾及沿海国的权利和义务，并应遵守沿海国按照本公约的规定和其他国际法规则所制定的与本部分不相抵触的法律和规章。”美国与加拿大等国宣告了关于“防空识别区”的法律。美国将识别区扩大到海岸线以外数百千米上空，所有飞机必须在进入识别区以前向美方提交飞行计划。以美国为飞行目的地的外国飞机还必须在飞入识别区以前报告飞机的方位，否则将受到美国飞机的拦截。① 由于在国际上未受到反对和异议，至今已有 20 多个国家建立了类似的防空识别区。② 实际上《联合国海洋法公约》并没有禁止设立类似于美国的防空识别区。一旦一个国家设立了防空识别区，属于沿海国制定的法律制度，它就享有了相应的权利，其他国家如不明确反对，就有义务遵守，从而使权利的行使及维护有了明确的法律依据。为了维护国家安全及专属经济区合法权益，中国有必要对专属经济区上空进行国内立法，特别是针对外国航空器在该区域内的活动进行规制，从而在国际法许可的范围内，最大限度地维护我国的国家安全利益。

---

① 赵维田：《国际航空法》，社会科学文献出版社，2000 年版，第 24 页。

② 万霞：《中美撞机事件的国际法分析》，《中国国际法学会“21 世纪与国际法的发展”武汉研讨会论文集》，2001 年版。

2013 年 11 月 23 日，中华人民共和国政府按照国际通行做法，划设东海防空识别区。依据中华人民共和国国防部发布的东海防空识别区航空器识别规则，中华人民共和国东海防空识别区具体范围为以下六点连线与中国领海线之间空域范围：北纬 33 度 11 分、东经 121 度 17 分，北纬 33 度 11 分、东经 125 度 00 分，北纬 31 度 00 分、东经 120 度 00 分，北纬 24 度 45 分、东经 123 度 00 分，北纬 26 度 44 分、东经 120 度 58 分。中国政府划设东海防空识别区的目的是捍卫国家主权和领土领空安全，维护空中飞行秩序。

三、适用于专属经济区军事利用的国际法原则

剩余权利的行使必须依据国际法原则，才能于法有据。专属经济区军事利用权属于《联合国海洋法公约》无明确规定权利归属之剩余权利，根据公约和现代公认的国际法基本原则，适用于专属经济区军事利用的原则主要有：只用于和平目的；不进行武力威胁或使用武力；不干扰沿海国行使权利。

（一）“只用于和平目的”的原则

《联合国海洋法公约》第 88 条规定“公海应只用于和平目的”，又在第 58 条规定其他国家在专属经济区的权利和义务中明确其他国家在利用沿海国专属经济区时应遵守本规定，从而将“海洋只用于和平目的”的原则适用于专属经济区。此外，公约序言还宣布缔约国“认识到有必要通过本公约，在妥为顾及所有国家主权的情形下，为海洋建立一种法律秩序，以便利国际交通和促进海洋的和平用途”。那么，“和平目的”到底指何物呢？

在第三次联合国海洋法会议上，与会国家对“和平目的”曾有过争论。一种观点认为，和平目的就是非军事化，即全面禁止为军事目的而使用海洋；另一种观点则认为，一种海洋军事活动是否为和平目的，决定性的因素是军事活动的目的是不是防御性的，或者是否与《联合国宪章》相符；还有一种观点认为，“和平目的并不一般地禁止沿海国和其他国家进行军事活动。公约规定海洋专为和平目的使用，只不过使利用海洋的国家

承担不做侵略性利用海洋的义务而已”。在其他国际法文件中，关于“和平目的”的解释也曾有两种：其一是完全非军事化。1959年《南极条约》对和平目的的解释就是如此。其二是禁止被列举的军事措施或活动。

上述观点都有些片面。其他国际公约对“和平目的”意义的规定又有其特定的用意和特定的历史背景，因而不具有普遍意义。诚然，《联合国海洋法公约》没有对“和平目的”做出明确的解释，但它毕竟是一项法律规范。它一旦列入公约，就必然会产生相应的法律效果。所以，我们只能按公约本身的宗旨和目的，通过对有关条文进行善意的解释来理解其意义。

“和平目的”有实质内容、形式意义和指称对象三个方面的意义。从其实质内容看，它既不是完全非军事化，也不仅限于“非侵略性”；从其形式意义上看，它是对特定的海军活动、海上事件和海上行为进行综合定性分析的法律原则和标准；从其指称对象看，它对处于不同的利益态势下的沿海国和其他国家具有不同意义。因而，综合分析，“和平目的”可以理解为：不炫耀武力，不以特定的国家或地区为对象进行海军活动，以及不破坏正常的海洋法律秩序和沿海国的安宁。显然，这样的“和平目的”才是其他国家在沿海国专属经济区内进行一切活动时必须遵守的首要原则。

（二）“不进行武力威胁或使用武力”的原则

《联合国海洋法公约》第301条规定：“缔约国在根据本公约行使其权利和履行其义务时，应不对任何国家的领土完整或政治独立进行任何武力威胁或使用武力，或以任何其他与《联合国宪章》所载国际法原则不符的方式进行武力威胁或使用武力。”将适用于一般国际关系的国际法基本原则列入海洋法公约，是为了在一切海域和所有海洋法问题上贯彻这一原则。这种规定使“使用海军的武力威胁或使用武力”的方法，不能作为解决国际海洋争端的方法。不进行武力威胁或使用武力的原则是一项支配整个公约的国际法基本原则，当然也适用于专属经济区。因而，同样适用于其他国家在沿海国专属经济区内的一切活动。

（三）“不干扰沿海国行使权利”的原则

专属经济区是国家管辖下的海域。沿海国在该海域享有主权权利和专属管辖权。而其他国家在该海域也享有一些与专属经济区制度不相抵触的权利。在这种权利并存的情况下，《联合国海洋法公约》第56条规定“沿海国在专属经济区内根据本公约行使其权利和履行其义务时应适当顾及其他国家的权利和义务，并应以符合本公约规定的方式行事”；第58条规定“各国在专属经济区内根据本公约行使其权利和履行其义务时，应适当顾及沿海国的权利和义务，并应遵守沿海国按照本公约的规定和其他国际法规则所制定的与本部分不相抵触的法律和规章”。[①]

这两项“适当顾及”条款并不意味着沿海国行使权利与其他国家行使权利发生冲突时两者处于同等地位。沿海国在专属经济区内权利的广泛性和权利的主权性，足以使其在权利冲突的场合处于优先地位。由此可见，“不干扰沿海国行使权利”是其他国家在专属经济区内行使航行和飞越等自由时必须遵守的另一项基本原则。

上述三项原则是专属经济区制度的支柱原则，因此，它们既适用于专属经济区内的非军事活动，当然也是指导、制约和限制专属经济区内军事活动的法律原则。

四、沿海国对专属经济区的军事利用

依据上述原则，对于沿海国来讲，由于其在专属经济区内所享有权利的主权性与广泛性，具有管辖权，因而沿海国应有权利用专属经济区开展军事活动，并有权对其他国家的军事利用进行监督、对违法军事利用予以干预、管理。

（一）沿海国在邻近其海岸的公海特定区域进行海空军演习、训练或武器试验是传统的做法

通常情况是有关国家公开宣布某特定区域为危险区，通告外国船舶和飞机在一定时期内勿进入该地区。有的国家，如美国，还专门立法宣布其沿岸的若干区域，包括领海以外的区域，至少在短时期内是危险区。

---

① 傅崐成编校：《海洋法相关公约及中英文索引》，厦门大学出版社，2005年版，第20页、第21页。

因此，沿海国对自己的专属经济区水体进行军事利用，如设立军事训练区、演习、武器试验等，只要不影响其他国家的航行和飞越，是不违反国际法的。

沿海国在利用专属经济区进行军事活动时，要按照《联合国海洋法公约》第56条第2款的规定，“适当顾及其他国家的权利和义务”。

（二）沿海国对他国在其专属经济区的军事利用可以行使管辖权

管辖权是行使与实现权利的保障，凡享有权利的地方就必然伴有必要的管辖权，这是行使与实现权利的必然要求。《联合国海洋法公约》第300条规定：“缔约国应诚意履行根据本公约承担的义务并应以不致构成滥用权利的方式，行使本公约所承认的权利、管辖权和自由。”《联合国海洋法公约》第304条规定：“本公约关于损害赔偿责任的条款不妨碍现行规则的运用和国际法上其他有关赔偿责任的规则的发展。”因此，如果各国在沿海国专属经济区内“滥用权利”，违反了《联合国海洋法公约》的有关规定，沿海国有权依法予以管理，对造成损害或损失的，有权获得赔偿。

五、其他国家对专属经济区的军事利用

其他国家在别国的专属经济区内进行海军临场①、海空军演习和武器试验等军事活动的合法性在国际法上有争论。在1958年日内瓦海洋法会议上，苏联等三国曾建议在规定公海自由的条款中列入下列条款：“在靠近外国海岸或位于国际海道上的公海中不得指定海上或空中靶场或其他战斗训练区域。”这个提案被否决了。有的研究者认为“这似乎构成一个决定性的证明，肯定了为军事目的偶尔对通行做排他性的控制是合理的”。但是，这个提案本身也表明，至少在靠近外国海岸的公海进行军事演习、操练等活动的合法性是有争议的。

在学术界，一些法学家认为国家对别国专属经济区的军事利用行为是

① 海军临场是指向有关沿海国显示实力，其目的可以是对沿海国进行武力威胁以影响其决策，也可以是表示支持，无论目的如何，都是一种干涉沿海国内政的行径。参见邵津的《专属经济区和大陆架的军事利用的法律问题》，载于1983年中国国际法年刊，第184页。

合法的。例如法国的杜普伊和英国的布思就持这种观点。苏联的科巴列夫也持类似观点。但也有一些法学家认为不能一概而论，而得用前述国际法原则对具体的行为进行分析和评判。我国国际法学家邵津先生就持这种观点。他认为：首先，国家在别国专属经济区内进行海空军演习、操练或武器试验等军事活动，必然会在某种程度上干扰沿海国行使主权权利；其次，国家在别国专属经济区进行的各种军事活动，其背景条件、宗旨目的、针对性、规模和性质等诸要素都有不同，因而应区别对待。如果有关军事活动是出于友好目的，那么其本身就无可非议。但如果是在这种幌子下进行"海军临场"或准备"向海岸抛出兵力"，就显然另当别论；最后，如果在别国专属经济区内的海军行动，是对沿海国国家领土完整或政治独立进行武力威胁或使用武力，或以任何其他与《联合国宪章》所载国际法原则不符的方式进行武力威胁或使用武力，就是违反国际法。这种观点符合国际法的一般原则，是对国际法法律现实客观合理的理解和解释。具体来说，由于其他国家在沿海国专属经济区所享有的权利的非主权性与有限性，其军事活动必然要受到一定限制，只能对他国的专属经济区进行有限的军事利用，并且应按照上述原则和规则利用。

（一）军用船舶和飞机享有有限制的航行与飞越自由

由于专属经济区具有特殊的法律地位，是沿海国的一个管辖海域，不具有公海传统的航行与飞越自由，因而其航行与飞越必然要受到有关规则的限制。根据《联合国海洋法公约》第 58 条第 1 款规定，他国"在本公约有关规定的限制下，享有第 87 条所指的航行和飞越自由"。根据本条第 3 款和第 301 条规定，这种限制主要表现在：要适当顾及别国的航行与飞越自由；要遵守沿海国制定的与本公约规定和其他国际法规则不相抵触的法律和规章；不得对沿海国的主权与安全构成威胁；不得妨碍沿海国依法行使的主权权利和管辖权，以及其他权利的行使；不得对海洋环境造成污染等。

（二）享有海难救助的权利和义务

海难是与《联合国海洋法公约》第 58 条第 1 款规定的航行与飞越对"船舶和飞机的操作"以及与海洋环境相互作用而发生的海上事故。根据国际人道主义法的规定，任何船舶和飞机包括军用船舶和飞机均有权利也有义务救助在海上遇难的船舶和飞机，而不论这种船舶和飞机是本国的还是他国的。因此，他国的军用船舶和飞机享有在沿海国专属经济区救助遇海难的船舶和飞机，以及营救遇险者的权利和义务。但这种救助不包括打捞自沉以外的海底沉船沉物，打捞自沉以外的海底沉船沉物应按照沿海国法律规定，办理必要手续。

（三）享有紧追、登临和拿捕权

此项权利是公约为维护本国的法律和规章以及海上良好秩序，而授予军舰和军用飞机以及专为政府服务的国有船舶和飞机的一项权利与义务。根据《联合国海洋法公约》第 58 条第 2 款关于“第 88 条至第 115 条以及其他国际法有关规则，只要与本部分不相抵触，均适用于专属经济区”的规定。他国军用船舶和飞机在沿海国专属经济区内，对所发现的《联合国海洋法公约》第 99 条至第 111 条规定的违法事项，可以对违法的船舶和飞机行使紧追、登临和拿捕的权利。该项权利应针对从事海盗、贩卖奴隶、非法贩运麻醉药品或精神调理物质、从事未经许可广播且有管辖权、没有国籍或虽悬挂外国旗帜或拒不展示旗帜而疑为军舰同一国籍的船舶行使。应注意的是，他国军用船舶和飞机对违反本国法律和规章的船舶紧追应在紧追不间断的情况下进行，且不得对沿海国在专属经济区行使的主权权利和管辖权有不当干扰。

（四）不享有军事演习、武器试验和军事侦察权

主要因为：一是由于专属经济区已不具有公海和公海海底的法律地位，因而依据《联合国海洋法公约》第 58 条第 1 款的规定，他国在其上进行军事演习、武器试验和军事侦察等应是受到限制的活动。二是由于沿海国对专属经济区的自然资源享有主权权利和管辖权，而这种权利具有广泛性，因而他国在其上进行军事演习、武器试验和军事侦察活动必然会对沿海国行使主权权利造成干扰，因此它是属于《联合国海洋法公约》第 58 条第 2 款规定的与专属经济区的规则“相抵触”的活动。三是针对沿海国的军事侦察既是一种侵权活动，又会对沿海国的安全构成潜在威胁；军事

演习和武器试验活动是一种使用武力的军事行动，存在有借军事演习和武器试验之名对沿海国进行入侵的可能性，会对沿海国的安全构成现实威胁，因而它是与《联合国海洋法公约》第 301 条“缔约国在根据本公约行使其权利和履行其义务时，应不对任何国家的领土完整或政治独立进行任何武力威胁或使用武力，或以任何其他与《联合国宪章》所载国际法原则不符的方式进行武力威胁或使用武力”的规定相悖的。因此，他国未经沿海国同意，在沿海国专属经济区及其上空进行军事演习、武器试验和军事侦察活动应是被禁止的。但如果相邻或相向的国家，由于专属经济区较窄，经双方同意，在对等、相互通报和不干扰对方行使其主权权利和管辖权等条件下，其军事演习或武器试验扩展到对方专属经济区及其上空空域，则应是可以考虑的。

（五）不享有安置军事装置、设施和武器的权利

禁止在专属经济区设置核武器或大规模毁灭性武器，已有 1972 年 5 月 18 日生效的《禁止在海床洋底及其底土安置核武器及其他大规模毁灭性武器条约》做出了规定。该条约第 1 条第 1 款规定，禁止在“海床洋底及其底土埋设或安装任何核武器或任何其他类型的大规模毁灭核武器以及专为储存、试验或使用此种武器而设计的结构、发射装置或任何其他设备”。那么，设置常规军事装置或武器是否可以呢？根据专属经济区的法律地位，沿海国对其享有权利的主权性质和管辖权，他国在其上设置常规的军事装置或武器也是不允许的。设置这种装置或武器不仅会影响或妨碍沿海国行使主权权利和管辖权，而且也会对沿海国的安全构成严重威胁。根据《联合国海洋法公约》第 60 条和第 80 条关于人工岛屿、设施和结构的建造与使用规定，沿海国在专属经济区内不仅享有为经济目的专属建造并授权和管理建造、操作和使用设施和结构的权利，而且根据《联合国海洋法公约》第 60 条第 1 款（c）项规定，沿海国还享有专属权利管理“可能干扰沿海国在区内行使权利的设施和结构”的权利。因此，作为设施和结构的一种，他国在沿海国专属经济区内建造、安装和使用军事设施、装置或武器，必须经沿海国允许，否则是违反国际法的。

（六）不享有设置军事区的权利

按照军事用途，军事区可分为军事演习区、武器试验区或危险区和军事禁区包括禁航区、禁飞区等区域。根据对本部分第（四）项的讨论，由于在沿海国专属经济区进行军事演习和武器试验应是被禁止的，因而在其上设置军事演习区、武器试验区或危险区当然是不允许的。至于设置军事禁区问题，由于非沿海国在沿海国专属经济区享有的权利是非主权性的，不具有管辖权，因而无权在其上设置军事禁区。即使是设置临时性军事禁区也是不可以的。在沿海专属经济区设置军事禁区，不仅侵犯了沿海国享有的主权权利和管辖权，而且也妨碍了别国在其上的航行与飞越。

（七）不享有军事海洋科学研究与测量权

军事海洋科学研究与测量活动属于军事准备的范畴。他国军用船舶和飞行器在沿海国专属经济区进行军事海洋科学研究与测量活动，必然是针对沿海国的军事行动做准备的，对沿海国的安全构成了潜在威胁。若他国军用船舶和飞行器以非军事目的的名义，在沿海国专属经济区进行海洋科学研究活动也是不允许的。海洋科学研究同其他科学研究一样，无论是基础科学研究，还是应用科学研究，它既可为经济目的服务，又可为政治、军事目的服务，纯科学研究是不存在的。军队作为一国的武装力量在他国专属经济区进行海洋科学研究，其目的必然与军事用途相关，不符合《联合国海洋法公约》第 240 条（a）项“海洋科学研究应专为和平目的而进行”的原则。尽管世界上国际法学界对“和平目的”有不同的解释和定位，但无论如何不能说一国的海上武装力量到他国的专属经济区进行海洋科学研究是与“和平目的”相容的。根据《联合国海洋法公约》第 56 条第 1 款（b）项和第 246 条第 1 款规定，沿海国对在其专属经济区的海洋科学研究享有管辖权。按照公约第 246 条第 2 款规定，“在专属经济区进行海洋科学研究，应经沿海国同意”。因此，他国军用船舶和飞行器无权在沿海国专属经济区进行海洋科学研究，即使事先提出申请，沿海国也有权依据公约第 246 条第 5 款（d）项规定因“研究计划的性质和目标的不正确”而不予批准。

六、关于我国专属经济区军事利用的思考

海洋的军事利用从来是与执行国家对外政策的任务联系在一起的。新中国成立以后，我国来自海上的威胁十分严重。一些海洋强国如美国的海军已经在我专属经济区内进行了大量的军事水文测量和海洋科研活动，为其在我沿海地区活动的军用船舶和飞机提供海上航行、隐蔽、侦察、通信、布雷等各种军事活动所需要的情报资料。为加强对专属经济区军事利用的管理和控制，维护我国在专属经济区的海洋权益和安全利益，在发展壮大我海上实力的同时，有必要制定专属经济区军事利用的法律、法规和规章，来规范我国海上各项制度，为我国专属经济区权利行使、维护提供法律依据。

我国专属经济区军事利用立法可以采取全国人大常委会制定法律与军队制定军事法规、军事规章相结合的形式进行，力求形成一套完整的关于专属经济区军事利用的法律法规体系。

由全国人大常委会在《中华人民共和国专属经济区和大陆架法》的基础上，继续制定如：《中华人民共和国专属经济区交通安全法》《中华人民共和国专属经济区科学研究法》等法律，规范专属经济区的“航行和飞越自由”、海洋科学研究等与军事利用有关的活动，明确中外海军在专属经济区的基本权利和义务；也可以采取修改《中华人民共和国专属经济区和大陆架法》的形式，在其中加入与军事利用有关的条款。

根据有关法律规定，中央军事委员会有权制定军事法规，中央军事委员会各总部、军兵种、军区，有权制定军事规章。我国专属经济区军事利用立法的基本内容除了明确有关军事利用的指导原则（如和平利用、适当顾及等）、纠纷处理机制外，主要是对中外军队在专属经济区的权利和义务进行规范，包括我国对专属经济区的军事利用和外国对专属经济区的军事利用两个方面。

立法应规定我国有权在专属经济区进行海空军演习、训练或武器试验等军事活动，只要不在国际航行必要的公认海道上，不严重影响其他国家的航行和飞越。立法可规定，我国有权为军事利用目的，公开宣布某特定区域为危险区，通报外国船舶和飞机在一定时期内勿进入该海域。立法可

规定，外国不得在我国专属经济区内进行海军临场、设立海上靶场，进行海空军事侦察、海空军事演习和武器试验等军事利用。在和平时期不得在我国专属经济区内对我国国家领土完整或政治独立进行武力威胁或使用武力。其他国家在我国专属经济区行使权利和履行其义务时，应遵守我国的有关法律和规章。

第七章　海上武装冲突与国家海上管辖权

海上武装冲突对和平时期的海上交通运输及中立国贸易往来带来很大影响，由此影响着国家海上管辖权的各个方面。对海上武装冲突中国家海上管辖权的研究，意味着依次考查海上武装冲突行为对交战国和中立国权利义务以及这两种国家相互间的贸易关系的影响，以及由此导致的交战国和中立国海上管辖权所发生的变化。主要文件是海牙公约和日内瓦公约两大系列。1994 年的《圣雷莫海上武装冲突国际法手册》虽然从法律上讲不具有约束力，但反映了现代国际社会对海上武装冲突的要求，也作为研究本章的依据。

第一节　海上武装冲突及其法律制度

一、海上武装冲突界定

海上武装冲突属于武装冲突的一部分。国际红十字会委员会在 1949 年日内瓦公约共同第 2 条的评述中，将“武装冲突”定义为：产生于两个国家之间并导致其武装部队成员介入的任何纠纷就是武装冲突，即使冲突一方否认存在战争状态。冲突持续时间的长短，冲突的残酷程度与冲突的定性没有关系。① 因此，对于海军而言，两个或两个以上国家海军兵力之间的冲突就是该定义所指的武装冲突。②

海上武装冲突依据其是否符合国际法规定的战争要素可以分为战争状

① Jean S Pictet 编：《国际红十字委员会对日内瓦第二公约的评释》，1960 年版，第 28 页。

② 任筱锋、杨晓青译：《圣雷莫海上武装冲突国际法手册》，海潮出版社，2003 年版，第 79 页。

态下的海上武装冲突与非战争状态下的武装冲突。

（一）战争状态下的海上武装冲突

战争状态下的海上武装冲突，必须具有以下特征。

（1）海上武装冲突是发生在国家之间或者其他的国际法主体之间的战斗。这使海上武装冲突区别于一国内部发生的武装冲突，即内战。不过，如果内战发展到很大的规模，内战中反政府一方被本国政府或其他国家承认为交战团体或叛乱团体，这意味着反政府一方取得了国际法上的地位，此时的内战亦可视为国际法上的武装冲突。

（2）海上武装冲突是交战双方在海上使用武力的剧烈争斗。它不仅是交战方之间武力行使的集中表现（海上武装冲突往往是一种伴随有武力冲突的暴力表现形式），而且只有当这种武力冲突发展到一定的规模和持续一定的时间才形成海上武装冲突的法律状态。此特点构成战争状态下海上武装冲突定义中的客观因素。基于此，偶然发生的短暂的海上边界冲突等战事，不构成国际法上战争状态下的海上武装冲突。

（3）海上武装冲突的一个明显特征为它是一种海上武装冲突状态，即与海上和平状态相对的一种法律状态。而海上武装冲突状态与一般的敌对行动的根本区别，在于冲突各方的意图，具有战争意图的武装冲突才能构成海上武装冲突状态。这是战争状态下海上武装冲突概念中的主观因素，它可以通过交战方的宣战声明它有发动海上武装冲突的意愿来表现。这也是区别海上武装冲突与武力报复的界限之所在。海上武装冲突是一种法律状态，这使战争状态下海上武装冲突与非战争状态下海上武装冲突区别开来，非战争状态下海上武装冲突只是在海上使用武力而产生的事实状态。

（4）作为一种法律状态，海上武装冲突将导致一定的法律后果，比如两国间外交关系的断绝、条约关系的变化以及两国间敌性问题的产生，等等。而且，海上武装冲突的法律状态有始亦有终。在传统国际法上，海上武装冲突的开始必须通过宣战。海上武装冲突一旦开始，海上武装冲突法和中立法开始适用，而和平时期有效的规则（即国际法中的和平法或平时法）就大多不能适用。

(二) 非战争状态下的海上武装冲突

非战争状态下的海上武装冲突，是指国家与国家或国家与政治集团间在海上偶发或持续时间较短，规模有限的一种武装冲突。非战争状态的海上武装冲突常常是不宣而战，不产生战争状态的全部法律后果，不遵循战争的法律程序，敌对双方事实上发生武装冲突后，不严格或不全部执行海战法和海战中立法，交战国之间仍保持着正常的政治、外交、经济及有关条约关系，与邻国及非交战国之间，也不会适用中立法，交战国不能在公海对非交战国的船只、飞机行使战时临检、拿捕等权利。海上武装冲突事实上停止后，也不严格按战争与武装冲突法来处理战争后果。本书中所研究的海上武装冲突是指战争状态下的海上武装冲突。

二、海上武装冲突法律制度

虽然在现代国际法体系中，禁止战争、禁止使用武力和武力相威胁已成为联合国组织及其会员国的行动原则之一，战争已不是一个国家的权利。但是，在现代社会又不能消灭战争（武装冲突），所以，国际社会要求无论战争的性质是否合法，一旦战争或武装冲突发生，都要受战争法（武装冲突法）的约束。

海上武装冲突中主要适用战争法中的海上武装冲突法（海战法）和中立法。国际法中的和平法或平时法内容如与战时法规冲突，将不适用，导致海上武装冲突中国家海上管辖权制度与和平时期国家海上管辖制度的不同。为此，研究海上武装冲突法律制度是分析海上武装冲突中海上管辖权的前提。

(一) 海上武装冲突法概念

海上武装冲突法（海战法），属于海上战时法规，是规范和限制各国在海战中交战行为的原则、规则、制度及习惯的总称。海上武装冲突法属于战争法（武装冲突法）的一个子法，战争法（武装冲突法）的基本原则和陆战法规在海战中也必须遵守，不得与之相违背。1907 年海牙和平会议文件中提到：“在任何情况下，国家在海战范围内尽可能适用陆战法规与惯例的原则。”但是，海战与陆战相比，毕竟在作战手段和方法上存在着特殊性，因此，作为海战的行动规则，海上武装冲突法也有其自身的特殊性。

海上武装冲突法的内容主要包括：海战区域（the zones of naval warfare）、海战中各种舰船的法律地位（the position of all kind's ships at the naval warfare）、海战中各类人员的法律地位（the position of all kind's person at the naval warfare）、海战中作战手段和方法的限制（the restriction to the methods and means of naval warfare）、海上中立（the naval neutrality）、海战中的违法犯罪（the illegal conduct and crime at naval warfare）等方面。

（二）海上武装冲突法的渊源

海上武装冲突法的渊源包括海战法规和海战惯例。

1. 海战法规

从总体上看，海上武装冲突法规主要集中在两大法规系列。一是海牙型法（Hague law），它包括：（1）1899年的主要的海牙公约（大多已为1907年海牙公约取代和充实）；（2）1923年在海牙起草的空战规则及与特殊武器有关的各种条约。“海牙型”法主要是针对负有指挥职责的指挥官制定的，它重视交战国在战争上的需要，侧重于规定战斗行为所许可的场所和范围、所允许进行战斗的人员的范围，以及作为战斗手段所许可的武器种类和战斗方法的法律。二是日内瓦型法（Geneva law），它包括：（1）1864年、1906年和1929年日内瓦公约（现在已经被1949年日内瓦公约取代或充实）；（2）1949年日内瓦公约及1977年关于日内瓦公约的两个附加议定书。日内瓦型法规从人道方面考虑较多，主要是规定脱离战斗的伤病员、遇船难者、战俘及平民等人道待遇的法律。

目前，海牙型法与日内瓦型法最初的明显区别正逐渐弱化。出现了由海牙法和日内瓦法条款构成的混合型法，主要包括：（1）1954年保护文化财产海牙公约；（2）1949年日内瓦第一附加议定书。国际法学界普遍认为，1949年日内瓦公约、1977年关于日内瓦公约的两个附加议定书和1982年的《联合国海洋法公约》是现代海战和海洋法规的主体，是现代战争条件下海上作战和活动的主要国际法律依据。

2. 海战惯例

国际法上的惯例是各国的一般实践被接受为法律的。[①] 各国的长期实践和这种实践的被接受为法律是形成惯例的两个不可分的因素。[②] 海战惯例就是各国在海战及海上武装冲突中反复实践并被接受为法律的实践。如使用假旗的惯例。在海战中，军舰为了追赶敌船，企图逃跑或为了诱使敌舰前来作战，可以冒挂敌国或中立国的国旗，但在攻击敌舰前必须换挂本国国旗以显示国籍，这样攻击才合法，否则即为非法。同样，一艘战舰把它的外表伪装成别的样子，甚至伪装成一艘商船也是允许的，只要它在开火前挂起海军舰旗。商业船只也可以用这一方法自由地欺骗敌方的远洋舰。假旗问题已成为各国默认的惯例，大多数国际法学者在他们的著作中都承认这个问题，实践中也有不少事例。1977 年的日内瓦公约议定书以条约的形式确认，海战中不同于陆战的使用假旗的习惯规则是合法的、生效的。

3. 海上中立

海上中立制度属于中立制度的一部分，是中立制度的重要内容，是中立规则在海战中的具体适用。

中立是指不参加战争的国家对交战国所持的立场。战争爆发时第三国是否采取公正不偏的态度，不是国际法问题，而是国际政治问题。因此，中立制度是和国家主权紧密相连的。而海上中立则是国家选择中立立场以后，在国家主权支配下，由交战权与通商自由权相互协调的产物。

为协调二者的关系，海上中立法律制度确定了交战国与中立国的法律地位。

海上武装冲突中中立国的义务。概括地说，中立国的义务可以包括两个方面：第一，对交战国按照公正不偏的态度行事；第二，默许任何一个交战国有权因破坏封锁或企图破坏封锁、运载禁制（运）品，或对敌国做

① Hazeltine：The Law of the Air，p. 27-31.

② 周鲠生：《国际法》，商务印书馆，1976 年版，第 1 页。

非中立役务等行为惩罚中立国商船，并因此而对这种船舶进行临检、搜索以及最后拿捕。

交战国的权利与义务。在海战中，交战国和中立国的权利和义务，是相互的。交战国负有的义务有两个方面：第一，中立国有权要求每一交战国的行为必须与他们公正不偏的态度相符合，因此，交战国也必须对中立国按照他们的公正不偏的态度行事；第二，不得禁止中立国与敌国交往，特别是不得禁止他们与敌国之间的商务。

三、海上武装冲突中的法律适用

海上武装冲突属于战争的一种形式。国际法上的战争是指两个或两个以上的国家或其他国际法主体之间使用武力而引起相当规模的武装冲突，并由此产生的法律状态。海上武装冲突（海战）作为战争的一部分，必然要受到战争法的调整。

战争在国际法上的地位经历了一个从合法到非法的过程。传统国际法对使用武力不加任何限制。近代国际法受国家绝对主权观念的影响，认为“诉诸战争权”（jus ad bellum）是主权国家的固有权利。在 20 世纪之前或者更确切地说，在国际联盟成立以前，诉诸战争在国际法上一直是一种合法程序。但 20 世纪以来，1919 年的《国际联盟盟约》部分禁止战争，1928 年的《凯洛格-白里安公约》（即“巴黎非战公约”）普遍禁止战争，而 1945 年的《联合国宪章》则普遍禁止在国际关系中使用武力或武力威胁，彻底否定了国家诉诸战争的权利。

然而，国际实践中，为了规避国际法，避免中立义务，同时为那些不参战的国家有不遵守中立义务的借口，发动战争的国家往往不宣而战，甚至否认它有开战的意图，由此而出现的“伪装的战争”愈益增多。鉴于此种情形，现代国际法淡化了战争的形式要件，使战争的概念变得宽泛，《联合国宪章》之后，许多国际文件都不再使用战争概念，而以“武装冲突”取而代之。由于此缘故，“战争法”在现代国际法中常被称为“战争与武装冲突法”或“武装冲突法”。

在海上武装冲突中的法律适用，应注意以下几个方面。

首先，法律的适用与交战双方是否承认武装冲突的存在无关、与战争的性质无关。在任何武装冲突中，交战双方在战争中必须遵守交战规则，并且，双方在适用战争法方面地位是平等的。武装冲突法要求，交战双方从使用武力之时起就应适用法律，其目的，是确保限制双方交战行为，确保冲突各方不能以否认武装冲突存在为借口而不遵守这些法规。为了明确在战争中法律的适用，人们将国际法中关于战争的法律区分为开战法（即关于在什么条件下允许一个国际法主体诉诸武力的国际法规则的总体）和战时法（也就是指适用于参加国际性武装冲突方之间相互关系的国际法规则的总体，简单说来，就是指战争法规和战争惯例）。虽然现代战争法（武装冲突法）对国家发动战争的权力进行了限制，但交战中交战规则还继续适用，并且随着现代武器装备的发展而有所发展。同时，交战国在战争中适用法律是平等的。这条原则在对待应负一场非法战争责任的侵略国时也同样起作用。1947 年 3 月 26 日，德国基尔上诉法院在其对加布的判决中着重地确认了这一原则："1939 年战争是违反国际法的，因为它违犯了 1928 年的《凯洛格-白里安公约》，德、波互不侵犯条约，以及其他一些国际约定。但是，在国际法文献中，人们始终承认即使是一场非法战争，也始终是国际法意义上的战争，它产生一场战争的一切后果。"①

其次，战争法公约适用的界限——普遍参加条款在现代国际法中已弱化。早期关于战争法的所有海牙公约都包括有这么一个条款。即普遍参加条款或连带责任条款。该条款声称，公约只有"在所有交战国都是公约缔约国时"，才能在缔约国中适用（关于陆战法规和陆战惯例的 1899 年 7 月 29 日公约第 2 条和 1907 年 10 月 18 日第四公约第 2 条，关于在海战中采用 1864 年 8 月 22 日日内瓦公约原则的 1899 年公约第 11 条以及 1907 年第十公约第 18 条，关于陆战中中立国家的权利和义务的 1907 年第五公约第 20 条，关于战争行动开始时敌方商船制度的 1907 年第六公约第 6 条，等等）。这个普遍参加条款在后来的公约中不再出现了，在第一次世界大战中，它为中欧国家提供了一个非常便利的借口，以此来不执行上述公约的规定。德国作者曾提出，海牙公约从 1917 年 8 月 8 日起就停止适用了，因为那一天是利比里亚参战日，而该国并不是上述公约的缔约国。类似的

① ［法］夏尔·卢梭：《武装冲突法》，张凝、辜勤华等译，中国对外翻译出版公司，1987 年版，第 18 页。

理由在第二次世界大战中又被重新提出，原因是意大利这个从来没有批准过一个1907年公约的国家，它却参加了战争。但是，纽伦堡国际军事法庭却在1946年10月1日的判决中宣布对捷克斯洛伐克这个非签署国适用海牙公约。在第一次世界大战后所缔结的条约和战争法规中，均不再包括这一原则，而只是强调缔约国相互遵守的义务。这种变化反映了战争不可能局部化，战争将有向全面战争、世界战争发展的趋势。第二次世界大战以后，1949年日内瓦第四公约和其他一些战争法规也都删除了这一普遍参加条款。1994年制定《圣雷莫海上武装冲突国际法手册》的与会专家认定，人道主义法的适用不局限于缔约国，也不受冲突方是否承认武装冲突的存在的约束。《圣雷莫海上武装冲突国际法手册》第1条规定：海上武装冲突各方，从使用武力之时起，受国际人道主义法的原刻和规则的约束。实质上："虽然日内瓦公约第2条只明确提及冲突一方不承认战争状态存在的武装冲突，但该解释通常也适用于冲突各方都不承认战争状态存在的武装冲突。"①

最后，海上武装冲突中中立规则的适用。在战争状态下的海上武装冲突中，中立法规在战争开始后适用，在非战争状态下海上武装冲突中中立法规是否适用，应根据武装冲突的实际情况而定。1994年起草《圣雷莫海上武装冲突国际法手册》与会专家认为：虽然可以明确，一起武装冲突中的冲突各方自使用武力之时，就有义务尊重国际人道主义法的保护性规则。但是，与中立国义务有关的所有传统国际法规则是否也同时自动运行则不甚明确。这一点与交战国对中立的商业航运进行经济战的传统权利和中立国关于交战国使用其管辖下海域的中立义务有关。虽然，本手册明确指出此规则（中立规则）的适用并不依赖正式的战争状态的存在。但是，国家实践、尤其第二次世界大战以来的国家实践表明，这些传统规则并不是战事一发就全部自动适用。因而，不能一般地认为，中立规则可自动适用于任何规模时限的武装冲突。然而，很显然，一个交战国一旦对中立船

① 任筱锋、杨晓青译：《圣雷莫海上武装冲突国际法手册》，海潮出版社，2003年版，第77页。

舶或飞机采取了经济战措施，中立规则就必须得到尊重。[①]

第二节 海上武装冲突中的特殊管辖

海上武装冲突中，国家海上管辖权因交战行为而有所改变，其重点内容集中在交战国的交战权和中立国通商交往权的协调上。因此，围绕此重点展开的国家海上管辖在法律渊源、管辖范围、管辖内容及执行管辖等方面均与平时有所不同，形成了海上武装冲突中特殊的管辖制度，出现了海上武装冲突中国家在海上特殊的管辖权。

一、海上武装冲突中的交战权

交战权是交战国通过各种合法手段取得战争胜利的权利，只要国际法允许国家在一定条件下（比如在自卫的条件下）可以使用武力，那么这种交战权就在相应程度上是国际法所允许的。至于这种交战权的合法性是基于自卫权、自保权还是不受限制的绝对战争权，则由国际法各个发展时期的不同情况决定。[②] 交战权包括根据军事必要原则，使用武力征服对方，打击敌国经济、军事或其他有利条件的权利，同时也包括阻止敌国从别国得到各种有利条件的权利。在海上武装冲突中，传统国际法在承认战争权的情况下，允许交战国采取军事行动，用攻击、封锁、布雷等手段打击敌国军事目标，同时，也允许交战国阻止敌国从其他国家获得经济援助，即允许交战国采取禁运、封锁、临检、捕获等一系列密切相关的管辖措施。

国际法上的管辖权依据来源于国际条约和惯例，海上武装冲突中国家管辖权的来源是战争法及各国在战争中形成的国际惯例。[③] 尽管现代国际法对开战权进行了限制，但海上武装冲突中各方的交战权依旧存在，只要武装冲突存在，无论战争的性质如何，交战方都平等地拥有交战权。1994

① 任筱锋、杨晓青译：《圣雷莫海上武装冲突国际法手册》，海潮出版社，2003 年版，第 78 页。

② [法] 夏尔·卢梭：《武装冲突法》，张凝、辜勤华等译，中国对外翻译出版公司，1987 年版，第 79 页。

③ 任筱锋、杨晓青译：《圣雷莫海上武装冲突国际法手册》，海潮出版社，2003 年版，第 83 页。

年的《圣雷莫海上武装冲突国际法手册》的与会代表认为："交战权平等地适用于冲突双方，而不论冲突何方是侵略者的原则在国际法中早已确立。"第二次世界大战以来的许多战犯法庭在其审判中都重申了这一原则。在1945年以后发生的武装冲突中，几乎所有国家也都接受了这一原则。1974—1977年外交会议对武装冲突法是否应平等适用于冲突双方而无须区别侵略国和受害国问题进行了深入的辩论。辩论的结果是在第一附加议定书序言中增加了一段重申平等适用原则的内容。①

二、交战国阻止敌方获得援助的权利

由于战争的胜败与经济有着密切的关系，因而交战国之间的经济战越来越成为战争中常见的作战样式，其作战手段和方法就是对敌国进行禁运、封锁，阻止非交战国向敌国运送货物。

（一）禁运权

禁运权主要指交战国依据交战权，禁止中立国向敌国运送绝对禁运品或相对禁运品，从而阻止敌国从其他国家获得经济或军事援助的权利。交战国实施禁运的根据是什么，应该是一个值得讨论的问题。1856年《巴黎会议关于海上若干原则的宣言》第2条和第3条规定：中立国旗帜掩护敌方货物，战时违禁品除外；在敌国旗帜下的中立国货物不受拿捕，战时违禁品除外。这一规定被认为是交战国有权实施禁运的国际法上的依据。《伦敦宣言》第二章以"战时禁运品"为题，规定各交战国可以按照该章的规定实施禁运，如果该宣言生效，即成为禁运权的实定法依据。由于这个宣言并未生效，因而没有拘束力。但是，在实践中，从未有国家对交战国实施禁运的权利提出过怀疑，所以，可以认为，交战国实施禁运的权利来自习惯法。《伦敦宣言》正是作为习惯法的一个参考。

（二）临检权

临检，是指交战国军舰对中立国船舶进行登临和检查，以查明这些船

---

① 任筱锋、杨晓青译：《圣雷莫海上武装冲突国际法手册》，海潮出版社，2003年版，第83页。

舶是否构成破坏封锁、运载禁运品、从事非中立役务。它实际上不是一项独立的措施，而是禁运、封锁、禁止非中立役务的辅助措施，也是捕获的一个程序。

交战国对中立国船舶的临检权在实践中早已得到公认。正如临检不是一项独立措施一样，临检权也不是一种独立的权利，它包含在交战国对破坏封锁、运载禁运品和从事非中立役务的中立国船舶可以加以惩处的权利之中。临检权只能由交战国军舰行使，交战国商船以及在中立国船舶上押运捕获品的交战国军人，均无权对其他中立国船舶进行临检。这已成为惯例。

交战国的以下行为构成对临检权的滥用。

（1）在没有战争或战争停止的情况下行使临检权。根据《联合国海洋法公约》第110条的规定，不论平时还是战时，军舰对于公海上没有完全豁免权的任何国家的船舶有权行使登临权。这样的登临不是海上武装冲突法意义上的临检，因为其中不存在战时法律关系。与临检有关的法律关系是具体的交战国与中立国之间的法律关系，只有在战时才能形成；对于平时中立国，任何国家没有权利对其船舶进行中立意义上的临检，所以，临检权只有在战时才能行使。如果在战争结束后行使临检权，那是没有任何根据的。关于停战期间能否进行临检，要看停战协定的具体内容，如果是全面停战，临检权也不应当行使。

（2）在中立国领水行使临检权。交战国有权行使临检权的区域与有权进行封锁的区域是一样的。因此，如果交战国在中立国领水、群岛水域、国际海峡以及其他不得被封锁的区域行使临检权，那就构成滥用临检权。

（3）对军舰和公务船舶行使临检权。临检的对象应只限于私有船舶。国际社会在19世纪就已普遍承认中立国的军舰和公务船舶不属于临检的对象。当时海洋公约以及国际实践表明中立国的邮船可以被临检。

（三）捕获权

捕获又称拿捕，是交战国对违反中立义务的中立国船舶或货物行使的一种权利或采取的一种措施。它包括在一定条件下将船舶及货物毁坏、直接没收、经捕获部或法院审判后将船舶或货物没收。

捕获权的实施引起三个接连的行动：对船只的拿捕（如果是货物的话，也叫扣押），临检和审判。所有的商船，不论是中立国的还是敌国的，都受捕获权支配，国际判例在这点上是明确的。“按照一般接受的原则，一艘交战国的军舰，一般说来，无须特殊条件就能有权在海上扣押中立国的商船，并有权进行临检，以证实该船是否遵守中立的规则，尤其是从是否携带禁制（运）品的角度去证实。”①

拿捕是一种纯粹的军事行动，通过这一行动，一艘军舰的舰长或一港口的海上权力机关能用自己的权力取代一艘敌国或中立国商船船长的权力，并由海洋捕获法院来没收该船。这一定义是和法国捕获法院关于战时执行国际法的法国海军训令中所采用的术语相符合的（1934 年 3 月 8 日的训令）。②

（四）捕获审判

捕获审判是海上武装冲突中特有的程序。战时交战国得以对拿捕行动进行立法、司法、审判等管辖。迄今为止，捕获法院仍然是各国自行建立的国内法院，其组成方式和审判程序都是由各国自行规定的，还没有有关的国际规则。因此，这样的审判从性质上说属于国内事项。但是，对被拿捕的中立国船舶和货物予以没收，一般应当经过捕获法院的审判，这一点则是国际惯例，并有《伦敦宣言》（第 64 条）、《圣雷莫海上武装冲突国际法手册》（第 146 条）等文件的证明。在审判过程中，被审判的船舶或货主有权按照审判国国内法享有诉权并获得各种救济。另外，即使在审判结束后，对于交战国违反国际法的临检、拿捕、没收、毁坏等行为，仍然有权通过外交途径进行交涉。

1907 年海牙会议上各国曾做过建立国际捕获法院的努力，产生了海牙第十二公约和《伦教宣言》，但由于各国未予批准而没有成功。从理论上讲，常设国际法院和国际法院在一定程度上可以代行国际捕获法院的职能，但是这两个法院迄今还没有一起关于捕获的判例。从表面上看，其原

① 常设仲裁法院 1913 年 5 月 6 日对法国和意大利之间的迎太基案的裁决；任筱锋、杨晓青译：《圣雷莫海上武装冲突国际法手册》，海潮出版社，2003 年版，第 235 页。

② 肖凤城：《中立法》，中国政法大学出版社，1999 年版，第 235 页。

因在于各国不愿将对捕获问题的管辖权授予国际法院，但其中有一个比较重要的原因在于“二战”之后国际社会对于中立的普遍的虚无主义态度使建立国际捕获法院的进程推得遥遥无期。

（五）海上封锁

封锁是海上战争所特有的一种作战的方式。它是一种措施，一个交战国通过这种措施宣布禁止在公海和敌国海岸之间，经进口水道或经出口水道往来。这种禁令的制裁是扣留和拿捕违反禁令的船只。人们往往用这个术语的引申意义和曲解的意义来指第一次世界大战的协约国和第二次世界大战的盟国所采取的海军、外交、经济、财政各项措施的总体，用以限制，如果可能的话，用以禁止敌人的贸易和供应。

这个制度产生于1584年，当时联合省政府（荷兰北方七省联合共和国）宣布封锁当时西班牙控制之下的所有佛兰德港口。这种主张是建立在包围者所拥有的古老权利基础之上的，包围者主张这种权利通过各种手段来阻止中立国国民越过一条被包围城市的包围线，而荷兰海军有办法使这种威胁付诸实施。这种概念在学说上很快被接受，1625年格劳秀斯把封锁与陆战中仍在使用的传统的包围区别开。封锁制度经荷兰于1630年7月9日发出公告予以重申，并且通过对违禁船舶的没收，使违反这一制度的行为受到了惩罚。至于英国，它从1689年开始，对法国和法国的属地使用过这种手段。封锁制度在18世纪和各次拿破仑战争中被广泛使用。

学者们或者根据德国学派（求助于需要权，格斯·A）和法国古典学派（征服的适用，奥特弗耶）提出的概念，把封锁的法律根据建立在封锁国的意志的基础上；或者建立在中立国对交战国的作战行动不得干预的义务的基础上；或者建立在介于封锁国的权利和第三国的权利之间妥协的基础上（加利阿尼的意大利理论，1782年）。①

封锁有效性的条件。封锁是重要的国家主权行为，必须由国家实施。在此前提下封锁的有效性的条件共有三个：即战争状态的存在、实效性（实质条件）和通知（形式条件）。

① 引自［法］夏尔·卢梭：《武装冲突法》，张凝、辜勤华等译，中国对外翻译出版公司，1987年版，第196页。

三、中立国的通商交往权

通商交往权是指中立国在别国交战时，仍然可以与交战国进行正当的商务和其他往来的权利。

海上武装冲突并不要求中立国断绝与交战国的往来。虽然交战国之间的战争状况会间接地干扰交战国和中立国之间的往来，但是，除了禁运等方面的某些限制外，交战国与中立国之间的一切往来仍应如旧。特别在条约执行、外交往来和贸易等方面，更是这样。为保障中立国的通商交往权，交战国对中立国承担下列义务：（1）不得为军事目的而进入或使用中立国领土，不得干涉中立国与敌国之间的合法交往；（2）除禁运品以外，不得没收敌船上的中立国货物和中立国船上的敌国货物；（3）对在被占领的敌国领土上发现的中立国派遣在敌国的外交代表，应给予适当待遇，至少必须给予不加留难地离开被占领领土的权利；（4）对敌国领土上的中立国人民和中立国财产给予适当待遇，对在敌国领土上定居的中立国人民及其私人财产给予不比战争法所许可的更苛刻的待遇，虽然中立国人民及其财产由于在敌国领土上定居而产生了敌性，但它们并未丧失其中立国本国的保护；（5）交战国如果对于通过敌境的中立国财产予以征用时，必须赔偿全部损失。①

通商交往权同样是国家的自然权利，是国家独立权和平等权的体现。国家之间的交往自由、通商自由是主权国家不可剥夺的权利。但是，通商交往权是可以而且实际上在国际法上是受到限制的，在行使此项权利时，如果与其他国家的合法权利相冲突，就需要进行协调并受到一定的限制。比如，通商交往权与别国的领土管辖权发生冲突，那就要因别国的领土管辖权而受到限制（见海牙第五公约第1至第4条、海牙第十三公约第1至第5条以及1856年巴黎宣言）。

---

① 肖凤城：《中立法》，中国政法大学出版社，1999年版，第78页。

第三节　海上武装冲突中的属人管辖

由于战争的胜败与经济有着密切的关系，因而交战国之间的经济战越来越成为战争中常见的作战样式，海上武装冲突中其特点尤为明显。其作战手段和方法就是对敌国进行禁运、封锁，阻止非交战国向敌国运送货物。传统国际法在承认战争权的情况下，允许交战国阻止敌国从其他国家获得经济援助，也就是允许交战国采取禁运、封锁、临检、捕获等一系列密切相关的措施。这些措施本质上是针对敌国的，但又不可避免地涉及与中立国的关系，并且更重要的是在实施这些措施时取得了对中立国船舶的管辖权利。因此，在海上武装冲突中，各国对船舶的管辖，除适用船旗国管辖外，交战国为阻止敌国获得军事、经济援助，根据传统的捕获法内容，得以对敌国、中立国之商船实施军事目的上的管辖权。

一、交战国对敌国商船的管辖

在海上武装冲突中，交战国根据交战权，有权对敌国的商船实施包括临检、拿捕直至摧毁的管制措施。船舶具有敌性，是交战国实施管辖权的依据。所以，判断船舶的敌性，是交战国海军实施各项行动的前提。

（一）船旗

海上武装冲突中，商船所悬挂的旗帜是判断商船敌性的主要标准。

1909 年的《伦敦海战法宣言》第 57 条规定：“除受有关国旗改悬的规定约束外，船只的敌性或中立性问题，应依据其有权悬挂的国旗而定。”1994 年的《圣雷莫海上武装冲突国际法手册》第 112 条规定：“商船悬挂敌国旗帜或民用飞机配置敌国标志是其敌性的决定性证据。”1945 年以来的国家实践一再重申了这一传统法律。最近的三部海上武装冲突法军事手册（美国、加拿大、德国）也证明了它的有效性。因此，在海上武装冲突中，如果一艘商船悬挂敌国旗帜航行，即如果它展示了其国籍或表明其国籍的其他标识，它就具有敌性并可予以拿捕或没收。在这种情况下，任何其他标准，比如所有权标准都是无关紧要的。根据法律，“在战时悬挂敌国旗帜是该船具有敌国国籍并因而具有敌性的决定性因素”。（1909 年《伦敦海战法宣言》第 57 条第 1 款；1913 年《牛津手册》第 51 条第 1 款）[①] 只有当船舶的旗帜是敌国旗帜的情况下，旗帜本身才是确定敌性的决定性证据。有关船舶悬挂的不是敌国的旗帜的情况下，判定它的敌性就需要适用其他标准。

（二）登记、所有权、租用

1994 年《圣雷莫海上武装冲突国际法手册》第 117 条规定：“敌性可以通过登记、所有权、租用或其他标准确定。”该规定以一般的方式规定了捕获法院可据以判定船舶及其货物敌性的标准。在这些标准中，“登记”（即按照船旗国的法律以及部分地按照有关国际法规则登记）标准是自解释性的，但是“所有权”和“其他标准”则需要进一步说明。就所有权而言，船主的敌性是根据国籍原则还是根据居住地原则在国际实践中存在争议。这就是法国的国籍制度和英美的住所或居所制度。后一种制度是建立在推定敌国国民与在其周围的当地居民（中立的或敌对的）相同的基础之上的。从国家实践来看，两次世界大战期间及其以后，人们似乎一般地接受，由在敌国领土或由敌国控制的领土内居住或在该领土进行商业活动的敌国国民所有的船舶可以合法地认为具有敌性。

就由公司所有的船舶而言，英美的控制说，很早就同法国传统的总公司制相对抗。控制说不是以公司的地理位置作为国籍的标准，因为这种因素本身是偶然的和意外的，而是以领导人员和公司资本持有者的实际国籍作为公司国籍的标准。控制说从 1902 年起，在德兰士瓦战争中提出（詹森诉三泉联合矿业公司案），1906 年在比尔联合有限矿业公司诉罗案中被英国上诉法院确认，在第一次世界大战期间被最终接受了（英国上议院，1916 年，德姆勒有限公司诉大陆轮胎公司案；英国高等捕获法院，1916 年 3 月 28 日，英国“波尔泽斯”号船案；1916 年 7 月 28 日，德国“圣图德若”号船案；1917 年 12 月 12 日，“汉姆布恩”号船案）。这个学说在 1919 年，也被意大利捕获判例适用（原则性判决：意大利捕获委员会，

① 张召忠：《海战法概论》，解放军出版社，1995 年版，第 572 页。

1919年10月8日，“奥尔加”号船案）。第二次世界大战期间的英美判例也对这一学说加以适用。（英国枢密院司法委员会1945年3月7日关于英国“格伦洛埃”号船案的判决；加拿大最高法院1946年5月3日的判决；美国最高法院1952年4月7日的两项判决）。[①]

控制说也得到了法国的支持。在法国，首先，通过1916年2月29日的一项政府通函，被第一次世界大战期间的判例接受了，该项通函建议各法院把全部或绝大部分由敌国国民管理、或者全部或绝大部分资本掌握在敌国国民手中的任何公司视为敌性公司，而不管其表面上的国籍如何。后来，从第二次世界大战初期起，立法上也接受了这个学说（1939年9月1日的法令第2条和第3条）。

1919年的一系列和约接受了控制说（《凡尔赛和约》第297条b款，《圣日耳曼和约》第249条，《特里亚农和约》第297条），以便清理处于协约国境内、属于被敌人“控制”的公司的财产。各混合仲裁院也接受了这个学说（法德混合仲裁庭，1921年8月31日，大马士革-哈马铁路公司案；1921年9月30日，弗雷德里克-亨利煤矿股份有限公司案；1923年10月27日，默西埃和西案）。[②]

在现代海上武装冲突中，对于公司所有的船舶，应适用已经为大多数国家在战时接受的“控制说”。[③] 因此，没有按照敌国法律注册登记也没有在敌国或敌国控制下的领土进行商业活动的公司，但如果为敌国有效控制，至少可以视为敌人。但是，由于控制公司的人必须是敌人，所以国籍和居所地之间的区别就再次不允许对公司的性质做出最后判断。国家在确定个人的敌性方面不受任何特殊的限制。相反，它们可以运用它们认为最适合其需要的任何实验。在此前提下，可以接受的国际法研究院在1913年《牛津手册》第51条第3款所做的建议：每一国家必须最迟在敌对行动爆发前声明，确定货主敌性或中立性的根据将是其居所地还是其国籍。

---

① ［法］夏尔·卢梭《武装冲突法》张凝、辜勤华等译，中国对外翻译出版公司，1987年版，第29页。

② 同上。

③ 由敌国控制的组织，即使不在敌国领土之内，也可以认为是敌国的，如果他们在敌国领土内的人或在敌国领土内进行商业活动的人的控制之下。见Daimler Co. idated Tyre and Rubber Co.［1916］2 AC 307（HL）.

（三）改悬中立国旗帜

交战国除用所有权、登记和租约等标准来确定敌性外，还可以依照《圣雷莫海上武装冲突国际法手册》第117条规定的“其他标准”。“其他标准”之一就是非法地或假装转换中立国旗帜。对于交战国商船改悬中立国旗帜，应受时间及目的的限制。1909年《伦敦海战法宣言》第55条规定：在战争爆发前，敌船改悬中立旗帜视为有效。但如能证明这种改旗目的在于避免敌船所应受后果的，不在此列。在战争爆发前少于60天丧失交战国国籍的船只，并且出售凭单不在船上的，其改旗应推定为无效。但这种推定允许反证。改旗在战争爆发前30天以上的，如这一行动是无条件的、完备的，符合有关国家的法律规定，并且对该船的监督及其使用所产生的利益，与改旗前不属于同一人的，其改旗应绝对推定为有效。但如果船只在战争爆发前少于60天丧失其交战国国籍，并且出售凭单不在船上的，不能因受捕获而要求赔偿损失。第56条规定：敌船在战争爆发后改悬中立国旗帜的，应属无效。但如能证明这种改旗目的不在于避免作为敌船所应承受的后果时，不在此列。下列各项改旗行动应绝对推定为无效。

（1）改旗是在航行中或在被封锁港内进行的；

（2）卖主有再买回或取得船只权利的；

（3）未执行国内法规定的关于航行中船只悬挂国旗权利要求的。[①]

实践中，各国对改旗的性质观点不一。英国等一些国家认为，交战国商船悬挂中立国船旗构成古老的、早已成立的惯例，其目的是逃避拿捕。但也有一些国家反对这种实践，改旗曾引起德国（1915年2月4日的备忘录）、美国（1915年2月2日的照会）、荷兰和斯堪的纳维亚等国家的抗议。在第一次世界大战初期英国一贯运用这个做法，目的是强迫德国潜水艇遵守海战的一般义务，并在拿捕和击沉船舶之前通过事先的检查，来核实船只的真正国籍（1915年2月8日的外交部公报；1915年2月19日的备忘录）。英国“吕齐塔尼亚”号邮船就是这样挂着美国船旗穿过大西洋之后于1915年2月6日到达利物浦的。法国的实践也认为，一只商船为了

① 张召忠：《海战法概论》，解放军出版社，1995年版，第520页。

避免战争行为而使用假船旗是国际公法所容许的诈术（1815 年 11 月 20 日行政法院法令，“色列斯”号船案，外交部法律司 1937 年 10 月 30 日的照会）。①

各中立国通常反对这一实践，它们禁止外国船舶使用它们自己的船旗，违者扣押或者临时从有关中立国港口驱逐出去（荷兰 1915 年 3 月 12 日的法令，美国 1939 年 11 月 4 日的中立法第 14 节）。美国当它在第二次世界大战中还保持中立的时候实施了这个规章（美国“奥马哈”号巡洋舰 1941 年 11 月 6 日在赤道大西洋拿捕德国“奥登瓦尔德”号轮船，“奥登瓦尔德”号轮船悬挂假旗即美国船旗，1941 年 11 月 17 日该船被带到波多黎各的圣胡安）。②

所以，虽然 1908—1909 年伦敦海军会议在制定有关该问题的规则方面进行了一些尝试，但国家在合法转换中立国旗帜的条件方面并没有统一的实践。有一个共识是，如果转换是为了逃避交战国的拿捕，这种转换可以忽视。另外一个共识是，任何转换都必须完全摆脱敌国的所有权和控制权，即必须是无条件的、完全的和符合有关国家的法律的。它的效果必须是对船舶的控制和对船舶营运收益的分配都不能像转换以前一样仍处于同一人手中。但是，将敌国商船合法地转换为中立国船舶的条件是有争议的。在此种转换被认为是“可信”的之前要求满足特定条件的国家实践还远远没有统一。然而，有关转换旗帜的难题（以及确定敌性的难题）对海军指挥官海上处置行动并不具有重要意义。海上武装冲突中，如果登临和检查证明有理由怀疑该船是为了免予交战国拿捕而把敌国旗帜转换为中立国旗帜，那么，这种情况通常就足以将该船断定为敌国船舶。十分肯定地判断船舶的敌性不是指挥官的职责。转换旗帜的问题主要是捕获法院必须考虑的问题，而不是现场海军指挥官要考虑的问题。

（四）对敌船的处置

海上武装冲突中，交战国对敌船得以实施临检、拿捕直至摧毁等措

---

① ［法］夏尔·卢梭：《武装冲突法》，张凝、辜勤华等译，中国对外翻译出版公司，1987 年版，第 30 页。

② 同上。

施。但具体实施上述权利时，应注意两个问题。

1. 关于战争开始敌国商船的法律地位问题

1907 年海牙第七公约做了如下规定：确保爆发突然战争的情况下国际商业的安全，依照现代惯例，应尽量保护战争开始前，敌国商船善意的、并正在实施过程中的商业活动。交战国的行动受以下限制：

第一，在战争开始时停泊于敌国港口的交战国商船，应准其立即或在合理宽容的限期内自由离港，并携带通行证直接驶往目的港或任何其他指定港口。本规定也适用于在战争开始以前已经离开最后出发港，并在不知道战争已开始的情况下进入敌国港口的商船。

第二，由于不可抗力的原因，商船未能在前条规定的限期内驶离敌国港口，或未获得批准驶离，不得予以没收。交战国只能在战后归还的前提下无偿扣留或有偿征用商船。

第三，战争开始前就已离开最后出发港，并对战事毫无所知的敌国商船，在公海遭遇时不得没收。只有在战后归还的谅解下才能扣留，或有偿征用、或击毁。击毁时必须确保船上人员的安全和船舶文件的保护。上述船舶在抵达本国港口或中立国港口后，应受海战法规和惯例的约束。

第四，在第一条和第二条所指商船上的敌国货物，可连同船舶一起或单独在战后无偿归还的情况下扣留，或有偿征用。第三条所指商船上的货物同样适用本规定。

第五，上述规定不适用于那些在建造时就有改装为军舰意图的商船。

2. 拿捕或摧毁敌船

敌方船只，无论是商船或其他船只，连同船上的货物均可以拿捕。如果在中立水域外，则无须先进行临检和搜查。根据国际法，任何敌方船只（无论其货物的性质和目的地）及其货物，只要不受特殊保护都可以拿捕。因此，诸如游艇等私人船只也可拿捕。在敌方商船上的敌方货物可作为战利品拿捕。敌方商船上的中立国货物只有是禁运品、船只闯入封锁区，以及有敌方军舰护航或积极抵制临检和搜查情况下才可拿捕。

拿捕的敌方商船可作为战利品，如果军事形势不允许在海上将其拿捕并作为战利品，可命其改变航向至某一特定海域或港口。对于敌方商船而言，只有战利品被拿捕方控制时，拿捕该船任务才算完成。如果通过其他手段能够正确判定其敌性，无须事先进行临检和搜查，直到战利品经由捕获品法庭没收，财产所有权才能转到拿捕者。然而，拿捕行为本身的合法性不取决于捕获品法庭日后的裁定，战利品法庭的审判只构成有效完整的权利。拿捕敌方军舰或其他军事目标都不属于这类战利品，它应该立即被拿捕者占有。至于所有其他情况，普遍承认的规则是战利品必须被带到方便的港口以待审判。根据这条法规，行动的规则或必要性，是建立在未经适当的法律程序不能随意转变私人财产这一原则上。如果拿捕船只不被战利品法庭支持，利益方有权索赔，除非有拿捕船舶的充分理由。

鉴于近来各国的实践，1994 年起草《圣雷莫海上武装冲突国际法手册》的专家圆桌会议认为命令船舶改变航向这种做法可能导致两种不同的情况发生：一方面，在拿捕不享受豁免权的敌方船舶时，如海上不可能拿捕或很危险，可让其改变航向至某一特定的水域或港口；另一方面，只是让有关船舶驶离某一特定水域或港口就可以了，这种情况下，只需改变敌方船舶的目的地就可满足交战国的利益。然而，这不是国际法已明确的法规，只是进一步发展的建议。

如果不是作为军事目标拿捕敌方商船，原则上，必须将拿捕的敌方商船带入港口进行审判。然而，当形势不允许这样做时，可将其摧毁。在各国惯例和法律资料中，倾向于几乎在每个事件中都允许摧毁。根据 1936 年《伦敦条约第四部分关于潜艇作战规则议定书》的有关规定，认为摧毁商船是合法的，但必须把旅客、船员和船舶文书已被置于安全地区。

但是，必须看到，有许多限制摧毁商船的理由，比如，拿捕商船的军舰不能被看作是安全的地点；另外，敌方商船运载的不一定就是禁运品，可能是中立国货物。因此，必须把摧毁敌方商船看作是一种例外的手段，并进行严格限制。只考虑军事紧急而摧毁商船是不合理的。如果敌方商船不是合法的军事目标，在军事需要的情况下，只有当旅客和船员的安全有保障时，拿捕后才可以摧毁。任何情况下，战利品法庭必须审判摧毁是否合法，如果不合法，船主被赋予索取全部赔偿的权利。

二、交战国对中立国商船的管辖

夏尔·卢梭精辟地指出："海战史就是交战国与中立国之间不断斗争的历史：交战国力图切断对方与世界上其他国家之间所有的经济联系；而中立国则不管战事如何，仍要求得到能与一切国家——包括交战国在内，保持贸易关系的自由。"[①] 海上武装冲突中，为阻止敌国从其他国家获得经济援助，交战国因交战需要得以对中立国的商船实施某些方面的管辖，具体包括改航、临检、拿捕等。

（一）中立的认定

按照《奥本海国际法》的表述，"中立的定义是：第三国对各交战国所采取的并为各交战国所承认的公正不偏的态度，这种态度产生了公正不偏的国家与交战国之间的权利和义务"。[②]按照法国学者夏尔·卢梭的表述，"中立可以看作是一种法律地位或者是一种政治行为。前者指两个或几个国家发生战争时，一国置身于这场战争之外，不以加入战争行动的直接方式或以对交战者此方或彼方予以援助的间接方式卷入战争的一种地位。后者指一国所采取的坚持不参与涉及两个或几个国家的战争的行动路线"。[③] 1994 年的《圣雷莫海上武装冲突国际法手册》认为，"中立"是指"不是武装冲突方的任何国家和地区"，即没有通过使用武力参与正在进行的敌对行为。在制定该手册的日内瓦一期会议上，与会专家一致认为，海上中立法的许多部分没有明确友善（benevolent）和严格中立之间的区别。即使接受一种中间立场，船旗国采取的"非交战国"立场对其船舶和飞机的法律地位也是没有意义的。中立性永远建立在非交战国旗帜或标识，而不论船旗国是否采取"友善"或严格的中立立场。1945 年以后，这种实践没有改变。

---

① ［法］夏尔·卢梭：《武装冲突法》，张凝、辜勤华等译，中国对外翻译出版公司，1987 年版，第 354 页。

② ［英］劳特派特修订：《奥本海国际法》，下卷第二分册，石蒂、陈健译，商务印书馆，1973 年版，第 147 页。

③ ［法］夏尔·卢梭：《武装冲突法》，张凝、辜勤华等译，中国对外翻译出版公司，1987 年版，第 83 页。

《圣雷莫海上武装冲突国际法手册》第113条规定："商船悬挂中立国旗帜或民用飞机标有中立国标识是其中立性的初步证据。"海上武装冲突中，交战国只有在某些例外情况下才有权拿捕中立国船舶和飞机（以及中立国货物）。所以，必须区别敌国船舶、飞机和中立国船舶、飞机。

商船悬挂中立国旗帜是其具有中立性的初步证据。但是，由于商人总是试图逃避悬挂敌国旗帜产生的后果，此种船舶可以具有敌性，比如因为为敌国利益者所有或控制。正如美国索赔法院在1949年5月2日关于华格纳船舶案的判决中确切指出的那样："国际规则似乎是这样的，如果一艘船舶悬挂敌国船旗，该船就不允许在一个捕获法院中证明它的真正船主是中立国的，但是，悬挂中立国船旗的事实并不能阻止拿捕者证明船舶的真正船主是敌国的。"① 因而，中立国旗帜并不必然确立船舶中立性的问题。如果军舰的指挥官怀疑悬挂中立国旗帜的商船事实上具有敌性，该指挥官有权行使登临和检查权，包括为搜索而改航的权利。相应地，该船就有义务澄清其性质。

在临检过程中，军舰指挥官是自行获得了有关情报，或者是通过外部消息来源得到了通知都没有关系。唯一重要的是事实上有理由怀疑这些船舶。这些理由需要充分成立，因此，如果有情报称有关船舶，比如为敌国利益人拥有或控制，海军指挥官无疑就可以行使权利。但是，如前所述，如果船舶仅仅是悬挂了方便旗，这一单独事实并不能被认为是怀疑的充分根据。登临、检查以及某种意义上为此目的的改航对拦截军舰暗含着严重的危险。海军指挥官只能在有确切证据的情况下将其船舶和船员暴露在此种危险之中。就法律考虑而言，中立国商船不能受到无限制的干扰，应当对军舰的行动有所限制，必须依据相关国际法规，其限制产生于相称原则，任何检查、改航或扣留必须用尽可能短的时间。对于不合理的改航、无故延迟，或无必要地干扰船舶的航程，捕获法院应判决赔偿。②

① ［法］夏尔·卢梭：《武装冲突法》，张凝、辜勤华等译，中国对外翻译出版公司，1987年版，第225页。

② 参见哥伦巴斯：《国家海洋法》，第893段。转引自任筱锋、杨晓青译：《圣雷莫海上武装冲突国际法手册》，海潮出版社，2003年版，第211页。

（二）改航

海上武装冲突中，交战国有权要求中立国船舶改变航向。具体包括以下两种情况：

第一，《圣雷莫海上武装冲突国际法手册》第119条规定：作为登临和检查的变通，经其同意，可以使中立国商船从其声称的目的地改航。[①]根据传统法律和国家实践，只有在例外情况下，交战国才可行使迫使中立国商船从其宣称的目的地或航线改航的权利。可以命令中立国商船不要靠近军舰或战区，在根据国际法实施封锁的情况下，也可以禁止其进入或离开沿岸地区或港口。从1990—1991年海湾战争有关这方面的实践看，作为登临检查的变通和作为减轻对中立国商船活动影响的措施，交战国应拥有迫使中立国商船从其声称的目的地改航的进一步的权利。其背后的理念是既满足交战国的利益也满足中立国商船的利益。登临和检查以及为了登临和检查而改航，都相对耗费时间，对商船和执行拦截任务的军舰都是危险的。登临和检查可以使海军指挥官决定是否可以拿捕中立国商船。拿捕是一种经济战手段，即它是针对敌国的商业和经济力量的手段。但是，交战国的兴趣并不必然是没收有问题的船舶。在一些情况下，交战国不必要将商船改航至交战国港口或某些海域以便登临检查，使其远离某些区域就足够了。如果在拦截和检查之后，有合理理由怀疑悬挂中立国旗帜的商船或标有中立国标识的民用飞机具有敌性，该船和飞机可予以拿捕并经审判后成为捕获品。

第二，《圣雷莫海上武装冲突国际法手册》第121条规定：如果在海上登临和检查不可行或者不安全，交战国军舰或军用飞机可以使商船改航至适当海域或港口，以行使登临和检查权利。因天气情况和/或海洋环境会使海上登临和检查成为灾难；此外，考虑到现代商船的规模和大小，在大部分情况下，在海上是不可能对集装箱船实施完全检查的。所以，在此种情况下，军舰可以命令有关船舶可以改航至适当海域或港口以便临检甄别船舶的真正性质。此种改航应区别于第一种情况下行使的改航权。后者

① 《圣雷莫海上武装冲突国际法手册》第123条。参见任筱锋、杨晓青译：《圣雷莫海上武装冲突国际法手册》，海潮出版社，2003年版，第54页。

只有在中立商船船长同意改航的情况下才可行使。而在第二种情况下，改变有关船舶的航线是为了在安全地点对其进行登临和检查。① 所以，在此种情况下，商船有义务服从改航命令。

交战国军舰对船舶和飞机进行登临和检查，尤其是对船舶和飞机的证书进行查验后，表明或至少提供了合理理由怀疑该船为敌国私人或敌国公司所有或由敌国租用的情况。敌性的确定没有必要十分肯定。如果检查的官员对船舶证书或对船长和船员的回答仍不满意就足够了。另一种合理的怀疑理由是在敌对行动开始之前或以后，该船转而悬挂中立国旗帜，即转换旗帜与战争有因果关系。在这些情况下，海军指挥官可以将该船视为敌国船舶，即可以不理会中立国旗帜而将其拿捕。当然，任何捕获品，不论是敌国还是中立国船舶，都必须经捕获法院判决。虽然，捕获法院可以宣布有关船舶事实上具有中立性，但这并不使拿捕行为成为非法行为，而只能导致释放船舶，即该船不能予以没收。拿捕行为非法而船主有权提出赔偿的情形只限于捕获法院认为海军指挥官提出的拿捕理由不合理的情形。

（三）准运证制度

准运证（navicerts）制度是指由交战国机关在中立国颁发的证件，是证明就该交战国机关所知，在颁发证件时，对证件中所提及货物的海运不存在任何异议。同时，交战国可以与中立国达成协议，要求中立国对敌国的出口受到某种限制。

《圣雷莫海上武装冲突国际法手册》第122条规定：为了避免登临和检查的必要，交战国可以制订合理的措施，以检查中立商船的货物并认定该船没有运载禁制（运）品。

海上武装冲突中，一方面，改航和扣押会使改航的中立船舶蒙受相当的经济损失；另一方面，交战国则面临着这样的选择：或者允许货物进入中立国港口，而其中一部分货物将肯定会落入敌手；或者冒着干扰不可侵犯的合法中立贸易的危险，对此种商业往来实施严格控制。英国及其盟国提出的一个变通制度部分解决了这个两难问题。即准运证制度，该制度被

---

① 《圣雷莫海上武装冲突国际法手册》第123条。参见任筱锋、杨晓青译：《圣雷莫海上武装冲突国际法手册》，海潮出版社，2003年版，第54页。

认为是“避免中立国和交战国之间摩擦的最有效方法”。[①] 现在，《美国海军指挥官手册》第7.4.2段、《加拿大手册草案》第720条以及《德国手册》第1141条都承认了颁发此种证书的权利。一个交战国颁发的此种海上准运证书或空中准运证书对交战对方的登临检查权没有影响。

在此前提下，应澄清以下事实：

第一，中立国商船服从交战一方的监督措施接受对其货物的检查，以及接受没有运载禁制（运）品的证明的事实，不是对另一交战方的非中立性服务。鉴于中立国商船接受海上准运证书的后果，尤其在第二次世界大战期间发生了争议，1994年制定《圣雷莫海上武装冲突国际法手册》的圆桌会议希望强调这种行为不能视为可以使中立船舶处于与敌国商船同样地位的非中立性服务。[②] 第二，按照海牙第十三公约第7条规定的传统法，“中立国没有义务阻止为任一交战国所使用的武器、弹药或者一般可为陆军、海军所使用的任何物资的出口或过境”。中立国从来就没有义务对本国船舶上的货物发放准运证书。此外，国际法也从来就没有禁止违禁品的运输。相反，只是中立商人的权利与交战国控制违禁品的权利有冲突。然而，考虑到登临和检查所带来的不方便，甚至经济损失，圆桌会议认为，鼓励中立国确保其商船不要从事禁制（运）品运输是合适的。第三，交战国为避免登临和检查的必要，鼓励中立国采取合理的控制措施和证明程序，以确保其商船不运载禁制（运）品。[③]

（四）中立国军舰护航

海上武装冲突中，按照传统海战法，交战国军舰根据前述规则可以对单独航行的中立国商船进行登临和检查。但是，交战国此项权力不得对抗中立国军舰，如果中立国商船在军舰护航状态下航行，就必须适用不同的规则。《圣雷莫海上武装冲突国际法手册》120条规定，如果符合下列条件，中立国商船免受登临和检查：（1）驶向中立国港口；（2）由与商船具

① 哥伦巴斯：《国家海洋法》，第899段。

② 《圣雷莫海上武装冲突国际法手册》第123条。参见任筱锋、杨晓青译：《圣雷莫海上武装冲突国际法手册》，海潮出版社，2003年版，第53-55页。

③ 《圣雷莫海上武装冲突国际法手册》第124条，同上。

有同一国籍的中立国军舰或与商船旗籍国订有护航协议的中立国军舰伴随护航；(3) 中立军舰的船旗国担保中立商船不运载禁制（运）品或以其他方式从事与其中立地位不符的活动；(4) 中立军舰的指挥官，在执行拦截任务的交战国军舰或军用飞机指挥官的要求下，提供可以通过登临和检查获得的关于商船及其货物性质的全部情报。

1994年制定《圣雷莫海上武装冲突国际法手册》专家会议上，代表们考虑到现代海战武器装备的发展，以及现代海上运输的要求，一致认为，在现代战争条件下，护航可以理解为“受随行中立国军舰行动控制的船舶”，因为，军舰可能不紧随商船航行，所以，如果军舰对伴随的商船实施“行动控制”就足以说明“护航”状态的存在。但是，代表们也普遍承认，这种表述并不意味着伴随军舰有义务紧随商船航行。另一方面，伴随军舰也不能离商船太远，因为，护航军舰指挥官有义务向实施拦截任务的军舰指挥官提供商船及其货物性质的情报。在任何情况下，中立国军舰都必须与商船保持足够近的距离，以证明该商船处于护航状态。

必须区别两种不同的情况：对在敌国军舰护航状态下航行的中立国商船，应给予同敌国商船一样的待遇。在敌国军舰护航状态下行驶可视为武力抗拒临检和拿捕并因而可不经事先警告予以攻击的充分证据。[①] 关于由商船同一国籍的中立国军舰护航的商船，其处置规则是这些船舶免予登临和检查。[②] 但是，这种豁免必须符合《圣雷莫海上武装冲突国际法手册》第120条第1至第4款规定的条件。如果商船的目的是敌国港口，中立国就无权用军舰保护该商船。

现代海上武装冲突中，有中立国实施多国护航的发展趋势，如果能满足《圣雷莫海上武装冲突国际法手册》第120条第1至第4款规定的条件，由多国军舰护航的中立国船舶也免予登临和检查。然而，并非在悬挂另一国旗帜的中立军舰附近遇到的每一艘中立船舶都免予登临和检查。而只有当中立军舰国和有关中立商船的旗籍国缔结有护航协议时，此种多国

---

① 1909年《伦敦宣言》，第63条。又见 Lord Stowell in the Matia［1799］1C. 美德联合求偿委员会决议，美国，卡兰德轮船公司和其他诉德国（1924），RIAA，第7卷，第73页；《加拿大手册草案》，第717条。

② 最初，对于由本国军舰护航的中立商船是否可以行使登临和检查权，是一个悬而未决的问题。现在，此类船舶免于登临和检查。见 NWP9，第7.6段；《德国手册》，第114段。

护航才能成为免于登临和检查的条件。《圣雷莫海上武装冲突国际法手册》第120条第3至第4款说明了其中的原因。如果有关国家之间没有此种护航协议，中立国军舰的船旗国和随行中立国军舰的指挥官就不具有履行护航职责的真正地位。

如果中立军舰的指挥官不愿意或不能满足执行拦截军舰指挥官的要求，后者就有权对商船进行登临和检查。

（五）拿捕中立国商船

同拿捕敌国商船的情况一样，拿捕中立国商船的合法性并不依赖捕获法院的最后判决。拿捕者只要确认下述情况就足够了，即“捕获当时的情势足以怀疑该船或其货物的敌性，或怀疑该船的行为构成运输违禁品、破坏封锁或从事非中立性服务”。拿捕中立国商船并不能使拿捕者立即拥有该船舶的权利，而只是使其暂时掌握此种财产。是否有充分的理由没收船舶及其货物，只能由主管捕获法院做出最后判决。因此，拿捕者有义务采取一切合理措施保全船舶及其货物不受损毁，并毫不迟疑地将其押解到最近的港口。

运载禁运（制）品。从事禁运品运输或被合理怀疑从事此种活动的中立国商船，可予以拿捕①，但是，对过去曾运载过战时禁运品，而事实上已停止运载的船舶，不得以此为由而加以拿捕。② 对拿捕的中立国商船在特定条件下可予以没收。没收中立国商船的条件是不同的。在任何情况下，没收都必须依据正当任命的捕获法院的判决。

从事非中立役务（服务）。防止中立国船舶运送敌国军队是交战国一项久已确立的权利。③ 在国家实践中，由于非中立性服务所包括的行为种类很多，如不规范的文书、违反规章等，目前还没有形成一般接受的全面的规则。必须强调指出，船上偶然存在敌国一些武装部队成员或即将应征的人员不能成为拿捕的合法理由。所以，船舶“专门”运送武装部队成员

---

① 1909年《伦敦宣言》第37条；Tucker，注210引书，第276页；Hyde：《国际法》，第2160页；奥本海：《国际法》，第2卷，第826页。

② 《伦敦宣言》第38条，同上。

③ 这一点已经为荷兰、瑞典和法国1614年签署的条约所承认。

才是捕获该船的合法理由。

破坏封锁。如果交战国根据国际法建立了封锁，它就有权阻止所有船舶进入或离开被封锁的地区或港口。违反交战国管辖通过或企图通过封锁线的船舶，就可能构成破坏封锁。构成对封锁的破坏应同时具备两个条件：一是客观因素，即通过封锁线的事实；如果通过船舶文书证明该船是开往被封锁港口，即便其还未驶入封锁区，也可以构成破坏封锁的事实。二是主观因素，即明知故犯，已经接到封锁的宣告和通知，仍然通过封锁线。在过去，由于通信技术的限制，在宣告封锁后，有些船舶确实不知封锁而驶向封锁区或被封锁港口，在船舶通信技术相当成熟的今天，在宣布封锁后，一般不存在未收到封锁宣告和通知的情况。对破坏封锁的船舶，可根据其性质和情节，实施改航、临检、拿捕或攻击。

第四节　海上武装冲突中的属地管辖

海上武装冲突中，因交战国军事需要，海上军事行动可以在除中立国领海外的广大海域中展开，包括交战双方的领海、群岛水域、管辖海域，以及公海和中立国的专属经济区和大陆架等。交战国在海上武装冲突中管辖海域范围扩大，相应地，中立国海上管辖权受到限制，由此形成了与和平时期内容不同的海上属地管辖制度。

一、交战国海上属地管辖权

（一）交战国海上管辖权的扩张

海上武装冲突时，交战国与中立国海上管辖权制度较和平时期有所变化。交战国除依照平时海上管辖权制度享有管辖权外，依据其军事需要，可以在其军事实力的控制下，拥有更大范围的管辖权。传统海战法及现代海上武装冲突法都承认，因交战需要，交战国可以在交战双方的领海、群岛水域、管辖海域，以及公海和中立国的专属经济区和大陆架上遂行敌对行动，对其他国家的船舶（军舰、政府船舶除外）进行拦截、临检、拿捕行动。但禁止在中立国领海上进行上述行为。[①] 首先，交战国在平时国家海上管辖权基础上，借助军事势力控制敌国主权水域及管辖水域，包括对敌国港口及沿岸实施封锁、布雷，甚至实施管制等，使得敌国国家海上管辖权不能正常行使；其次，交战国在公海上的军事行动，包括遂行各种作战行为、布雷、攻击敌国舰船、对中立国船舶的拦截、临检、拿捕等行动，将会影响其他国家在公海上的权利，使得公海上船旗国管辖原则受到影响；最后，交战国对中立国管辖水域（专属经济区、大陆架）的军事利用，也会影响中立国对其管辖水域的专门管辖权。总之，现行海上武装冲突法延续传统海战法的惯例，允许交战国在海上武装冲突中，因军事需要在除中立国领土以外的广大海域实施各项军事行动，从而改变了和平时期国家间海洋利益的分配，交战国在海上武装冲突中国家海上管辖权在内容及管辖区域上有所扩张，相应地，其他国家的海上管辖权受到限制。

（二）交战国海上管辖权的限制

交战国在海上武装冲突中管辖权范围的扩张不是无限的，必须受到以下限制。

首先，传统海战法及现代海上武装冲突法都明确规定，交战国在中立区域不得遂行军事行动以及与军事行动相关的其他行动，既不作为义务。交战国不得违反国际法规定在中立国领土或其管辖区域内从事战争行为，或将中立国领土或其管辖区域作为作战基地，或在中立领陆或领水区域内改装商船为军舰，建立通讯设施或捕获法庭，等等。海牙第十三公约第1条、第2条和《哈瓦那宣言》提出的禁止非常广泛。

（1）禁止在中立国领水和港口内进行战争行动。虽然这一不作为义务在实在法中早已明确，但交战国违反这一义务的案例依然存在。比如：1904年日俄战争期间，俄国“列西特尔尼”号驱逐舰在中国港芝罘港遭到两艘日本军舰的进攻和拿捕；“一战”中1915年德国的“德累斯顿”号巡

① 例如，1928年《哈瓦那公约》（1931年1月12日生效）第1条规定：一、交战国军舰有权在公海和领海上命令任何一艘商船停船检查，以便确立该船的性质与国籍，核查是否运输国际法禁运的货物，或者是否违反了封锁……第3条交战国应避免在中立国海域采取战争行动或其他可能构成违反中立的行动。1913年牛津手册规定：第1条海战的特殊规则仅适用于公海和交战国领水，不包括按航海观点不被划为领海的海域。

洋舰在智利的领水内，遭到英国两艘巡洋舰的攻击等。

（2）禁止在中立国领水内行使捕获权。禁止将捕获船带进中立港和在中立国内设立捕获法庭。既然在原则上禁止交战国在中立国领水内行使捕获权，那么进一步则不允许交战国以捕获的名义将它们拿捕的商船带进中立国领水。如果发生此类事件，有关中立国应当立即释放被拿捕的船只，拘禁捕获的人员以及俘获船。

（3）禁止滥用中立国领水。1907 年海牙第十三公约第 10 条规定："一国的中立，不因交战国军舰和交战国捕获品单纯通过其领水而受到危害。"① 这种简单的提法，导致了交战国滥用中立国领水的可能性。最典型的案例是"二战"的"阿特玛克"号船案，1940 年 2 月，德国辅助船"阿特玛克"号船运载了 300 名英国船员战俘，在中立国挪威领海遭到英国"哥萨克"号巡洋舰的袭击，该舰释放了全体战俘，该事件引起了英方与挪威的外交争议，争议的焦点是交战国一方运送战俘通过中立国领海是否是上述第 10 条所谓的"单纯通过"问题，但是无论如何交战国一方不得滥用中立国领海的"单纯通过"权。

（4）交战国军队不得将中立水域用作庇护场所。虽然海牙第十三公约没有明文规定第 17 段所建议的规则，但综合公约的许多条款，就可明显看到它们暗含有交战国军队不得把中立水域用作庇护场所的意义。这些条款包括：延长港口驻泊时限的第 19 条；限制修理舰船的第 17 条；禁止利用中立水域补充给养和船员的第 18 条；限制补充食品和燃料的第 19 条和第 20 条。

（5）尊重中立国在其他水域的利益。《圣雷莫海上武装冲突国际法手册》在交战国作战区域规定上有了较大的发展，它表明中立国的专属经济区和大陆架均可以遂行作战行动，但双方要适当顾及沿岸国的权利与义务，特别要适当顾及中立国在专属经济区和大陆架的经济资源勘探与开发，以及对中立国海洋环境的保护与维护。交战国在中立国的专属经济区或大陆架内布设水雷，交战国须通知该中立国，要确保雷区范围和使用的雷种不危及人工岛屿、设施和建筑物，不干扰进出该区域内的通道，要尽量避免干扰中立国对该区域的勘探与开发。即使在公海遂行作战行动，须

① 张召忠：《海战法概论》，解放军出版社，1995 年版，第 506 页。

适当顾及各中立国对国家管辖以外的海床、海底及其底土的中立资源实施勘探与开发的权利，要注意避免破坏海床上铺设的并不专为交战国服务的电缆和管道。

其次，交战国应容忍中立国与敌国保持正常的外交和商务关系以及其他不违背中立法的一般规则的行为，即容忍的义务。如中立国正常的通商权、传统海上中立制度中的“24小时”制度，[①] 以及对于交战国违背中立法的一些行为，中立国对其所采取的符合中立法的措施。交战国有容忍的义务，比如说：中立国当局已发出通知，令交战国军舰从无权滞留的中立国港口或领海离开，但它拒绝执行，中立国有权采取它认为必要的措施，设法阻止该舰离开，如该舰被中立国扣留，船上军官和船员一并被拘留，交战国对于中立国采取的此类措施有容忍的义务。

最后，交战国在海上武装冲突中应注重海洋环境的保全及人道主义保护。在1993年日内瓦圆桌会议上，代表们讨论了引入保护稀有生态系统以及迅速减少的、受威胁的、濒危的物种和其他形式的海洋生命的理念的建议。越来越多的条约规则、国际决议和国际组织章程都为国家规定了保护环境的义务。这种情况起码表明需要保护海洋环境和每个国家均有保护和保全海洋环境的义务得到了一般承认。1982年《联合国海洋法公约》关于海洋环境保护和保全的专门条款有近50条，按照《联合国海洋法公约》第192条的规定，“各国有保护和保全海洋环境的义务”。该公约第194条第5款规定：“按照本部分采取的措施，应包括为保护和保全稀有或脆弱的生态系统，以及衰竭、受威胁或有灭绝危险的物种和其他形式的海洋生物的生存环境，而有必要的措施。”1994年《圣雷莫海上武装冲突国际法手册》第11条规定：“海上武装冲突各国有不在含有受保护物种的海域内从事敌对行动的义务，不将含有此类物种的海域作为海战场。”这种关于海上武装冲突时期的法律文件反映了和平时期国际环境法的一般原则。1972年《保护世界文化及自然遗产公约》之世界遗产名单列举的有关区域可以视为这方面的实例。所以，船旗国虽然拥有为其船舶制定法律规则和其他规章的管辖权，但其所制定的法律规则却必须符合某些最低标准。公

① 海牙第十三公约第13条、第16条、第19条。参见张召忠：《海战法概论》，解放军出版社，1995年版，第506页。

约还规定国家在履行其保护和保全海洋环境的国际义务方面负有责任。

注重武装冲突中人道主义保护，是“二战”以来国际法发展的一个重要内容。国际人道主义法既包括关于交战行为的法律（所谓的“海牙法规”），也包括关于保护武装冲突受难者的法律（所谓的“日内瓦法规”）。因此，它融合了包含在国际习惯法和诸如1907年海牙公约、1925年日内瓦议定书、1949年日内瓦公约及其1977年附加议定书等国际公约中的可适用于海上武装冲突的法律规则。1994年《圣雷莫海上武装冲突国际法手册》第1条规定：“海上武装冲突各方，从使用武力之时起，受国际人道主义法的原则和规则的约束。”同时，该手册还针对封锁制定了具体的限制性规定。第102条规定：“禁止宣告封锁或建立封锁，如果：(1) 封锁的唯一目的是使平民居民饥饿或阻止对平民居民生活有根本意义的其他物资的运入；或 (2) 封锁对平民居民的损害，超过或可能超过其预期获得的和直接军事利益。”本段涉及的事项是海战法受到第1附加议定书影响的几个方面之一。附加议定书关于禁止平民居民饥饿的规定是：“禁止将平民居民饥饿作为一种作战方法。”[①] 第103条规定：“如果被封锁领土的平民居民没有充分得到对其生存具有根本意义的食物和其他物品，封锁方必须允许此种食物和其他基本供给品自由通过，但受下列限制：(1) 有权制订允许此种通过的技术性协议，包括搜查；和 (2) 在保护国或能确保不歧视的国际人道主义组织如国际红十字委员会的实地监督下制订此种供给品的发放条件。”第104条规定：“封锁国应允许用于平民居民或武装部队的伤者、病者的医疗用品通过。但封锁国有权制订允许此种通过的技术性协议，包括搜查。”这些规定反映了海上武装冲突中人道主义援助领域的最新发展。

二、中立国海上管辖权

（一）海上武装冲突中中立国管辖权

首先，禁止交战国在中立水域进行敌对行为。中立国有权采取措施，

---

① 《第一附加议定书》，第54条第1款。俞正山主编：《武装冲突法》，军事科学出版社，2001年版，第285页。

包括实施监视，以自己所拥有的一切手段，防止交战国军队破坏其中立。《圣雷莫海上武装冲突国际法手册》第 15 条规定：“在中立水域包括构成国际海峡之一部分的水域和其中可以行使群岛海道通过权的水域及其上空，禁止交战国军队进行敌对行动。中立国必须采取与本部分第二节规定相符的措施，包括实施监视，以自己所拥有的一切手段，防止交战国军队破坏其中立。”此观点渊源于海牙第十三公约（《关于中立国海战中的权利和义务公约》）的第 1 条和第 25 条。该公约第 1 条规定，交战国应尊重中立国的主权，并应避免从事任何可能构成侵犯中立的行为。该公约第 25 条规定，中立国必须以自己所拥有的一切手段执行监督，防止对其领水中立地位的侵犯。

其次，海上武装冲突中，中立国自行决定是否允许交战国通过其中立水域。1994 年《圣雷莫海上武装冲突国际法手册》第 19 条：中立国可以中止或继续允许交战国对其领海的无害通过权，只要是公平地适用于交战双方。在第 29 段（中立国不得暂停、妨碍或以其他形式剥夺过境通行权或群岛海道通过权）和第 33 段（国际法规定的继续不停地无害通过某些国际海峡的权力在武装冲突期间不得暂停）的限制下，中立国可以在非歧视基础上限制、禁止交战国军舰和辅助船舶进入或穿越其中立水域，或为此种进入或穿越设置条件。此规定渊源于海牙第十三公约，但也考虑了国际海上武装冲突的最近国家实践和 1982 年《联合国海洋法公约》以来新的海域划分影响。海牙第十三公约第 9 条要求中立国应无歧视地制约、禁止所有交战国军舰或捕获船舶进入其港口、锚地和领水。虽然该公约没有明确中立国是否可以禁止军舰通过其领海，但两次世界大战的国际实践表明，中立国可以禁止军舰通过其领海，但构成或邻接国际海峡的领海部分除外。中立国可以一视同仁地针对交战国的船舶关闭领海，交战国得到关闭的通知后，不得进入中立领海，穿过其海峡，但遇难的情况例外；然而，中立国也可允许交战国的船舶“单纯通过”其领海，其中包括军舰和被俘获的船舶，这种通过在性质上必须是无害的，不得在通过时增加或修理武器装备或补充战争物资，如无相反规则，通过延续的时间不得超过 24 小时。中立法的惯例准许载有伤病员及遇难人员的船只通过领海，不管在其他情况下那些水域是否对交战国船只关闭。

最后，中立国可以依据海牙第十三公约规定交战国军舰或捕获船只进入其港口、锚地或内水方面所制订的条件、限制或禁令，并将这些条件、限制或禁令公平地适用于交战双方。

1. 停泊和离港

禁止交战国的军舰在中立港口或中立锚地停留的时间超过 24 小时。这种限制不适用于专门用于人道主义的、宗教的和非军事科学目的的交战国船只。由于天气所迫或不能适航，中立国可以允许交战国的军舰延长它们的停留时间。中立国应拘留不愿意或不能离开并无权停泊在中立国港口或锚地的交战国军舰。有关对非法延长停留的制裁最著名的案例是“二战”时德国“格拉夫斯比海军上将”号巡洋舰一案。该船曾同英国一艘巡洋舰进行小规模战斗后，于 1939 年 12 月 13 日到达蒙得维的亚港，因未能取得乌拉圭同意延期 15 天以便修理，该船不得不在 72 小时（乌政府当时规定交战国军舰在其港口的停泊时间不超过 72 小时）后离开港口，于 12 月 17 日开往公海时与法英舰队相遇而自行凿沉，1 100 名船员被拘禁在阿根廷，后于 1946 年 2 月 14 日被释放。

除非中立国已通过与此相反的法律，任何一个交战国不得在同一个中立港口或锚地一次停泊三艘以上的军舰。如果交战双方的军舰同时停泊在中立港口或中立锚地，那么，敌对双方船舶离开的时间间隔不得少于 24 小时。

2. 战争物资、补给品和修理的限制

禁止交战国军舰使用中立港口或锚地来增加其战斗力，增加战斗力的方式包括补充和增加战争物资、武器、船员以及安装任何与交战部队联络的通信装置等等，修理也是增加战斗力的方式之一，除非在中立国地方当局核定修理项目的范围内，并且只能是在航行安全绝对必要的限制内。当然，交战国军舰在中立国港口或锚地的正常补给是允许的，补给的燃料以足够到达本国最近的港口为宜，曾在一个中立国港口补给燃料的交战国军舰，三个月以内不得在同一中立国的港口补充燃料。

3. 对捕获船的限制

除非由于失去航行能力、气候恶劣或缺乏燃料与粮食等原因，捕获船只不得进入中立国港口。一旦这些入港原因消失，捕获船只必须立即离开，如不驶离，中立国应命驶离，如不服从命令，中立国应设法释放捕获船只及其全体船上人员，并拘留捕获者派在船上的人员。

4. 中立国的自卫权

自卫权是中立国在其中立地位受到武力破坏时，相应采取武力行动的基础。自卫权是中立权利的重要内容。中立国行使自卫权并不丧失其中立地位。海牙第五公约第 10 条规定："中立国用武力抵抗侵害其中立的行为不得被认为是敌对行为。"① 美国在"二战"前夕，把自卫权作为有条件中立以及后来放弃中立的理由。美国认为，根据国家的最高自卫权，国际义务的履行是相互的，既然一个国家已经以空前的规模违反了国际法的一般规则，其中包括中立规则，那就不能允许以这些规则为根据而使其实现非法企图，破坏国际社会的基本法律是对国际社会一切成员的威胁。② 当然，自卫权的行使必须符合必要性和相称性原则，在中立关系中也不例外。

（二）中立国管辖权的限制

海上武装冲突中，中立国在对主权水域行使管辖权时，对于交战国因进行战争而依据战争与武装冲突法所采取的行动使本国管辖权蒙受不利时，应在一定范围内予以容忍，因而其管辖权会受到不同方面的限制。至 19 世纪上半叶，传统中立法还坚持交战国有权强行通过中立领土，中立国负有容忍的义务。但现代国际法确立的国家绝对权理论的发展，也必然要求交战国绝对尊重中立国的领土主权，不得以军事必要作借口而采取战争行动，侵犯中立国的利益。海上武装冲突中中立国管辖权的限制，除交战国对中立国管辖水域（专属经济区、大陆架）及公海上实施军事行动带来的影响外，还体现在传统海战法、中立法所规定的中立国公正不偏的义务、防止义务，以及现代海洋法及海上武装冲突法所确立的交战国对中立海峡和中立国群岛海道的通行权等方面。

---

① 肖凤城：《中立法》，中国政法大学出版社，1999 年版，第 145 页。

② 美国总统在 1941 年 1 月 6 日致国会的咨文中指出："单方面的国际法，这种国际法在其遵守的方面缺乏相互性，因而成为一种压迫的工具。"

（1）中立国应采取措施，防止交战国任何一方为了进行战争而利用其领土或其管辖范围内的区域。

如果中立国不能或者不愿有效地行使其不可侵犯的权力，那么，受到伤害的交战国可以在中立领土对敌方部队采取敌对行动，包括使用军舰和军用飞机，以及非法使用其领土。交战国人员在中立领土上受到进攻或进攻威胁时，或受到来自中立领土的进攻或威胁时，也有权进行自卫。但是，行动应严格限制在自卫的范围内，不能以自卫为理由损害中立国的利益。如甲乙两国交战，若甲国违反中立法，在中立的丙国领海内攻击乙国军舰，若丙国无力制止，乙国出于自卫可以还击。但是。事过之后，乙国无权以报复为由也在丙国领海内攻击甲国军舰。

中立国必须动员足够多的武装部队确保完成或阻止交战国部队穿过中立国边界的责任，进入中立领土的交战国部队必须被解除武装，并被拘留至武装冲突结束；但中立国可以允许属于任何一方武装部队的伤病员通过其领土，但不得混杂有战斗人员和作战物资。如果允许通过，中立国有责任确保他们的安全并对他们进行监督；逃离攻击者并前往中立领土的战俘，可以遣返或自由地留在中立国，但在中立国期间不允许参加作战行动。当然，因中立国的领土或管辖区域的形态不同，中立国对交战国采取的措施也不尽相同。1907 年海牙第十三公约有很多规定，如第 3 条：船只在中立国领水内被捕获的，如果该船仍在该中立国管辖范围内，该中立国应使用它所掌握的一切手段释放被捕获船只及全体船员，并拘留捕获者派在船上的人员。如果被捕获的船只不在中立国管辖范围内，在中立国的要求下，捕获国政府必须释放捕获的船只及其全体船员。又如第 8 条：中立国政府应尽其力阻止任何船只在它的管辖范围内得到装备和武装，如果它有理由相信这些船只用于巡航或参加与它和平相处国家的敌对行动的话。对于在其管辖范围内进行全部或部分改装，并用于巡航或进行敌对行动的任何船只，中立国政府应尽力阻止其驶离它的管辖范围。再如，第 24 条：如果中立国当局已发出通知，但交战国军舰仍拒绝从无权停泊的港口离开，中立国有权采取它认为必要的措施，设法阻止该舰在战争期间出海，舰长应遵照执行。如交战国军舰被中立国扣留，则船上军官和船员也一并被拘留。被拘留的军官和船员可留在船上、移往他船或岸上，但应服从对他们所加的必要的限制措施。不过，应留下必要的人员以便照料船上事务。船上军官在做出未经许可决不离开中立国领土的保证后，可自由离开。最后，第25条规定：中立国应以自己所拥有的手段执行监督，防止在其港口、锚地或领水内发生任何违反上述规定的行为。[①]

（2）中立国在行使管辖权时，对交战双方负有公正不偏的义务。

公正不偏义务是指中立国防止和阻止交战国利用该中立国的条件造成对另一交战国不利的义务。中立国的公正不偏义务在中立规则中有大量明确的规定。例如，海牙第五公约规定："中立国没有义务阻止为交战国一方或另一方输出或运输武器、弹药以及一般对军队或舰队有用的任何物品。""中立国没有义务禁止或限制交战国使用属于它或公司或私人所有的电报或电话电缆以及无线电报器材。"但是，"中立国对第7条和第8条所指内容所采取的一切限制或禁止措施应对交战双方公正不偏地予以适用"。又如，"交战国一方在上述条件下带进中立国领土的敌对一方伤病员应由中立国予以看管，务使他们不得重新参加作战行动。该中立国对委托给它的另一方的军队的伤病员也负有同样的义务"。再如，海牙第十三公约规定："中立国应将它对交战国军舰或捕获船只进入其港口、锚地或领水方面所制订的条件、限制或禁令，公平地适用于交战双方。"[②]

（3）中立海峡和中立群岛海道应允许交战国通行。

按习惯国际法的规定，交战国水面船只、潜艇、辅助船舶和军用飞机都享有穿过、飞越和从水下通过中立国国际海峡的过境通行权和中立群岛海道的通过权。中立国不得中止、妨碍或在其他情况下，阻止过境通行权和通过权的行使。交战国的军舰在通过与中立国水域重叠的国际海峡和群岛海道时，必须毫不迟延地通过或飞越，不对沿岸国的主权、领土完整或政治独立进行任何武力威胁或使用武力，或以任何其他违反《联合国宪章》所体现的国际法原则的方式进行武力威胁或使用武力。除因不可抗力或遇难而有必要外，不从事其继续不停和迅速过境的通常方式所附带发生的活动以外的任何活动，但它可以采取符合他们安全利益的防卫性措施，其中包括起飞和回收飞机、警戒队形航行和进行音响及电子监视。当然交

① 肖凤城：《中立法》，中国政法大学出版社，1999年版，第148-151页。

② 肖凤城：《中立法》，中国政法大学出版社，1999年版，第145页。

战国不可把中立海峡和群岛海道作为庇护区和作战基地，而且也不可在这些水域行使交战国的登临检查权。

国际常设法院对“温勃登号案”的判决是对上述问题最具影响的国际判例。1919 年《凡尔赛和约》第 380 条规定，德国的基尔运河应当向所有与德国保持和平状态的国家的商船和军舰开放。1921 年 3 月，德国以其在俄波战争中中立为由，拒绝为波兰海军运送军需品［战时禁制（运）品］的英国船“温勃登”号通过基尔运河。国际常设法院对“温勃登号案”的判决指出，德国的中立法只是德国的单方行为，其效力无论如何不能优于《凡尔赛和约》的规定。只有对与德国交战的国家的船舶，德国才有权拒绝其通过基尔运河。法院引证了苏伊士运河和巴拿马运河的先例，指出无论交战国军舰还是交战国或中立国运载战时禁制（运）品的商船通过国际水道，都不能认为与沿岸国的中立地位不相容。法院指出：“当一个连接两面公海的人工水道已被永久供全世界之用时，这种水道就视同天然海峡，就是说，即使交战国的军舰通过，也不损及该水道所属的主权国家的中立地位。”[①] 这个判例表明，中立国领水中的水道如果被国际条约确立为国际水道，中立国在条约范围内就有义务允许交战国军舰和运载禁制（运）品的其他船只通过。

---

① 肖凤城：《中立法》，中国政法大学出版社，1999 年版，第 171 页。

第八章　国家海上管辖权豁免

国家管辖豁免主要是指一个国家及其财产免受其他国家国内法院的司法管辖。[①] 国家豁免是国家基于主权所享有的不受他国司法管辖的权利，它是国际法的重要原则。国家在海上的豁免权，主要体现在军舰和政府公务船上，它是国家主权原则的具体表现形式。《联合国海洋法公约》关于国家豁免问题，采取的是有限豁免原则，在该原则下，用于商业目的的政府船舶或纯商业性船舶是不享有豁免权的。这一豁免权可分为完全豁免权与不完全豁免权。《联合国海洋法公约》第95条、第96条规定，军舰或专用于政府非商业性服务的船舶在公海上享有不受船旗国以外的任何其他国家管辖的完全豁免权。而在他国领海、专属经济区或大陆架，军舰和其他用于非商业性目的的政府船舶，因受沿海国有关法律和规章的限制，相对公海上的豁免权来说，则是不完全的。应明确的是，国家海上豁免制度，豁免的是司法管辖而非责任。军舰和政府公务船无论在什么海域违反沿海国的法律规章，违反海洋法公约或其他国际法规则，而使他国遭受的任何损失或损害，船旗国应承担国际责任。

除了这种平时海上国家管辖豁免外，在战时海上还有一种特殊的豁免，严格地说是一种特殊的保护制度：出于人道主义的需要，对特定的船舶、飞机及所载货物、人员给予特殊保护。对这种豁免制度也极有必要加以阐释。

---

① 龚刃韧：《国家豁免问题的比较研究——当代国际公法、国际私法和国际经济法的一个共同课题》，北京大学出版社，2005年版，第1页。

第一节　平时国家海上管辖权豁免

一、国家海上管辖权豁免主体

平时国家海上管辖豁免的主体，除了一国国家、享有外交特权与豁免的人以外，主要是军舰、国家所有或经营并专用于政府非商业性服务的船舶。军用航空器主要是军用飞机与用于海关和警察等政府部门非商业用途的航空器共同构成了国家航空器，以此区别于民用航空器。军用航空器与这些政府非商业用途的公用航空器，其法律地位类似于在国家军用及其他公用船舶情形下所享有的地位①，也享有与军舰等公用船舶相似的国家海上管辖豁免。

（一）军舰

1. 军舰的概念

军舰是各国海军海上行动的主要工具，也是海上武装冲突中进行军事攻击的主要对象。关于军舰的定义一般是由各国国内法所规定的。国际法上，有关军舰的概念在1907年《商船改装为军舰的公约》（第七公约）中就有了较早的阐述。根据该公约，军舰应至少具有被置于船旗国的直接管辖、控制和负责之下②，具备本国军舰特有的外部标志③，舰长应为国家服役并由主管机关正式任命并被列入战斗舰队军官名册④，船员应受军队纪律的约束⑤，以及被载入军舰名单⑥等几个特征。在1958年《公海公约》

---

① 沃尔夫刚·格拉夫·魏智通主编：《国际法》，吴越、毛晓飞译，法律出版社，2000年版，第405页。

② 1907年《商船改装为军舰的公约》（第七公约）第1条。参见张召忠：《海战法概论》，解放军出版社，1995年版，第473页。

③ 1907年《商船改装为军舰的公约》（第七公约）第2条，同上。

④ 1907年《商船改装为军舰的公约》（第七公约）第3条，同上。

⑤ 1907年《商船改装为军舰的公约》（第七公约）第4条，同上。

⑥ 1907年《商船改装为军舰的公约》（第七公约）第6条，同上。

和1982年《联合国海洋法公约》中，军舰的概念得到了进一步的明确。根据1958年《公海公约》，为本公约各条款的目的，“军舰”一词是指属于一国海军、具备辨别军舰国籍的外部标志、由该国政府正式委任的和名列海军名册的军官指挥并配备有服从正规海军纪律的船员的船舶。[①] 根据1982年《联合国海洋法公约》，为本公约的目的，“军舰”是指属于一国武装部队、具备辨别军舰国籍的外部标志、由该国政府正式委任并名列相应的现役名册或类似名册的军官指挥和配备有服从正规武装部队纪律的船员的船舶。[②]

所以，国际法上的军舰具有以下四个特征：第一，军舰是所属国武装力量的组成部分，其编制服役于所属国家的海军、陆军海防等部队中，主要为国家的军事行为服务；第二，军舰必须具有明显的、能够辨别其国籍的外部标志；第三，军舰必须由所属国政府正式委任的现役军官指挥；第四，军舰上配备的是服从正规武装部队纪律的船员。这些特征是军舰和民用或其他船只的主要区别。

根据国际法和海战法的规定，结合各国军事活动的海上实践，军舰主要包括三类：一是水面战斗舰艇，也称“水面舰艇”，是在水面遂行战斗任务舰艇的统称，包括各种类型的航空母舰、驱逐舰、护卫舰（艇）、猎潜艇、扫（布）雷舰（艇）和各种类型的登陆舰艇等等，它们是各国海军海上行动和作战的主要舰种。二是潜艇，亦称“潜水艇”。它是指能够潜入水下活动和作战的舰艇。潜艇按其作战任务可分为战略导弹潜艇和攻击潜艇；按其动力装置可分为常规动力潜艇和核动力潜艇；按其装备的主要武器可分为弹道导弹潜艇、巡航导弹潜艇和鱼雷潜艇等等。三是战斗勤务保障舰船，是指在海上行动或战斗中为保障海军行动实施而提供军事、装备、技术、后勤的舰船的统称。主要包括：军事运输船、综合补给船、电子侦察船、电子干扰船、工程船、训练船等。虽然它们种类各异，但都具有军舰的共同特征并且具有军事目的，从而其在海上行动中享有军舰的法律地位。

---

① 1958年《公海公约》第8条。

② 《联合国海洋法公约》第29条。参见傅崐成编校：《海洋法相关公约及中英文索引》，厦门大学出版社，2005年版，第10页。

2. 军舰国家豁免地位的确立

考察军舰国家豁免原则的确立过程，很容易发现，国家豁免原则早期的形成是以军舰为主线的。

早在1668年，荷兰就曾发生过一起涉及外国国家财产法律地位的事件。在西班牙国王的债权者的请求下，三艘西班牙军舰在荷兰港遭到扣押。对此，西班牙大使提出了抗议。不久荷兰议会向法院发出立即释放西班牙军舰的命令。[①] 对此，荷兰国际法学者宾刻舒克认为，荷兰没有对西班牙的军舰行使管辖，与其说是根据国际法上的原则，不如说是基于国家政策的考虑。因此，这一事件还不能说就是军舰享受国家豁免的先例。甚至在18世纪末以前，外国军舰的管辖豁免还没有得到一般的承认。[②]

在19世纪，通过美国、英国以及德国等国内法院的判例，形成了承认外国军舰享有豁免的规则。

1812年美国联邦最高法院对“交易号诉麦克法登案”的判决，被认为是确立国家豁免原则的最重要的国内法院判例之一。“交易”号原是一艘美国公民拥有的纵帆船。该船于1810年在公海上被法国军队拿捕，但未经捕获法院的审判就被编入法国海军，命名为“巴拉乌”号。在1811年的一次航行中，由于天气恶劣，该船被迫进入美国菲拉德尔菲亚港。于是该船的原所有人在联邦地区法院提起诉讼，要求法院将原“交易”号判归他们。该船没有派人出庭应诉，但宾州检察官代表美国政府到庭陈述意见，认为该船即便是从原告手中非法没收的，其所有权也已于没收当时转属法国皇帝，因此请求法院驳回原告起诉并释放该船。地区法院驳回了原告的请求。原告上诉到联邦巡回法院，巡回法院否定了地区法院的判决。检察官遂上诉至联邦最高法院。联邦最高法院于1812年做出判决，撤销了巡回法院的判决，并确认了地区法院的判决。[③] 本案是美国关于国家及其财产享有司法豁免，即主权豁免的第一个司法判例。这个判例以确认军舰国家

---

① 宾刻舒克：《使节论》（1721年），牛津1940年英译本，第150-151页。

② 龚刃韧：《国家豁免问题的比较研究——当代国际公法、国际私法和国际经济法的一个共同课题》，北京大学出版社，2005年版，第19页。

③ 同上。

豁免权的形式确认了国家及其财产的司法豁免。

美国最高法院关于“交易号案”的判决原则，在英国海事法庭1820年审理的“普林斯·弗雷德里克号案”中得到援引。[①] 这是一个关于对荷兰军舰海上救助报酬争执的诉讼。英国救助者对荷兰军舰提起对物诉讼。英国海事法官考斯特认为对外国军舰的司法管辖会引起国际法上的微妙问题，因而建议通过仲裁程序来解决此案。1897年，英国海事法庭在另一个关于对美国军舰“宪法”号的海上救助报酬纠纷的案件中，更加明确地承认了外国军舰应享有民事豁免权。[②]

值得注意的是，1894年国际法学会在巴黎会议上通过的关于领海制度的决议中，对有关沿海国的管辖权问题，专门将外国军舰作为特殊情况做了保留。可以说，关于外国军舰享有豁免的国际习惯法规则在19世纪基本上得到确立。[③]

1926年，各国基于“承认共同制定关于政府所有船舶豁免权的若干统一规则是有益的”，决定为此目的而签订《统一国有船舶豁免的某些规则的公约》。根据该公约，军舰、医院船、辅助船以及供应船不受适用于私有船舶、货载和设备者的责任和义务规则的约束，不适用与私有商船、货载及其所有人相同的法院管辖权、法律诉讼和程序方面的规则，而且对上述船舶不得以任何法律程序进行拿捕、扣押或滞留，也不得对其提起对物之诉。也就是说，军用船舶享有国家管辖豁免权。至此，军舰的国家豁免地位固定下来，成为国际习惯法，并为1958年《公海公约》和1982年《联合国海洋法公约》所确认。《联合国国家及其财产的管辖豁免公约》二读草案第19条将几类财产排除在一国的商业用途财产之外，其中包括军事财产尤其是军舰。

---

① 《多德森海事判例汇编》，第2卷，1820年，第451页。转引自龚刃韧：《国家豁免问题的比较研究——当代国际公法、国际私法和国际经济法的一个共同课题》，北京大学出版社，2005年版，第13页。

② 《法律判决录·海事法庭判例汇编》，第4卷，1879年，第39页。转引自龚刃韧：《国家豁免问题的比较研究——当代国际公法、国际私法和国际经济法的一个共同课题》，北京大学出版社，2005年版，第14页。

③ 龚刃韧：《国家豁免问题的比较研究——当代国际公法、国际私法和国际经济法的一个共同课题》，北京大学出版社，2005年版，第19页。

(二) 一国所有或经营并专用于政府非商业性服务的船舶

1. 非商务政府用船的概念

非商务政府用船是指除军舰以外的国家公用船舶，包括海关、边防、海事、海监、渔政等国家用于非商业用途的船舶。

2. 非商务政府用船豁免地位的确立

1878年比利时政府邮船“比利时国会”号在英国港口与一艘英国私人拖船相撞，该拖船船主在英国海事法庭提起诉讼，要求损害赔偿。1879年在第一审中，英国海事法庭法官菲利莫尔认为，“比利时国会”号不仅从事邮件运输，而且部分地从事了商业运输，因此不属于享有管辖豁免的公船的那一类。但次年，英国上诉法院撤销了第一审判决，承认“比利时国会”号享有管辖豁免。上诉法院在判决中指出，外国政府邮船和外国军舰一样，都是外国的公共财产，由于各国国君权力绝对独立，以及每个主权国家尊重其他主权国家的独立和尊严，其结果导致每一国家都拒绝通过其法院对任何君主个人或任何其他国家的大使、或任何国家的被指定用于公共用途的公共财产行使领土管辖权。[①] 1880年英国上诉法院对“比利时国会号案”的这个判决，对于确立外国政府非军用船舶的法律地位具有十分重要的意义。

当然，在19世纪承认外国政府邮船享有豁免地位的这些国内法院判例中，有的是基于国际法上的一般原则，有的则基于有关国家之间双边条约的具体规定。例如，在上述1880年“比利时国会号案”中，英国上诉法院是从国际法的基本原则出发，引申出外国国家公有财产享有管辖豁免的一般原理，从而得出该案中的外国政府邮船应与外国军舰一样享有管辖豁免的结论。而1865年意大利司法部长在关于一个外国邮船的案件中指出，如果没有双边条约规定就不给予管辖豁免。又如，1885年法国艾克斯上诉法

---

① 《法律判决录·海事法庭判例汇编》，第5卷，1880年，第214-215页。转引自龚刃韧：《国家豁免问题的比较研究——当代国际公法、国际私法和国际经济法的一个共同课题》，北京大学出版社，2005年版，第14页。

院在“马汀诉意大利政府案”中，也主要是根据1869年和1875年的两个法意条约判决意大利政府邮船管辖豁免。可见，外国非军用公共船舶的豁免地位在19世纪并未得到广泛一致地确认。

此后，1926年《统一国有船舶豁免的某些规则的公约》明白地确认了政府非商务船舶的国家豁免地位。根据该公约，政府快艇、巡逻船舶以及国家所有或国家经营而在诉因发生时完全为政府使用而非用于商业目的的其他船舶，与军舰享有同样的豁免地位，对这类船舶也不得以任何法律程序进行拿捕、扣押或滞留，亦不得对其提起对物之诉。根据1958年《公海公约》的规定，由一国所有或经营并专用于政府非商业性服务的船舶，在公海上应享有不受船旗国以外任何其他国家管辖的完全豁免权。[①] 1982年《联合国海洋法公约》也确认了用于非商业目的的政府船舶的豁免权，即“A分节和第三十条及第三十一条所规定的情形除外，本公约规定不影响军舰和其他用于非商业目的的政府船舶的豁免权”，“由一国所有或经营并专用于政府非商业并服务的船舶，在公海上应不受船旗国以外任何其他国家管辖的完全豁免权”。

二、国家海上管辖权豁免内容

根据国家主权原则和国际惯例，在平时的海上行动时，国家非商业用途公用船舶包括军舰和海监、海关、卫生、边防等政府公务船舶，无论是在国家主权海域、国家专属管辖海域还是在国际海域，均享有豁免权和不可侵犯权。这里主要以军舰为典型代表加以阐述，因为这种豁免权也同样及于其他用于非商业目的的政府船舶。[②]

（一）内水、领海中的管辖豁免

沿海国有权拒绝一切外国船舶进入其内水，一般没有承认外国船舶无

---

① 1958年《公海公约》第9条。

② 《联合国海洋法公约》第32条。参见傅崐成编校：《海洋法相关公约及中英文索引》，厦门大学出版社，2005年版，第10–11页。

害通过的义务。[①] 外国军舰进入他国内水，须通过外交途径事先申请，获许后才能进入，获许进入内水的外国军舰享有豁免权。[②] 同样，合法进入沿岸国内水的非商业目的的政府公用船舶也享有豁免权。[③] 这种豁免权主要表现在：沿岸国对军舰只可以进行卫生和防疫检查，而应免除海关和边防检查；不得对其进行司法管辖（民事、刑事管辖）；不得对军舰内部事务进行干涉；未经舰（船）长同意，沿岸国人员不得登舰；沿岸国任何人不得强行登船搜捕逃到舰上的非舰上人员，如有人犯逃入军舰进行避难，舰（船）长拒绝引渡，只能通过外交途径解决；军舰在外国港口停泊，离开军舰进行活动的小艇以及因公务目的而获准登岸的舰上人员也享有豁免权。除了军舰本身的豁免权外，军舰上的人员也享有相应的豁免权。舰长和舰上高级指挥官享有外交特权和完全豁免权；其他舰员着军装登岸履行公务时享有豁免权，因私活动时其法律地位与当地侨民一样，不享受豁免权。但是，豁免管辖不等于豁免责任。如果任何军舰不遵守沿海国关于进入内水、停靠港口、通过领海的法律和规章，而且不顾沿海国向其提出遵守法律和规章的任何要求，沿海国可要求该军舰立即离开内水、领海。[④] 如果出现军舰或其他用于非商业目的的政府船舶不遵守沿海国有关通过领海的法律和规章或不遵守公约的规定或其他国际法规则，而使沿海国遭受任何损失或损害的情形，船旗国应对此负国际责任。[⑤] 如果舰上人员在沿海国领土上实施违法行为，沿海国虽无权对其缉拿和审讯，但可通过外交途径交由人员所属国按本国法律进行制裁。《中华人民共和国领海及毗连区法》规定，外国军用船舶进入我国领海除必须遵守非军用船舶的规定外，还必须事先征得我国政府批准，对外国军用船舶或者用于非商业目的的外国政府船舶依法通过我国领海时，享有管辖豁免权。如果外国军用船

① 但遇难船舶可以驶入或通过；如果因重新划分直线基线，致使原先认为是领海或公海一部分的水域为内水时，外国船舶在此水域内应继续享有无害通过权（《联合国海洋法公约》第 8 条）。

② 《联合国海洋法公约》第 32 条。参见傅崐成编校：《海洋法相关公约及中英文索引》，厦门大学出版社，2005 年版，第 10-11 页。

③ 《联合国海洋法公约》第 32 条，同上。

④ 《联合国海洋法公约》第 30 条，同上。

⑤ 《联合国海洋法公约》第 31 条，同上。

舶或者用于非商业目的的外国政府船舶在通过中华人民共和国领海时，违反中华人民共和国法律、法规的，中华人民共和国有关主管机关有权令其立即离开领海，对所造成的损失或者损害，船旗国应当负国际责任。①

领海是一国的主权水域，但所有国家，不论沿海国或内陆国，其船舶均享有无害通过领海的权利。虽然对于军舰通过领海这种情形有不同认识，但无论如何，只要一国军舰依法通过沿海国的领海，就意味着该军舰在领海内享有豁免权。② 关于军舰在领海内的豁免问题，《奥本海国际法》有专门论述：军舰在外国领水中地位的特征是：它们在一个意义上是“船旗国的浮动部分”。在外国军舰进入国家的领水时，该国必须在各方面都把它们视为船旗国的浮动部分。因此，即使一艘军舰是停在外国领水内，它连同所载的所有人和物都应继续在船旗国的管辖权之下。不管是为了收回占有权，或者为了索取碰撞赔偿费，或者为了索取救助酬金，或者为了任何其他的原因，一概不得对它进行法律程序。非经军舰舰长特许，沿岸国的官员不得登舰。舰上服务人员在船上的犯罪行为，应只受舰长和船旗国其他当局的管辖。如果暂时在舰上的沿岸国人民在舰上犯罪，它们可以（虽然不是必需的）被带回船旗国去承办，甚至对于非属舰上船员而在沿岸国领土上犯罪后逃上军舰的个人，沿岸国当局也不能用强制手段将它从舰上捕去；如果舰长拒绝将该犯交出，沿岸国当局只有经由外交途径向船旗国交涉解决。③

（二）公海上的管辖豁免

无论根据国际习惯法的一般规则，还是根据特殊国际协定，海洋国家向来在一定的限度内在公海上合法地行使不同性质和形式的管辖权。④

根据《联合国海洋法公约》第 92 条规定：“船舶航行应仅悬挂一国的旗帜，而且除国际条约和本公约明文规定的例外情形外，在公海上应受该

① 《中华人民共和国领海及毗连区法》第 10 条。

② 《联合国海洋法公约》第 32 条。参见傅崐成编校：《海洋法相关公约及中英文索引》，厦门大学出版社，2005 年版，第 11 页。

③ ［英］詹宁斯、瓦茨修订：《奥本海国际法》，第一卷，第二分册，王铁崖等译，中国大百科全书出版社，1998 年版，第 589 页。

④ 周鲠生：《国际法》，商务印书馆，1983 年版，第 491 页。

国的专属管辖。”① 第94条规定：“每个国家对悬挂该国旗帜的船舶有效地行使行政、技术及社会事项上的管辖和控制。”第97条规定：“在公海上发生的碰撞或任何其他航行事故涉及船长或任何其他为船舶服务的人员的刑事或纪律责任时，对此种人员的任何刑事诉讼或纪律程序，仅可向船旗国或此种人员所属国的司法或行政当局提出。”“船旗国当局以外的任何当局，即使作为一种调查措施，也不应命令逮捕或扣留船舶。”尽管公海自由原则不允许一国对外国商船行使权利，但是为了所有国家维持和平时期公海秩序的目的，国际法赋予各国军舰以某些权利。包括军舰可以追逐、靠近和登上被合理怀疑犯有违反国际法行为嫌疑的商船进行检查的紧追权和登临权，并有确认违法行为后加以逮捕的权利。

但就国家在公海上管辖权的对象而言，所称船舶当然是严格指商船及其他私人船舶，决不能包括军舰或其他公船在内。②《奥本海国际法》在第29目“军舰和公共船舶的管辖豁免”中也指出：军舰在公海上有“不受船旗国以外任何其他国家管辖的完全豁免权”，这是国际法上久已确立的一条规则。由一国所有和经营并专用于“政府非商业性服务”的其他船舶在公海上也可以有不受船旗国以外任何国家管辖的完全豁免权。

1958年《公海公约》和1982年《联合国海洋公约》都明确规定，军舰及由一国所有或经营并专用于政府非商业性服务的船舶，在公海上“有不受船旗国以外任何其他国家管辖的完全豁免权”。《联合国海洋公约》第95条规定：“军舰在公海上有不受船旗国以外任何其他国家管辖的完全豁免权。”因而任何其他国家不得对其提出司法管辖的要求。如果一国干扰了另一国军舰的正常航行或者对其提出管辖要求，这种行为应被认为是对船旗国主权的侵犯和不尊重。③

当然，私人所有的船舶在公海上虽然并不享有这种不受管辖的完全豁免权，但是它们原则上是在船旗国的专属管辖和保护之下。例如，在船上

① 《联合国海洋法公约》第92条。参见傅崐成编校：《海洋法相关公约及中英文索引》，厦门大学出版社，2005年版，第34页。

② 周鲠生：《国际法》，商务印书馆，1983年版，第501页。

③ 《联合国海洋法公约》第95条。参见傅崐成编校：《海洋法相关公约及中英文索引》，厦门大学出版社，2005年版，第35页。

出生的儿童，订立遗嘱或商业合同，或做犯罪行为，以及其他类似行为，都可以被认为是在船旗国的属地最高权利之下发生的。

但是，在政府船舶发生叛乱或被船上人员控制而从事海盗行为，则丧失豁免权，与私人船舶的海盗行为同样看待和处理。

（三）平时海上管辖豁免的其他内容

1. 国际海底管理局的管辖豁免

国际海底管理局是缔约国按照《联合国海洋法公约》的规定，组织和控制国际海底区域活动，管理“区域”资源的组织。它具有国际法律人格以及为执行职务和实现其宗旨所必要的法律行为能力。为使其能够执行职务，管理局应在每一缔约国的领土内享有公约中规定的特权和豁免权。[①]管理局及其财产和资产，应享有对法律程序的豁免，但管理局在特定事件中明确放弃这种豁免时，不在此限。[②] 管理局的财产和资产，不论位于何处和为何人持有，应免受搜查、征用、没收、公用征收或以行政或立法行动进行的任何其他形式的扣押，[③] 管理局的财产和资产应免除任何性质的限制、管制、控制和暂时冻结。[④]

与管理局有关的人员（包括缔约国代表），以及管理局的秘书长和工作人员，出席大会、理事会、或大会或理事会所属机关的会议时，也享有一定的特权和豁免。根据公约，该类人员在每一缔约国领土内应就他们执行职务的行为，享有对法律程序的豁免，除非在适当情形下，他们所代表的国家或管理局在特定事件中明白放弃这种豁免；如果他们不是缔约国国民，应比照该国应给予其他缔约国职级相当的代表、官员和雇员的待遇，享有在移民限制、外侨登记规定和国民服役义务方面的同样免除、外汇管制方面的同样便利和旅行便利方面的同样待遇。

---

① 《联合国海洋法公约》第182条。参见傅崐成编校：《海洋法相关公约及中英文索引》，厦门大学出版社，2005年版，第70页。

② 《联合国海洋法公约》第182-183条。参见傅崐成编校：《海洋法相关公约及中英文索引》，厦门大学出版社，2005年版，第70页。

③ 同上。

④ 同上。

2. 海洋环境保护与保全的管辖豁免

在海上环境污染管辖权部分，已经论述了沿海国、港口国在一定情况下对船旗国的船舶可行使管辖权的情形，但是根据《联合国海洋法公约》第236条，本公约关于保护和保全海洋环境的规定，不适用于任何军舰、海军辅助船、为国家所拥有或经营并在当时只供政府非商业性服务之用的其他船只或飞机。也就是说，即使这类船舶给沿海国、港口国的管辖海域造成污染，也不受沿海国、港口国的管辖，即享有“主权豁免”。但是，“每一国家”应保证“在合理可行范围内”，军舰、海军辅助船以及享有主权豁免的其他船只或飞机的“活动方式符合”本公约。①

3. 群岛水域、毗连区、专属经济区等海域的国家管辖豁免

结合《联合国海洋法公约》看，军舰在群岛水域、毗连区、专属经济区等海域内的豁免权与在内水、领海、公海中的豁免权没有实质区别。如果一定要说有所区别的话，也只是军舰在这些海域内的权利义务或说是军舰行动的自由度上有差别，但这并不是军舰的豁免权问题；依法通过或进入、停靠的军舰，都享有无实质差别的豁免权。本章导言中所说的完全豁免权与不完全豁免权的问题，其实正是从这个意义上界定的。

三、国家海上管辖权豁免依据

（一）国家管辖豁免的理论根据

关于国家豁免的理论根据，几乎从一开始就在各国的国际法学说以及国内法院案例中存在着不同的见解。归结起来，主要有治外法权理论、尊严理论、礼让理论和主权平等理论。分析军舰以及政府非商务公用船舶管辖豁免的依据，必然要涉及这几种理论。

“治外法权”的概念，最初是作为外交使节特权与豁免的理论根据而

① ［英］詹宁斯、瓦茨修订：《奥本海国际法》，第一卷，第二分册，王铁崖等译，中国大百科全书出版社，1998年版，第360目“主权豁免”。

被提出来的。根据这种理论，使馆被比拟为派遣国领土的延伸，因此，尽管外交使节常驻在接受国内，但仍然被看作像处于接受国领域之外的那样，不必服从于接受国的属地管辖，也不适用接受国的法律。但是19世纪的一些有关形成国家豁免的重要国内法院判例，对治外法权理论采取了排斥立场。这其中，前面提到的1812年美国“交易号诉麦克法登案”就是一例。在该案的判决中，美国联邦最高法院写道：“这种治外法权的虚拟，如果违背领土主权的意志则是不能得到确立和支持的。”① 可见，即使是在国家豁免形成初期的19世纪，以治外法权作为国家豁免根据的理论，也没有得到一般的承认。原因有三：一是这种理论没有严格区别程序法的豁免和实体法的豁免；二是该理论只是一种虚拟，且以国家豁免的某种结果作为原因，逻辑混乱；三是该理论不能正确反映国家豁免的实际情况。②

而“尊严论”则是一些国家尤其是英美国家的国内法院判例中被经常引为给予外国国家豁免的理论根据之一。③ 作为尊严的概念，最早源于国家君主至高无上的地位。根据各国事件，在国家之间适用尊严的概念，至少有一种含义是作为国家豁免的理由或根据。还是在1812年美国“交易号诉麦克法登案”中，美国联邦最高法院认为，要求外国主权者服从领土国的管辖与该主权者的尊严以及与该主权国家的尊严是不相容的。同样在1880年“比利时国会号案”中，英国上诉法院的判决也指出，所有主权国家在外国法院所享有的豁免，来自这样一种推论，即对外国国家行使审判管辖，“将与外国主权者的至上的尊严不相符合。这也就是说，与所有最高权威者的绝对独立不相符合”。④ 当然，在有关国家豁免的问题上，尊严概念从来就没有被单独作为理论根据提出过，而通常是与其他概念一起被

① 《美国判例汇编》，1812年版，第116页，第138页。转引自龚刃韧：《国家豁免问题的比较研究——当代国际公法、国际私法和国际经济法的一个共同课题》，北京大学出版社，2005年版，第21页。

② 龚刃韧：《国家豁免问题的比较研究——当代国际公法、国际私法和国际经济法的一个共同课题》，北京大学出版社，2005年版，第21页。

③ 龚刃韧：《国家豁免问题的比较研究——当代国际公法、国际私法和国际经济法的一个共同课题》，北京大学出版社，2005年版，第24页。

④ 《法律判决录·海事法庭判例汇编》，第5卷，1880年，第207页。转引自龚刃韧：《国家豁免问题的比较研究——当代国际公法、国际私法和国际经济法的一个共同课题》，北京大学出版社，2005年版，第22页。

提出来的。[①] 例如，在前述1880年“比利时国会号案”中，英国上诉法院就是将尊严和外国主权者的独立当作同义词使用的。[②] 可见，尊严除非和其他法律概念混合使用，否则一般是不适宜单独作为国家豁免的理论根据的。

至于礼让理论，其在一定程度上可以说明国家豁免的理由，甚至至今在有关学说和判例中还常常被视为国家豁免的一种辅助性根据，[③] 但由于其本身的非法律性质，在法律意义上就难以作为豁免的主要根据。

相比之下，关于主权平等理论在关于国家豁免根据的各种理论中，得到最为广泛的支持。主权平等理论常被表述为“平等者之间无统治权”或者“平等者之间无管辖权”。这个理论不但为大多数国际法学者所提倡，而且在早期的关于确认国家豁免的各种重要判例中，几乎被一致援引为国家豁免的主要根据。如在1812年“交易号诉麦克法登案”和1880年“比利时国会号案”中，都主要依据这一理论做出了判决。可以说，主权平等理论作为国家豁免原则的理论根据是最合适的。

主权平等原则不仅为早期各国所接受，而且也得到现代各国理论和实践的一般承认。联合国国际法委员会关于国家豁免专题报告中就指出：“‘平等者之间无统治权’这一格言曾是一个有效的出发点和国家豁免理论的有说服力的法律基础。”我国著名国际法学者周鲠生也说：这类船舶(军舰和非商务政府公用船舶）之所以具有排他的管辖权，是因为它们代表国家，国家的权力是平等的，不允许其他国家的干预。[④] 除受本国管辖权的支配外，任何其他国家不得在公海上对它们登临检查、追逐和扣押以及诉诸其他法律程序。[⑤]

---

① 龚刃韧：《国家豁免问题的比较研究——当代国际公法、国际私法和国际经济法的一个共同课题》，北京大学出版社，2005年版，第23页。

② 同上。

③ 参见《国际法判例汇编》，第84卷，第130页。转引自龚刃韧：《国家豁免问题的比较研究——当代国际公法、国际私法和国际经济法的一个共同课题》，北京大学出版社，2005年版，第26页。

④ 周鲠生：《国际法》，商务印书馆，1983年版，第8页。

⑤ 魏敏：《海洋法》，法律出版社，1986年版，第217页。

（二）军舰享有豁免地位的依据

军舰是国家武装力量的组成部分，是国家行使海上权力的重要工具，具有特殊法律地位。根据国家主权原则和国际惯例，军舰的特殊法律地位主要是指军舰享有的豁免权，即军舰享有不受他国管辖的权利，包括优惠、免除管辖、不受制裁的权利。军舰只服从本国法律管辖，其他国家无权对军舰进行民事、刑事和行政管辖，不得在军舰上实施警察或法院性质的行为。

在这方面各国的实践趋于一致，不仅在《联合国豁免公约草案》明确加以规定，而且也早已体现于相关国际公约中，为国际社会广泛接受。现代一般认为，军舰豁免权是海洋新权力的子系统之一。①

在1812年美国“交易号诉麦克法登案”中，联邦最高法院首席法官马歇尔在判决中指出：一国在其领土内的管辖权是排他的和绝对的，但它可以自我加以限制。这种类似于主权象征的完全的和绝对的管辖权并不要求将外国主权者和他们的统治权利作为其管辖权的客体。一个主权者在任何方面都不从属于另一个主权者，他负有不把自己或其主权权利置于另一主权者管辖之下，从而贬损其国家的尊严的最高义务。主权者的这种完全平等和绝对的独立，以及促进他们相互交往和彼此通好的共同利益引起了这样一个结果：每个主权者都被认为放弃行使其完全排他的领土管辖权的一部分，而这种管辖权一直被视为是独立国家的特征。首先，主权者被允许享有在另一国领土内不受逮捕或拘留的豁免；其次，同样的原则也适用于外国大臣；最后，一国主权者在允许外国军队通过其领土时，放弃其领土管辖权的一部分。在本法院看来，作为一项公法原则，外国军舰进入对它们开放的港口，应被视为经友好国家的同意而免受其管辖。支持这种观点的证据来源于一国司法权无力强制执行这类案件的判决；来源于一国君主的权力足以对另一国君主所为的非法行为进行报复的考虑。如果上述论据是正确的，那么“巴拉乌”号作为一艘为与美国处于和平状态的外国君主服务的军舰，依据允许外国军舰进入友好国家港口的一般原则，进入了对

① 李春阳：《新世纪海事院校海洋法教育的理性内容》，《海军大连舰艇学院学报》，2006年第4期，第22页。

它开放的美国港口，必须认为是得到了进入美国领土的默示许可，如果它以友好的方式行事，应该享受管辖的豁免。由于本案中美国法官马歇尔根据国际法一般原则阐明了国家豁免的一般原理，因而长期以来为美国法院和其他国家法院经常引用。

德国学者[①]也认为，合法进入他国领海或内水的外国公用船舶具有广泛的特权与豁免。这类船舶不能合法地隶属于诸如海上救助费用而引起的民事诉讼，或隶属于违反当地法律规章的刑事诉讼。一直在船舶上的个人不受当地管辖，而不管其在岸上实施的行为或所实施行为的后果是否及于岸上而违反了当地法律。至于为什么外国公用船舶通常是军舰具有主权豁免的特征，该学者认为国际上一般都将这一问题视为主权豁免的一个方面。尤其是武装的公用船舶，因其职能和实质的自治性质，具有特别的不得侵犯性，将其视为具有法外治权并不荒谬。[②] 军舰出于多种目的仍为具有外国主权权利的独立区域：派遣国在船舶上可以行使政府权利并提起司法诉讼；在岸上度假的船员实施犯罪行为不受当地机关的逮捕；在岸上值勤或履行官方使命时违反当地法律的，似乎享有当地管辖的豁免；即使将当地逃犯带至船上提供庇护，违反当地规章或在船上出现暴力事件，也不得对军舰本身行使当地治安权。当然，军舰及军舰上的个人负有尊重当地主权者的明确义务；除合法的交战之外，外国军舰在一国领土内适用治安权力违反东道国的领土主权，从而产生法律责任。补救的方法取决于外交代表机构、或导致终止军舰停留的许可、或采取强制撤销同意或防止进一步暴力的措施。

（三）非商务政府用船豁免的依据

英国上诉法院在 1880 年“比利时国会号案”中的判决，在确立外国政府非军用船舶的管辖豁免方面具有重要的意义。在判决中，上诉法院指出由于本案中涉及的邮船是外国国家所有的财产，并为公共目的所使用，

---

① 沃尔夫刚·格拉夫·魏智通主编：《国际法》，吴越、毛晓飞译，法律出版社，2000 年版，第 58 页。

② 不过，情况并非完全如此。因此，在“chung chi cheung v the king 案”中，枢密院认为，如果放弃豁免，当地法院就有管辖权，可以对在领水内的外国公用船舶上的船员违反当地法律的行为——在本案中为谋杀——进行惩罚。

因此应该和外国军舰属于同一种类。

四、国家豁免立场演变与当代政府商船豁免地位阙如分析

关于对用于商业用途的政府船舶的管辖权豁免的争论，一直被视为国家调控经济活动的一般问题的一个方面。政府商船豁免地位从“一战”后的确立到当代的阙如，是与各国国家豁免立场的演变息息相关的。

（一）早期各国关于国家豁免立场与政府商业船舶的豁免问题

19 世纪被称为资本主义“自由放任”时期，通常认为在这一时期绝对豁免主义占支配地位。在 19 世纪，虽然通过一些欧美国家的判例形成了承认外国军舰以及非商业政府船舶管辖豁免的国际法规则或惯例，但直到第一次世界大战以前仍缺乏承认外国政府商船管辖豁免的判例。

“一战”爆发后，一方面由于各国大量征用私人船舶，另一方面由于战后一些国家建立了大规模的政府所有的商船队专门从事航运事业，从而使外国政府所拥有或占有的商船在国内法院被起诉的情况大幅度增加。在这种情形下，外国政府商船在国内法院的法律地位问题日益突出。美国、德国等一些国家的法院正是通过承认外国政府商船享有管辖豁免，进一步确立了自己的绝对豁免主义立场。

在战时及战后的一段时期，美国法院的判例虽然不完全一致，但对外国政府实际占有的从事商业运输的船舶仍有承认其管辖豁免的一般判例倾向。① 例如，美国联邦最高法院 1926 年对“贝里兹兄弟公司诉佩萨罗号案”的判决，成为美国法院关于外国豁免判例法的一个重要里程碑。② 1921 年，意大利政府所拥有并经营的商船“佩萨罗”号从事由意大利向纽约运送人造丝的航运义务。原告以该船的部分货物没有按合同规定交付为由，在美国法院提起对物诉讼。在该案上诉审中，美国联邦最高法院基于

① 《国际公法判例年度摘要》，第 3 卷（1925—1926），第 186 页。转引自龚刃韧：《国家豁免问题的比较研究——当代国际公法、国际私法和国际经济法的一个共同课题》，北京大学出版社，2005 年版，第 48 页。

② 《国际公法判例年度摘要》，第 3 卷（1925—1926），第 186 页。转引自龚刃韧：《国家豁免问题的比较研究——当代国际公法、国际私法和国际经济法的一个共同课题》，北京大学出版社，2005 年版，第 48 页。

该院1812年对“交易号诉麦克法登案”判决所阐述原理，判决对“佩萨罗号”无管辖权，理由是该船属于意大利政府所有和占有，经营该船是为其利益服务的。最高法院在判决中指出：“我们认为，这些原则适用于所有政府为公共目的而拥有和使用的船只，当一国政府为了发展其人民的贸易，或为增加财政收入而获得、配备并经营船只来从事贸易时，这些船只如同军舰一样属于公共船只。据我们所知，没有任何国际惯例承认在和平时期维持并增加人民的经济福利比维持和训练海军更缺少公共目的。”① 美国最高法院的判决，将外国政府的商船视同军舰一样的公共船只，因而把最高法院关于“交易号诉麦克法登案”的判决原则进一步扩大使用到外国政府商船上。这表明绝对豁免主义已在实行判例法主义的美国法院得以确立。

“一战”后，德国的绝对豁免主义立场得到维持。1921年在“冰王号案”中，美国政府所拥有的商船“冰王”号因过失引起了船舶碰撞事故，原告在德国法院提起诉讼，要求美国损害赔偿。德国最高法院在该案判决中指出：“最近特别是在国际法学说中确实有一种倾向，就是废除外国从事私人商业的国家财产的豁免。然而，这个倾向并不普遍以致改变以往被承认的国际法原则。根据（德国）宪法第4条，法院有适用该项国际法原则的义务。因此，必须认为外国国家即使从事了纯粹私法性行为，在原则上仍应豁免于国内法院的管辖。”② 最终，德国最高法院认为“冰王”号是外国政府船舶，不能像对待不动产那样处理，而且美国法院并没有明确放弃豁免权，因此判决美国方面享有豁免权。

英国也曾出现过绝对豁免主义的判例。1919年，英国对“亚历山大港号案”做出的判决，成为后来英联邦国家法院经常援引的重要判例。

在加拿大，作为英国的自治领，在有关外国豁免的判例方面自然要受到英国法院判例法中绝对豁免主义的影响。例如，在1922年一个由船舶碰

① 《国际公法判例年度摘要》，第3卷（1925—1926），第186页。转引自龚刃韧：《国家豁免问题的比较研究——当代国际公法、国际私法和国际经济法的一个共同课题》，北京大学出版社，2005年版，第49页。

② 《国际公法判例年度摘要》，第3卷（1925—1926），第186页。转引自龚刃韧：《国家豁免问题的比较研究——当代国际公法、国际私法和国际经济法的一个共同课题》，北京大学出版社，2005年版，第54页。

撞事件引起的“布朗诉印度支那号船案”[①] 中，魁北克省理财法院就以英国上诉法院对“亚历山大港号案”的判决为根据，承认法国政府所拥有的商船“印度支那”号享有豁免权。该法院在判决中指出，外国国家及其财产的管辖豁免是已经确立的原则，外国政府船舶从事商业活动的事实并不影响这一原则。南非作为英国的自治领，在有关外国国家豁免的判例方面，也基本遵循英国的判例法。1921 年的“德霍沃思诉印度汽船案”[②] 中，南非最高法院援引英国上诉法院在“比利时国会号案”和“亚历山大港号案”中的判决，承认属于外国政府的商船享有豁免权。

但也有很多国家的判决通过不给予政府商业船舶以国家豁免权，确立了自己的限制豁免主义倾向。

英国法院一向被认为具有绝对豁免主义的传统。不过，英国法院在 1873 年“查凯号案”和 1880 年“比利时国会号案”中也曾出现了限制豁免主义的倾向。[③] 1873 年“查凯号案”是一起发生在泰晤士河内的船舶碰撞案。荷兰的一家公司对属于埃及君主财产的商业用船“查凯”号提起对物诉讼，要求损害赔偿。英国法院的菲利莫尔法官判决对该案具有管辖权。当然判决的主要理由是当时埃及不是一个独立国家，埃及的君主也不具有国际法上的主权权利和地位。但菲利莫尔法官也指出，“查凯”号是作为普通的商船进入英国港口，而且碰撞发生时，该船被租用给英国国民使用，因而具有商业性质。关于这一点，菲利莫尔法官说：“据我所知，没有一项国际法原则、确定的判例或法官意见竟然走到这种地步：当对其有利时便授权君主以商人资格出现，而当对私人负有义务时又抛弃——假如我可以这样说的话——商人伪装，作为君主出现，为其自己的利益，并

① 埃伦：《外国国家在国内法院的地位》，第 276 页。转引自龚刃韧：《国家豁免问题的比较研究——当代国际公法、国际私法和国际经济法的一个共同课题》，北京大学出版社，2005 年版，第 58 页。

② 《国际公法判例年度摘要》，第 1 卷（1919—1922），第 156 页。转引自龚刃韧：《国家豁免问题的比较研究——当代国际公法、国际私法和国际经济法的一个共同课题》，北京大学出版社，2005 年版，第 59 页。

③ 龚刃韧：《国家豁免问题的比较研究——当代国际公法、国际私法和国际经济法的一个共同课题》，北京大学出版社，2005 年版，第 31 页。

为了损害私人的利益，而第一次要求取得作为君主资格的所有属性。”[①] 而在其后发生的“比利时国会号案”中，又是菲利莫尔法官认为比利时邮船尽管属于外国国家所有，但除运送邮件以外还从事运送客货的商业行为，因而不能归类于可以享受豁免的像外国军舰那样的船舶，因而判决英国法院有管辖权。[②] 虽然后来菲利莫尔的判决为英国上诉法院所推翻，但其理由并不是商业行为的政府船舶享有豁免权，而是该邮船部分地从事商业行为的程度尚不足以影响其豁免地位：第一，当外国政府已经以通常的方式声明该船是国家公共用船时，法院便不能再调查该声明适当与否，因为外国政府的声明是终局性的；第二，该邮轮的主要目的是用于运送邮件，而从事商业性运输只是次要目的，这种仅次要地和部分地被用于商业目的的事实，并不使其丧失一般豁免。[③] 可见，菲利莫尔法官一贯主张对外国的商业行为主张司法管辖，因而英国并非一向被认为的那样具有绝对豁免传统。另外，虽然该案没有就政府商业用船舶是否享有豁免地位做出明确结论，但是从上诉法院一方面承认外国邮船享有豁免的主要理由是由于这类船舶具有外国国家所有、并用于公共目的这样一种公共性质（据此我们可以推论外国政府的商业用船舶也同样具有公共性质），而另一方面又指出比利时政府邮船“次要地和部分地被用于商业目的的事实，并不使其丧失一般豁免”的见解。按照这种见解，我们有理由推论，假如该船主要地和全面地从事商业性运输，那么上诉法院对该船的法律地位就会重新界定了，这种界定很可能会使其丧失豁免地位。当然，邮船和外国政府商业性用船毕竟有着不同的性质，因此即使比利时“国会”号邮船被英国法院判决丧失豁免地位，也不能就得出外国政府商业性用船不享有豁免地位的明

① 龚刃韧：《国家豁免问题的比较研究——当代国际公法、国际私法和国际经济法的一个共同课题》，北京大学出版社，2005 年版，第 31 页。

② 《法律判决录·海事法庭判例汇编》，第 4 卷，1879 年，第 129 页。转引自龚刃韧：《国家豁免问题的比较研究——当代国际公法、国际私法和国际经济法的一个共同课题》，北京大学出版社，2005 年版，第 31 页。

③ 《法律判决录·海事法庭判例汇编》，第 4 卷，1879 年，第 22 页。转引自龚刃韧：《国家豁免问题的比较研究——当代国际公法、国际私法和国际经济法的一个共同课题》，北京大学出版社，2005 年版，第 32 页。

确结论。意大利似乎从一开就采用限制管辖豁免主义。[①] 1938 年，有关船舶碰撞事件的“航运总公司诉苏联驻意大利商务代表案”中，最高法院判决对苏联政府商船的对外贸易运输行为有管辖权。

“一战”前，希腊法院曾采用绝对豁免主义的立场，但在战后发生了变化。在 1919 年关于海上救助费争端的“文西号案”[②]中，雅典上诉法院首次表示对外国政府船舶的用途进行区分的见解。（由于该案涉及的“文西”号船是意大利政府的辅助舰，没有从事商业运输行为，所以判决对该案无管辖权。）

限制豁免主义也一直是两次世界大战期间，埃及混合法院所采用的基本立场。1920 年在“霍尔诉本挂案”[③] 中，英国的一艘政府商船因在埃及领水内与其他国家船舶相撞而在埃及法院被起诉，英国商船船长就法院管辖权问题提出了抗辩。埃及混合上诉法院认为国家豁免规则只适用于以公共资格所从事的国家权力行为，而不适用于和政治无关的民事行为，因此驳回了被告的抗辩。

法国法院在“一战”后也转向区分主权行为和商业行为以及限制豁免的倾向。1918 年的“亨格福德案”[④] 中，法国原告因船舶碰撞事故向英国政府所拥有的运输谷物和羊毛的船的船长提起要求损害赔偿的诉讼。南特商事法院认为被告从事的是非主权行为，因而判决有管辖权。但这一判决被雷恩上诉法院撤销。上诉法院认为船为法国政府和英国政府运输谷物和羊毛的行为并非普通的商业行为而是用于国防目的，所以法国法院没有管辖权。

---

① 龚刃韧：《国家豁免问题的比较研究——当代国际公法、国际私法和国际经济法的一个共同课题》，北京大学出版社，2005 年版，第 60 页。

② 埃伦：《外国国家在国内法院的地位》，第 292 页。转引自龚刃韧：《国家豁免问题的比较研究——当代国际公法、国际私法和国际经济法的一个共同课题》，北京大学出版社，2005 年版，第 65 页。

③ 《国际公法判例年度摘要》，第 1 卷（1919—1922），第 157 页。转引自龚刃韧：《国家豁免问题的比较研究——当代国际公法、国际私法和国际经济法的一个共同课题》，北京大学出版社，2005 年版，第 66 页。

④ 埃伦：《外国国家在国内法院的地位》，第 177 页。转引自龚刃韧：《国家豁免问题的比较研究——当代国际公法、国际私法和国际经济法的一个共同课题》，北京大学出版社，2005 年版，第 65 页。

由于涉及外国政府所有或控制的商船诉讼的大量增加，要求统一国有船舶管辖豁免规则以及限制外国政府商船豁免的国际呼声越来越高。1926年，二十几个国家在布鲁塞尔举行关于国有船舶法律地位的海事会议，签署了《关于统一国有船舶豁免的若干规则的公约》（后来又签订了1934年《附加议定书》）。公约的基本精神是将国有船舶区别为两类，即外国政府的商船和外国政府的其他船舶（如军舰、巡逻船舶、医院船、辅助舰以及供应舰等），规定在有关法律争端方面，外国政府国有商船与私有船舶承担同样的责任和义务，在国内法院不享有管辖豁免。在“二战”以前，只有13个国家批准了该公约，尤其是美、英、日、法、苏等海洋大国都没有批准该公约。因此，该公约所规定的限制外国政府商船豁免的规定，在当时还没有作为一般的国际法规则得到承认。尽管如此，公约的缔结还是从某一方面反映了限制外国政府商业行为的管辖豁免的动向，所以对一些国家的有关外国商船法律地位的立场还是产生了深刻影响。例如，由于德国1936年批准了1926年布鲁塞尔公约及其附加议定书，因而至少在对外国政府商船的豁免权方面德国法院传统的立场也发生了改变。瑞典、丹麦以及挪威等国也都较早地批准了1926年布鲁塞尔公约及其附加议定书，从而不承认外国政府商业船舶的管辖豁免。其中，挪威还专门制定了一个关于外国政府船舶法律地位的国内法，规定外国政府商船不享有管辖豁免。[1]

（二）当代各国国家豁免立场和政府商业船舶的管辖豁免阙如

“二战”后，欧美主要资本主义国家逐渐向限制豁免主义演变，一般不再给予外国政府商业船舶以国家管辖豁免地位。

1952年，在一封由美国国务院法律顾问泰德署名的给司法部长的公函（泰德公函）中，首次表明了美国政府关于国家豁免政策的变化。公函指出：“促使实行国营贸易的国家越来越固执地坚持这一（绝对豁免）理论的原因，正是美国应当改变其政策的最有说服力的理由。而且，在美国法院给予外国政府豁免，与美国政府在同样的法院就合同和不法行为服从诉

① 联合国《关于国家及其财产的管辖豁免的资料》，1982年英文版，第602页。

讼的行为是极为不一致的，同时和美国政府在外国法院长期确立的对其商业船舶不要求豁免的政策也是不一致的。最后，美国政府感到由于各国政府从事商业活动的扩大和增加，确立能使和外国政府进行交易的个人权利在法院得到确定的实践是必要的。”这表明，美国政府决定在外国豁免问题上将实行限制豁免主义新政策。[①] 1976 年，美国制定了《外国主权豁免法》，采用统一的确定的限制豁免主义的立场，并使美国法院重新取得对外国国家豁免问题的管辖权。这是美国关于国家豁免的一个重要转折点。

1975 年，英国枢密院司法委员会通过对“菲律宾海军上将号案”的判决也表明了限制豁免主义立场。菲律宾所属的商船因物品支付和劳务支付等问题在香港法院被诉，后上诉到英国枢密院司法委员会。该委员会根据限制豁免原则否定了菲律宾政府商船享有豁免。在这个判决中，枢密院司法委员会基于以下四点理由，否定了判决外国政府商船也享有管辖豁免的“亚历山大港号案”（1919 年）：第一，1880 年英国上诉法院对“比利时国会号案”的判决，只承认外国非商业用途政府公船的豁免，而不包括外国政府商船的豁免；第二，英国上议院 1938 年在审理“克里斯蒂那号案”过程中，至少有三名法官对外国政府商船的豁免持怀疑态度；第三，“二战”后，除英联邦国家外，限制豁免主义已成为世界性倾向；第四，多数西方国家的政府，在商业交易合同方面可以在本国法院被诉，外国政府不能被诉是没有理由的。[②]

1978 年，英国通过了《国家豁免法》，主要确定了英国法院在裁判和执行方面的限制豁免主义立场。1982 年，英国上议院对“党代会一号案”的判决，表明了英国判例法从绝对豁免主义立场向限制豁免主义立场的定型。

“二战”以前，加拿大受英国法院影响，也采用绝对豁免主义立场。战后，加拿大地方法院较早明确地适用限制豁免主义。但最高法院在外国豁免问题上长期采取了与地方法院不完全相同的态度。如在 1962 年“古

① 龚刃韧：《国家豁免问题的比较研究——当代国际公法、国际私法和国际经济法的一个共同课题》，北京大学出版社，2005 年版，第 81 页。

② 《国际法判例汇编》，第 80 卷，第 556 页。转引自龚刃韧：《国家豁免问题的比较研究——当代国际公法、国际私法和国际经济法的一个共同课题》，北京大学出版社，2005 年版，第 86 页。

巴海运船队有限公司诉加拿大征服者号船和古巴共和国案”[①] 中，原告以违反租赁船舶合同为理由，对尚未使用、停泊在哈利法克斯港的古巴政府所有的八艘新船提起对物诉讼。在第一审中，理财法院新斯科舍海事法庭曾认为该案所涉及古巴的船舶是为运送乘客和货物而装备的，不是行使政府职能，因此不享有管辖豁免。但最高法院判决该案所涉及的船舶为古巴政府所有和占有的公船，因而应豁免于扣押措施。同时，最高法院认为这些船舶虽然可以作为客运船或货船而被使用，但是由于没有这种使用的证据，因此还应在传统的意义上将这些船舶视为用于公共目的的外国国家财产来对待。[②] 可以设想的是，最高法院并不完全反对限制豁免主义，只要有这种可以证明政府船舶用作商业使用的证据。1982 年加拿大议会也通过了一部在内容上和英、美立法相似的《国家豁免法》，从此完成了向限制豁免主义立场的转变。

其他国家，如德国、法国等，也都实现了这种转变，只不过缺少有关政府商业船舶的判例。限制豁免主义不仅从原来少数几个国家的司法实践，发展成为现在所有欧美资本主义发达国家一般接受的立场，而且也对有关豁免的国际条约产生了重大影响。

1958 年国际社会通过了《公海公约》。根据《公海公约》的规定，由一国所有或经营并专用于政府非商业性服务的船舶，在公海上应享有不受船旗国以外任何其他国家管辖的完全豁免权。[③] 按照这个规定，在公海上免受他国管辖的政府船舶仅限于非商务用途，而不包括从事商业运输的国有或国营船舶。其实国际法委员会在起草海洋法条款草案的时候，原议把商务用途的政府船舶也包括在享受豁免的国有船舶之列，虽然当时有人反

---

① 《国际法判例汇编》，第 42 卷，第 125 页、第 130 页。转引自龚刃韧：《国家豁免问题的比较研究——当代国际公法、国际私法和国际经济法的一个共同课题》，北京大学出版社，2005 年版，第 88 页。

② 龚刃韧：《国家豁免问题的比较研究——当代国际公法、国际私法和国际经济法的一个共同课题》，北京大学出版社，2005 年版，第 88 页。

③ 1958 年《公海公约》第 9 条。

对并举出1926年《布鲁塞尔公约》取消国有商船享受豁免的权利之例。[①] 但是委员会1956年提出的草案仍如原议承认供商务用途的国有船舶也享受豁免；草案（第33条）规定，国有的专供政府事物用的船舶，不论是供商务或非商务用途，一律不受船旗国以外的任何国家的管辖。[②] 但是后来在1958年日内瓦会议通过《公海公约》（第9条）关于国有船舶享受管辖豁免的规定中把商务用途的国有船舶排除去了。《公海公约》这一规定一直是有争议的，以致苏联、捷克、保加利亚、波兰、罗马尼亚、西班牙等在签署《公海公约》时都对此做了保留，认为按照国际法，管辖豁免的权利适用于一切政府船舶，而澳大利亚、丹麦、日本、荷兰、葡萄牙、泰国以及美国等对此种保留提出了反对意见。[③]

1972年《关于国家豁免的欧洲公约》第7条规定，关于缔约国在法庭地国以与私人同样方式从事商业活动的诉讼不享有豁免。这其中意含政府的商业用船舶。

1982年通过的《联合国海洋法公约》第32条"军舰和其他用于非商业目的政府船舶的豁免权"规定："A分节和第三十及第三十一条所规定的情形除外，本公约规定不影响军舰和其他用于非商业目的的政府船舶的豁免权。"第95条"公海上军舰的豁免权"规定："军舰在公海上有不受船旗国以外任何其他国家管辖的完全豁免权。"第96条"专用于政府非商业性服务的船舶的豁免权"规定："由一国所有或经营并专用于政府非商业性服务的船舶，在公海上应有不受船旗国以外任何其他国家管辖的完全豁免权。"在《联合国海洋法公约》中，国有商船的豁免权付诸阙如，这显然是由于有的国家认为国有商船不得享有完全豁免权，而应同其他船舶一样，在公海上受船旗国的专属管辖。[④]

---

① 1926年《布鲁塞尔公约》第3条：上述两条规定不适用于军用船舶、政府快艇、巡逻船舶、医院船、辅助船、供应船，以及国家所有或国家经营而在诉因发生时完全为政府使用而非用于商业目的的其他船舶，而且对上述船舶不得以任何法律程序进行拿捕、扣押或滞留，亦不得对其提起对物之诉。

② 国际法委员会关于《海洋法条款》第33条的说明，参见周鲠生：《国际法》，商务印书馆，1976年版，第502页。

③ 北京大学法律系国际法教研室编：《海洋法资料汇编》，人民出版社，1974年版，第229-239页。

④ 赵理海：《海洋法的新发展》，北京大学出版社，1984年版，135页。

联合国国际法委员会1991年通过的《国家及其财产管辖豁免条款草案》第16条"国家拥有和经营的船舶"规定：(1) 除有关国家间另有协议外，拥有和经营一艘船舶的一国，在另一国原应管辖的法院有关该船舶的经营的一项诉讼中，只要在诉讼事由产生时该船舶是用于政府非商业性用途以外的目的，即不得援引管辖豁免。(2) 第 (1) 款不适用于军舰、辅助舰艇，也不适用于一国拥有和经营的、专门用于政府非商业性活动的其他船舶。…… (4) 除有关国家另有协议外，一国在有关该国拥有或经营的船舶所载货物之运输的一项诉讼中，只要在诉讼事由产生时该船舶是用于政府非商业性用途以外的目的，即不得对另一国原应管辖的法院援引管辖豁免。(5) 第 (4) 款不适用于第 (2) 款所指船舶所载的任何货物，也不适用于国家拥有的、专门用于或意图专门用于政府非商业性用途的任何货物。

(三) 国家政策对政府商业船舶的豁免地位的影响

在国家垄断资本主义时期，资本主义国家内部国有经济成分的增加，固然是战后欧美发达国家转向限制豁免主义立场的内部原因之一。但在历史上，社会主义国家的出现对西方进一步采取限制豁免主义立场曾起到较大作用。西方学者承认，自1917年苏联采用对外贸易国家垄断制，促进和强化了西方国家限制外国豁免的进程。战后初期，西欧一些原来曾采用绝对豁免主义的国家，如荷兰、奥地利等国法院转而采用限制豁免主义的叛离都和社会主义国家被诉有关。

另外，对是否给予外国政府商业船舶以管辖豁免的问题上，一些国家的国内法院的立场与政府曾经并不一致，但基于政策、外交的需要，国内法院通过不断调整，逐步建立其遵循政府意见的判例法规则。如"一战"后，当时德国政府在外国国家管辖豁免问题上与法院的态度并不一致。[①]但随着德国政府在1936年批准《布鲁塞尔公约》及其附加议定书，至少在对外国政府商船的管辖权方面，德国法院传统的立场开始发生变化。1938年，德国最高法院依据《布鲁塞尔公约》审理了"维瑟吉斯号和西

① 龚刃韧：《国家豁免问题的比较研究——当代国际公法、国际私法和国际经济法的一个共同课题》，北京大学出版社，2005年版，第54页。

恩纳号案”,[1] 就充分反映出德国法院立场的变化。

当然，最典型的还是美国。对于外国政府所有和占有的商船是否享有豁免地位这一问题上，美国政府与美国法院的态度也曾不一样。早在1918年，美国国务卿兰辛就曾在一封给司法部长的公函中写道：“在外国政府所拥有的船舶从事商业的情形下，如果要享有利益和利润，就应该服从贸易上的义务和限制。”[2] 在“贝里兹兄弟公司诉佩萨罗号船案”中，意大利驻美大使在初审时就曾正式向美国政府提出了管辖豁免的要求，但遭到拒绝。美国政府认为国家的商船在其他国家领海不能有和军舰同样的管辖豁免，即使这种船舶为国家所拥有，也应和普通商船一样服从国内法院的管辖。[3] 不过，虽然美国政府已经明确表态否认意大利政府商船享有豁免权，最高法院仍然判决对该案无管辖权。这表明，在国家豁免问题上，当时的美国政府与法院的意见并不一致。其实，为了处理这一关系，早在1912年，美国联邦最高法院在“单方面的谬尔案”[4] 中就曾指出，外国除通过其外交代表直接出庭外，还可以向美国国务院提出管辖豁免请求。如果国务院承认该项豁免请求，则应通过司法部长或由司法部长任命的司法官员采用适当的建议形式向法院陈述。最高法院以此阐明了外国国家要求管辖豁免的程序以及美国政府向法院陈述建议的方式。据此，至少可以在外国管辖豁免问题上建立了美国政府对法院进行影响的程序上的基础。但是，在本案中美国最高法院还是根据司法独立原则强调了法院的自由裁量权，做出了如此判决。

但在后来发生的几个最高法院涉及外国国家豁免的判例中，法院和政

---

① 《国际公法判例年度摘要》，第9卷（1938—1940），第284页。转引自龚刃韧：《国家豁免问题的比较研究——当代国际公法、国际私法和国际经济法的一个共同课题》，北京大学出版社，2005年版，第54页。

② 哈克沃斯编：《国际法摘要》，第2卷，第429页。转引自龚刃韧：《国家豁免问题的比较研究——当代国际公法、国际私法和国际经济法的一个共同课题》，北京大学出版社，2005年版，第48页。

③ 哈克沃斯编：《国际法摘要》，第2卷，第437页。转引自龚刃韧：《国家豁免问题的比较研究——当代国际公法、国际私法和国际经济法的一个共同课题》，北京大学出版社，2005年版，第48页。

④ 《国际公法判例年度摘要》，第1卷（1919—1922），第143页。转引自龚刃韧：《国家豁免问题的比较研究——当代国际公法、国际私法和国际经济法的一个共同课题》，北京大学出版社，2005年版，第49页。

府的关系发生了一些变化。1938 在“纳维码尔号案”[①] 中，西班牙一家公司的商船在纽约卸货时，被西班牙驻纽约领事根据其政府命令征收了该船。为此，船主在美国法院提起对物诉讼。在该案的上诉审中，美国最高法院首先确认了该法院对“佩萨罗号案”的判决原则，指出外国政府占有或使用的船舶属于公共船舶，即使从事商业运输业务也在美国法院享有管辖豁免。与此同时，最高法院又提出了有关外国管辖豁免问题的法院与政府相互关系的一些新规则。根据这些新规则，如果外国政府的豁免请求为“美国政府的行政机关所承认和许可，那么根据美国司法部长或按其指示行事的其他官员做出的适当建议，释放该船是法院的义务”。美国最高法院的这一判决不仅在程序方面重申了该院在 1921 年对“单方面的谬尔案”的判决原则，而且进一步表明了法院在外国国家豁免问题上所负有遵从政府建议的义务。从而美国国务院在涉及外国国家豁免的诉讼案件中开始具有决定性的发言权。这其实不难理解，本质上国家豁免是平等国家之间国际关系的一个重要方面，无论是否给予外国以豁免权，本质上取决于该国家的利益。例如，1943 年在“单方面的秘鲁案”[②] 中，秘鲁一家国营轮船公司及其商船“乌卡亚里”号因被指控未履行运输合同，在美国法院被提起对物诉讼。秘鲁驻美大使因此向美国国务院提出了豁免的请求。美国国务院向司法部长函告表示“国务院承认和允许豁免的请求”。在这种情形下，最高法院便依据国务院的建议在该案中承认秘鲁方面享有管辖豁免。又如，在关于船舶碰撞的 1945 年“墨西哥诉霍夫曼案”中，虽然墨西哥驻美大使也向美国务院提出了管辖豁免的请求，但是由于没有得到国务院的许可或承认，因而最高法院在判决中否认了墨西哥方面的豁免请求。[③]

战后，多数情况下，美国法院都是遵照国务院的决定对外国政府行使

---

① 《国际公法判例年度摘要》，第 3 卷（1925—1926），第 187 页。转引自龚刃韧：《国家豁免问题的比较研究——当代国际公法、国际私法和国际经济法的一个共同课题》，北京大学出版社，2005 年版，第 49 页。

② 《国际公法判例年度摘要》，第 10 卷（1941—1942），第 199 页、第 203 页。转引自龚刃韧：《国家豁免问题的比较研究——当代国际公法、国际私法和国际经济法的一个共同课题》，北京大学出版社，2005 年版，第 50 页。

③ 龚刃韧：《国家豁免问题的比较研究——当代国际公法、国际私法和国际经济法的一个共同课题》，北京大学出版社，2005 年版，第 50 页。

管辖权。在 1964 年“胜利运输公司诉供应和运输委员会案”中，联邦第二巡回法院则在没有政府建议的情况下，根据 1952 年泰德公函的精神自行判决对外国的商业行为有管辖权。在该案中，西班牙商业部所属机构向原告租船运输小麦，该船在西班牙卸货时受到损害。原告根据租船合同中的仲裁条款，在美国法院请求强制仲裁。联邦第二巡回上诉法院基于以下理由拒绝了被告的豁免要求：由于没有来自美国政府承认被告豁免的建议，而且诉讼所基于的行为确属商业性质，除非外国从事行政立法、军事、外交以及公债等严格意义上的政治活动，美国法院有权拒绝外国的豁免要求。①

美国国务院虽然决定采用限制豁免主义政策，但在具体案件中，决定是否承认外国的豁免这一问题时又往往不得不考虑到政治、外交关系的后果。因此，在一些诉讼案件中，尽管按照泰德公函精神本可以对外国政府的某些行为行使管辖权，但国务院仍建议法院给予被告国豁免。② 美国在 1976 年制定了《外国主权豁免法》，主要是因为美国政府决定外国豁免带来了诸多不便等因素，但同时也说明，美国有关国家管辖豁免的立场已经定型，在这个问题上政府与法院达成了一致的认识。

这种基于国家政策和外交需要的考虑，同样反映在“二战”期间瑞典法院的判决中。虽然瑞典较早地批准了 1926 年《布鲁塞尔公约》，但是在“二战”期间，瑞典法院却对《布鲁塞尔公约》做出了有利于外国政府船舶的解释。如瑞典最高法院在 1942 年的“里格莫尔号案”③ 中，承认英国政府租用的运输战争物资的船舶享有管辖豁免。该法院认为，国家为向本国居民提供物品而从事的海上运输行为在平时具有商业性质，但在战时具有纯粹国家的性质。在其他一些有关外国商船的诉讼案件中，只要外国政

① 龚刃韧：《国家豁免问题的比较研究——当代国际公法、国际私法和国际经济法的一个共同课题》，北京大学出版社，2005 年版，第 82 页。

② 《国际法判例汇编》，第 22 卷，第 220 页。转引自龚刃韧：《国家豁免问题的比较研究——当代国际公法、国际私法和国际经济法的一个共同课题》，北京大学出版社，2005 年版，第 82 页。

③ 《国际公法判例年度摘要》，第 10 卷（1941—1942），第 240 页。转引自龚刃韧：《国家豁免问题的比较研究——当代国际公法、国际私法和国际经济法的一个共同课题》，北京大学出版社，2005 年版，第 70 页。

府实际占有船舶，瑞典法院也都承认其享有管辖豁免。[①]

在早些时候，我国学者认为1958年《公海公约》这种歧视供商务用途的政府船舶的规定，不是实行国家垄断对外贸易，使用国有船舶从事运输的社会主义国家所能接受的。[②] 但是，在20世纪80年代后，我国缔结或加入的条约以及相应的国内立法中，我国也仅承认外国军舰和非商业用政府船舶的司法豁免。我国于1980年加入的1969年《国际油污损害民事责任公约》第11条第1款，以及我国于1996年批准的《联合国海洋法公约》第32条、第95条、第96条都规定了外国军舰和非商业用政府船舶的司法豁免。1992年通过的《中华人民共和国领海及毗连区法》第10条也做了相应的规定。另外，1986年最高人民法院关于海事诉讼的规定中，也只规定外国军舰和专用于公务的外国政府船舶免于扣押，而没有提到外国政府商船。[③]

第二节　战时国家海上管辖权豁免

在武装冲突或战时，[④] 敌国或敌对方[⑤]的军舰、军用飞机和多数公用船舶、航空器成为合法的作战目标，不再享有豁免权。[⑥] 但根据海战法规定，某些种类的敌方船舶和飞机仍可以免遭拿捕、攻击和摧毁，只要它们被雇用于从事无害的工作，就属于豁免范围。这个范围仅限于免遭攻击、拿捕和摧毁，其他非攻击性的措施如拦截、临检、搜查、改变航向等，则不在豁免之列。这些受到特殊保护的船舶只要不参加敌对行动，不妨碍战斗人员的活动，接受对其识别和检查的程序，并且可以被命令到安全地方，就

① 《国际公法判例年度摘要》，第11卷（1919—1942），第153页。转引自龚刃韧：《国家豁免问题的比较研究——当代国际公法、国际私法和国际经济法的一个共同课题》，北京大学出版社，2005年版，第70页。

② 周鲠生：《国际法》，商务印书馆，1983年版，第502页。

③ 《中华人民共和国最高人民法院公报》1986年第一号，第17页。

④ 武装冲突期间与战时应该是有所区别的，但这不是本文要解决的问题，而且这种区别似乎不影响本论的论述，所以为论述的方便，下文只用战时一说。

⑤ 同样，为了论述方便，下文只用交战国、敌国一说。

⑥ 《圣雷莫海上武装冲突国际法手册》第65条：敌方军舰、军用飞机、辅助舰船和辅助飞机都是符合第44条内容含义的军事目标，除非他们处于第47条和第53条的情况下才可免遭攻击。

享有豁免的权利。当然，这并不影响中立国在平时享有的豁免权利，虽然在形式上也产生了一些变化。

除享有拿捕豁免权受特别保护的船舶、航空器、货物外，交战国对其他的无论是敌国或中立国的船舶、航空器、货物都可以在中立国的海域或空域外予以拿捕，而无须做事先的登临，遇到紧急情况时还可予以摧毁。

一、敌方舰船、航空器的管辖豁免问题

敌方的船舶和飞机可分为三大类，即军舰和军用飞机，商船和民用飞机，以及豁免船舶和飞机。对敌军舰和军用飞机，可以不加警告地捕获或采取进攻、摧毁等攻击性措施；对敌方商船和民用飞机则要先采取诸如拦截、临检、搜查、改变航向和拿捕等非攻击性措施；而对敌方的某些特殊性保护的船舶和飞机按照国际惯例则要予以豁免，不得对其施加任何攻击性措施，即使对其采取非攻击性措施也是被严格限制的。

（一）敌方军舰、军用飞机不享有豁免地位

可以确定的是，敌方军舰、军用飞机、辅助舰船和辅助飞机都是合法的军事目标①，除非它们处于免遭攻击的情形②下才可免遭攻击。③

首先，敌方军舰以及其他海军辅助舰船是最主要的合法打击军事目标。对敌国军舰等军用船舶的攻击构成了海战中交战国的重要行动。

其次，战时由商船改装成的军舰和其他被征用的民用船舶也是合法的攻击目标。在海上行动和作战中，由于双方相互攻击或其他原因，造成现有舰船的大量毁损，政府可能征用民间船只和商船改装成军舰作为军事行动的后备补充。战争实践中，商船改装成军舰和征用民间船只这一做法曾

① 根据《圣雷莫海上武装冲突国际法手册》第40条，就目标而言，军事目标是指那些其性质、位置、目的或用途对军事行动能产生积极效能，如果对其进行全面或部分摧毁、夺占或压制，在当时的情况下能产生明显的军事效益的目标。

② 根据《圣雷莫海上武装冲突国际法手册》第47条和第53条，敌国的某些船舶和飞机免遭攻击。参见任筱锋、杨晓青译：《圣雷莫海上武装冲突国际法手册》，海潮出版社，2003年版，第25页、第29页。

③ 《圣雷莫海上武装冲突国际法手册》第65条；任筱锋、杨晓青译：《圣雷莫海上武装冲突国际法手册》，海潮出版社，2003年版，第35页。

被世界各国广泛采用，如在第二次世界大战期间，将商船改装为军舰就曾被广泛采用并被认为是合法的。将商船改装为军舰在现代战争中也得到了实践。例如，1982 年英阿马岛战争中，英国仅用 5 天的时间就从 32 家公司征用了 54 艘商船，并在战争一开始，就曾将在奔赴阿途中的商船改装为军舰。再如，海湾战争中，美国海军也借鉴了英国马岛战争中的经验，除改装和征用商船 70 余艘，还租赁悬挂美国旗和外国旗的船只达 100 余艘。但是，商船改装成军舰和其他民用船改装成军舰时，必须注意 1907 年海牙第七公约规定的商船改装军舰的条件，即应具有军舰的一般特征：第一，商船改装为军舰，必须在其本国的直接权利控制、监督和责任之下，否则不能取得军舰的地位；第二，外表的标志应与本国军舰所特有的外部标志相同；第三，指挥官必须受国家正式任命，姓名列入战斗舰队的军官表中；第四，舰员受军事纪律的约束；第五，遵守战争法规和惯例；第六，交战国应从速将改装的军舰列入其军舰表中。战时，经过改装或征用的民船虽然不具备军舰的全部构成特征，如船员可能是军民混合乘员，外部标志不同，但其具有军舰的一般特征，如悬挂军旗，归属海军指挥，为海军所用，就应被看作是一种特殊的军舰，具有国际法中军舰的法律地位，在海上行动和海战中是可以作为合法使用的武器装备，有权参与海上任何军事行动，也是敌对方战时合法的攻击对象。

最后，敌方军用飞机也是合法攻击的目标。军用飞机是一国武装力量的当然组成部分，是合法作战的工具。交战国非军用飞机，无论是政府所有或私有，均可改装为军用飞机，但这种改装应在飞机所属交战国管辖内进行，不得在公海上进行。只有军用飞机有交战的权利，其他任何飞机不具有进行敌对行动（包括在飞行中传递军用情报以供某一交战国直接使用）的权利。

（二）敌方某些种类的船只、航空器享有豁免地位

根据海战法规定，某些种类的敌方船舶和飞机可以免遭攻击和摧毁，只要它们被雇用于从事无害的工作，就属于豁免范围，当然这个范围仅限于免遭攻击、拿捕和摧毁。其他非攻击性的措施如拦截、临检、搜查、改变航向等，则不在豁免之列。这些受到特殊保护的船舶只要不参加敌对行

动，不妨碍战斗人员的活动，接受对其识别和检查的程序，并且可以被命令到安全地方，就享有豁免的权利。

1. 医院船的豁免地位

医院船是指专用于海上收容、救治并运送海战中伤病员及遇难者的非武装勤务船只。[①] 它与“医务车辆”“医务飞机”一样，统称为“医务运输工具”。医院船最早出现于希腊、罗马时代，中世纪后半期，由于帝国主义列强侵略扩张活动的需要，各国舰队都有医院船随战舰活动。1856 年英国“美女岛”号医院船被认为是世界上第一艘综合医院船。在“一战”“二战”及以后的历次海战中，医院船得到了广泛的运用。关于医院船执行任务的有关制度及其在武装冲突中应当享受的待遇，《1864 年 8 月 22 日日内瓦公约原则适用于海战的公约》《战时医院船免税公约》《改善海上武装部队伤者、病者、遇船难者境遇公约》等都做了明确的规定。

医院船不论是临时使用的还是经常使用的，都享受特殊保护。根据国际公约和惯例，海战中医院船具有不同于军舰的法律地位，享有免受攻击和拿捕的豁免地位。拿捕是指对非军事目标的捕获以及相继的将其与之上面所承载的货物交往捕获法院接受审判的战时海上非攻击性措施。捕获敌国的舰船、飞机尤其是船只是传统海战最重要的方法之一。国际习惯法认可捕获权，但加以重要的限制。例如，在中立国辖区内的敌国军舰和商船免受捕获。[②] 而敌方的某些船只免受捕获，这实际上属于意义更为广泛的豁免问题。[③]

1949 年《日内瓦第二公约》第 22 条规定：“军用医院船，即各国特别专用以救助、医疗并运送伤者、病者及遇船难者而建造或装备之船只，在任何情况下，不得加以攻击和拿捕，而应随时予以尊重和保护。”[④]《圣雷莫海上武装冲突国际法手册》也确认，敌方的医院船和用于海岸救生的小

① 吕北安、宋云霞：《海军海上行动法教程》，解放军出版社，2003 年版，第 13 页。

② 《圣雷莫海上武装冲突国际法手册》第 142 条规定，须在中立国空域以外拿捕敌方民用飞机及其货物，不必事先进行临检、搜查。

③ 张勇：《从〈圣雷莫海上武装冲突国际法手册〉看国际海战规则发展的几个主要阶段》，国防大学图书馆资源库——法律战库。

④ 张召忠：《海战法概论》，解放军出版社，1995 年版，第 389 页。

艇，以及其他专门用来运送伤、病员和遇船难者的医务运输船只免遭拿捕[①]；敌方的医院船和用于进行沿海救援行动和其他医务运输的小艇也免受攻击[②]。

但是医院船不受攻击和拿捕是有条件的，即不得从事和妨碍军事行动，用于军事目的。1949 年《日内瓦第二公约》第 34 条规定：“医院船及船上之病室应得之保护不得停止，除非此等船室越出其人道主义任务之外，用以从事有害于敌方之行为。惟如经给予警告，并依各个情形指定合理之时限而警告仍被忽视时，始得停止保护。”《圣雷莫海上武装冲突国际法手册》做了更加详细的规定。根据这些规定，医院船免遭拿捕的豁免条件是：（1）无害地执行正常使命；（2）不做有害于敌方的行为；（3）立即按要求表明身份和接受检查；（4）不故意妨碍战斗员的活动，按要求服从停止前进或避让航道的命令。[③] 而医院船免受攻击的豁免条件是：（1）无害地用于执行正常使命；（2）按要求服从识别与检查；（3）不故意阻碍战斗员的行动，按要求服从停止前进或让出航道的命令。[④] 当然，对医院船是否协助军事行动的认定必须是有可靠证据的。如果仅是怀疑免遭攻击的船只被用于有效地协助军事行动，则应推断其未被这样使用。[⑤] 这种要求对其他享有豁免待遇的船只和飞机也同样适用。此外，商船改装的医院船，在战争期间也不能挪作他用。[⑥]

除了医院船本身免遭拿捕和攻击，医院船上的各类人员也应得到尊重和保护。医院船上的宗教、医务及医院其他工作人员及其船员，应受尊重

---

① 《圣雷莫海上武装冲突国际法手册》第 136 条；任筱锋、杨晓青译：《圣雷莫海上武装冲突国际法手册》，海潮出版社，2003 年版，第 59 页。

② 《圣雷莫海上武装冲突国际法手册》第 47 条；任筱锋、杨晓青译：《圣雷莫海上武装冲突国际法手册》，海潮出版社，2003 年版，第 25 页。

③ 《圣雷莫海上武装冲突国际法手册》第 137 条；任筱锋、杨晓青译：《圣雷莫海上武装冲突国际法手册》，海潮出版社，2003 年版，第 59 页。

④ 《圣雷莫海上武装冲突国际法手册》第 48 条；任筱锋、杨晓青译：《圣雷莫海上武装冲突国际法手册》，海潮出版社，2003 年版，第 27 页。

⑤ 《圣雷莫海上武装冲突国际法手册》第 58 条；任筱锋、杨晓青译：《圣雷莫海上武装冲突国际法手册》，海潮出版社，2003 年版，第 31 页。

⑥ 《日内瓦第二公约》第 33 条；张召忠《海战法概论》，解放军出版社，1995 年版，第 338 页。

及保护，不论船上有无伤者及病者，在医院船上服务期间，不得被俘[①]或说是免遭拿捕；如果落入敌方手中，也应当受到尊重及保护，并应在可行时将其送回。[②] 即使在医院船或船上病室内发现伤者、病者及遇船难者身上携带的武器及弹药尚未缴送主管部门，医院船或船上病室内或其船员对伤者、病者及遇船难者进行人道主义救助活动，以及运送专门的医疗设备和人员超过正常需要，也不得剥夺医院船及船上病室及其人员的保护。[③]

当然，医院船具有拿捕和攻击的豁免地位，并不能使其免于搜查等事项。冲突各方有权搜查医院船和救生艇以确认其是否妨碍战斗行动，如果认为没有必要接受医院船的协助，可拒绝并可令其离开，并命令其在某一航线上行驶，而且可以控制其所使用的通信手段，同时控制无线电及其他通讯工具的使用。如形势需要，可扣留这些船只，只要不超过 7 天。冲突各方还可派员临时驻在这类船上，以确保根据上述规定所发布的命令得以执行。冲突各方可安排中立国观察员登船监督医院船对公约规定的执行情况。医院船不能妨碍战斗员的行动，冲突方如果认为需要，可以检查和控制医院船，但不得捕获此类船只。

在海战中，医院船不属于军舰的系列，只是用于人道主义救助任务的船舶，因此不得从事军事目的的任务，不得妨碍军事行动，否则将丧失豁免地位。当然，结束医院船豁免待遇必须遵循一定条件，只有因医院船违反规定的豁免条件，经发出适当警告，令其在合情合理的时限内消除危及其豁免身份的原因，而其对此类警告依然不予理睬之后，方可结束医院船的豁免待遇。[④] 豁免待遇丧失的后果是可能招致拿捕甚至攻击。如经适当警告，医院船仍坚持违反豁免条件，那它就使自己处于可能被拿捕或承受其他强迫其就范的必要措施。[⑤] 但是，对医院船采取拿捕甚至攻击措施必

① 《日内瓦第二公约》第 36 条；张召忠《海战法概论》，解放军出版社，1995 年版，第 339 页。

② 《日内瓦第二公约》第 37 条；张召忠：《海战法概论》，解放军出版社，1995 年版，第 339 页。

③ 《日内瓦第二公约》第 35 条；俞正山主编：《武装冲突法》，军事科学出版社，2001 年版，第 174 页。

④ 《圣雷莫海上武装冲突国际法手册》第 49 条；任筱锋、杨晓青译：《圣雷莫海上武装冲突国际法手册》，海潮出版社，2003 年版，第 27 页。

⑤ 《圣雷莫海上武装冲突国际法手册》第 50 条，同上。

须谨慎。根据国际惯例，只有在下述情况下，别无其他选择时才可攻击医院船：（1）转变舰向或拿捕均不可行；（2）没有其他办法对其行使军事控制；（3）医院船拒绝服从命令的情况足以严重到使它成为、或可以被合理地推定为军事目标；（4）附带伤亡或破坏与预期的军事效益相比是相称的。[①] 为了使医院船免于妨碍军事行动的嫌疑，《日内瓦第三公约》明确禁止医院船配备和使用密码设备，虽然《圣雷莫海上武装冲突国际法手册》依照现代海战的趋势做出了相反的规定。[②]

2. 其他专用船只的豁免地位

按照海战惯例，在战争期间，沿岸的渔船、地方贸易小船等，如不参加战斗，应免受攻击或拿捕；从事宗教、学术研究、人道事业等活动的专用船舶，如无敌对行为，也享有不可攻击或拿捕；对交换俘虏船、军使船、双方代表谈判船、邮船等专用船只，也不得对其攻击或拿捕。

《1907年关于对海战中限制行使捕获权的海牙第十一公约》较早地明确规定了交战国船只的拿捕豁免问题。根据该公约，专为在沿岸捕鱼的船只或从事地方商业活动之用的小船，包括其用具、绳索、船具和货物在内均免受拿捕；但如船舶以任何方式参加敌对行动时，此项豁免即停止适用。[③] 同时，负有宗教、科学或慈善使命的船舶也不受拿捕。[④]

《圣雷莫海上武装冲突国际法手册》根据海战实践和海战惯例，对此做了统一的概括。下述敌方船舶免遭攻击：（1）由交战双方协议批准进行安全行动的船只，包括交换战俘船（专门用于和从事运输战俘的船只）和从事人道主义使命的船只（包括运载供平民生存所必需的供应品的船只和从事救济活动和救援行动的船只）；（2）从事运输受特殊保护文物的船只；（3）专门用于运送平民乘客的客轮；（4）承担宗教、非军事科学或慈善使

① 《圣雷莫海上武装冲突国际法手册》第51条。

② 《圣雷莫海上武装冲突国际法手册》第117条：为了最有效地完成人道使命，应允许医院船使用密码设备。在任何情况下不得使用该设备去发送情报数据，也不得以其他任何方式使用该设备去获取任何军事利益。

③ 《圣雷莫海上武装冲突国际法手册》第3条；任筱锋、杨晓青译：《圣雷莫海上武装冲突国际法手册》，海潮出版社，2003年版，第5页。

④ 《圣雷莫海上武装冲突国际法手册》第4条；任筱锋、杨晓青译：《圣雷莫海上武装冲突国际法手册》，海潮出版社，2003年版，第5页。

命的船只，搜集有可能适用于军事用途的科学数据的船只不受保护；（5）从事当地沿海贸易的小型沿海捕鱼船和小船，但应遵守在该地区活动的交战国海军指挥官的规定，并要服从检查；（6）专用于或专门改装用于对海洋环境污染进行调查的船只；（7）已投降的船只；（8）救生筏和救生艇。① 同时，下述其他船只免遭拿捕：（1）按交战双方约定遂行安全行动的船只，包括交换战俘船（从事运输战俘的船）和从事人道使命的船只（又包括运载平民居民生存所不可缺少的供应品的船只和从事救济与救援行动的船只）；（2）运输受特殊保护的文物的船只；（3）负有宗教、非军事科学或慈善使命的船只，搜集可能用于军事科学的数据的船只不受保护；（4）小型近岸渔船和在局部地区从事沿海贸易的小船，但必须服从在该海区活动的交战国海军指挥官的规定和检查；（5）专门为治理海洋环境污染而设计或改装，并且正在从事此类活动的船只。② 免遭拿捕的范围包括船只本身及其用具、绳索、船具和货物在内。同样，对于战争爆发时在港口内的船舶和邮政船的豁免问题，虽然在早期的海战法中有所规定③，但在海战法专家会议上认为有两类船不必包括在享有豁免权的敌方船舶范畴。这主要考虑到1907年《战争开始时敌方商船地位公约》已经废止，关于邮政船从来都作为免遭拿捕④的船只而被普遍接受，所以没有必要列入。根据国际惯例，军使船也免于拿捕和攻击，这些国际惯例至少包括区别原则和“两国交兵，不斩来使”原则等。此类船舶免遭拿捕的豁免及于其上的人员。⑤

需要说明的是，上述船只也只有满足一定条件时才免遭拿捕。上述船

① 《圣雷莫海上武装冲突国际法手册》第47条；任筱锋、杨晓青译：《圣雷莫海上武装冲突国际法手册》，海潮出版社，2003年版，第25-27页。

② 《圣雷莫海上武装冲突国际法手册》第136条；任筱锋、杨晓青译《圣雷莫海上武装冲突国际法手册》，海潮出版社，2003年版，第59页。

③ 1907年海牙第十一公约。张召忠：《海战法概论》，解放军出版社，1995年版，第489页。

④ 1907年海牙第十一公约第2条：邮政通信的不可侵犯性并不使中立国邮船对一般中立国商船应左手的海战法规和惯例享有豁免。但该船除在绝对必要的情况下不得予以搜查，在搜查时应尽可能谨慎迅速为之。1907年海牙第十一公约。张召忠《海战法概论》，解放军出版社，1995年版，第490页。

⑤ 《圣雷莫海上武装冲突国际法手册》第163条；任筱锋、杨晓青译：《圣雷莫海上武装冲突国际法手册》，海潮出版社，2003年版，第69页。

只免遭拿捕的豁免条件是：(1) 无害地执行正常使命；(2) 不做有害于敌方的行为；(3) 立即按要求表明身份和接受检查；(4) 不故意妨碍战斗员的活动，按要求服从停止前进或避让航道的命令。① 上述船舶免受攻击的豁免条件是：(1) 无害地用于执行正常使命；(2) 按要求服从识别与检查；(3) 不故意阻碍战斗员的行动，按要求服从停止前进或让出航道的命令。② 因此说，包括医院船在内的这类船舶从没享受绝对的保护资格。另外，免受拿捕和攻击并不意味着不能根据上述法规对其进行临检、搜查和改变航向。一旦不符合豁免条件，便丧失了受保护的资格。如果各国利用此类船舶的无害性及和平的外形，从事军事活动，以任何方式参加敌对行动，就成为军事目标，此项豁免也即行终止，不再有理由免遭攻击和拿捕，这一点来源于条约和惯例法。③ 当然，如果不是故意阻碍战斗员的行动，军舰可命令船舶让开航道，但需要强调的是，军舰不能武断地让商船停船或让开航道。特别是，有关船舶的安全应给以应有的考虑。而且，攻击时必须谨慎进行。除医院船外的任何其他免遭攻击的船舶违反规定的任何豁免条件时，在下述情况下可对其进行攻击：(1) 改变航向或拿捕均不可行；(2) 没有其他办法对其行使军事控制；(3) 该船拒绝服从命令的情况足以严重到使它成为、或可以被合理地推定为军事目标；(4) 附带伤亡或破坏与预期的军事效益相比是相称的。④

当然，在两次世界大战的许多场合，关于小型近海渔船和贸易船免受攻击的习惯在实践中未被严格地遵守。在一些事件中，对近海渔船采取行动是因为交战对方利用近海渔船搜集情报，即没有严格遵守无害使用的要求，因而丧失其免受攻击的权利。宗教船、科学考察船和慈善事业船的豁免权则很少被侵害。依据交战国之间的明示的协议，实践中也给予人道主

---

① 《圣雷莫海上武装冲突国际法手册》第 137 条；任筱锋、杨晓青译：《圣雷莫海上武装冲突国际法手册》，海潮出版社，2003 年版，第 59 页。

② 《圣雷莫海上武装冲突国际法手册》第 48 条；任筱锋、杨晓青译：《圣雷莫海上武装冲突国际法手册》，海潮出版社，2003 年版，第 27 页。

③ 1907 年海牙第十一公约第 3 条：各缔约国同意不利用此类船舶的无害性质，即保持其和平的外表却用于军事目的。

④ 《圣雷莫海上武装冲突国际法手册》第 52 条；任筱锋、杨晓青译：《圣雷莫海上武装冲突国际法手册》，海潮出版社，2003 年版，第 29 页。

义船只以特殊的免受攻击的权利。[①]

3. 医务飞机的豁免地位

医务飞机是专门用来运送和转移伤者、病者和遇船难者以及医务人员和医疗设备的飞机。按照1949年《日内瓦公约》和1977年《第一附加议定书》的规定，医务飞机应在上下及两侧明显标示白底红十字（或红新月）及本国国旗，并应备有经交战国相互同意的标志和识别方法。

根据国际公约和惯例，海战中医务飞机具有不同于军用飞机的法律地位，也享有免受攻击和拿捕的豁免地位。1949年《关于改善海上武装冲突中伤者病者及遇船难者境遇的日内瓦公约》第39条规定，医用飞机，即专用以搬移伤者、病者及遇船难者以及运送医务人员与设备之飞机，应服从一切水陆降落之命令，敌国人员可以登机，但不得予以拿捕，其设备不得夺取。其在有关冲突各方所特别规定之高度、时间及航线飞行时，应受冲突各方之尊重。因此，除另有协议外，禁止在敌国领土或敌方部队控制区域的上空飞行。可以说，医务飞机只有在以下四种情况下才享受豁免待遇，免遭攻击：（1）已被交战国双方承认免遭攻击；（2）按照交战国双方协议约定的高度、时间及航线行事；（3）在己方或友方军队控制下的区域内飞行；（4）在武装冲突区域外飞行。《圣雷莫海上武装冲突国际法手册》也确认了医务飞机免遭拿捕[②]和攻击。[③]根据《圣雷莫海上武装冲突国际法手册》，医务飞机免遭拿捕的豁免条件是：(1)无害地从事正常使命；(2)未做损害敌方的行动；（3）接到命令立即服从拦截和视觉检查；（4）不故意妨碍战斗员的活动，按要求服从改变航线的命令；（5）未违背先前的协议。[④]医务飞机免遭攻击的豁免条件是：（1）已被承认免遭攻击；（2）正

---

① 张勇：《从〈圣雷莫海上武装冲突国际法手册〉看国际海战规则发展的几个主要阶段》，国防大学图书馆资源库——法律战库。

② 《圣雷莫海上武装冲突国际法手册》第142条；任筱锋、杨晓青译：《圣雷莫海上武装冲突国际法手册》，海潮出版社，2003年版，第61页。

③ 《圣雷莫海上武装冲突国际法手册》第153条；任筱锋、杨晓青译：《圣雷莫海上武装冲突国际法手册》，海潮出版社，2003年版，第67页。

④ 《圣雷莫海上武装冲突国际法手册》第143条；任筱锋、杨晓青译：《圣雷莫海上武装冲突国际法手册》，海潮出版社，2003年版，第61页。

在按规定[1]的协议行事；（3）在己方或友方军队控制下的区域内飞行；（4）在武装冲突区域之外飞行。[2] 而在其他情况下，医务飞机活动要冒风险。

医务飞机的豁免与医院船的豁免稍有不同。有医务飞行运输需要的冲突一方应根据事先协议向对方提出请求，说明医务飞机的计划数量、飞行计划和识别方法。接收请求的一方，应立即表明收到该通知，并明确表示同意、拒绝或提出对该请求的合理的替代建议。该方还应提议，在所涉时间内禁止或限制在该地区内的其他飞行。提出请求的一方，如果接受替代建议，应将其接受意思通知对方，各方应采取必要措施，以保证能迅速发出通知和达成协议，并向有关军事单位传达该通知和协议的内容。交战国军事部队如果使用武装部队的海空救援直升机搜索和营救落水的飞行人员，由于不能使用医务飞机的特殊标志，所以将冒一定的风险。其他搜索和救援飞机或直升机，无论其属于交战国还是中立国，武装还是非武装，如果不是医务飞机而又需要得到保护时，必须与有关交战国进行协商，得到许可后方可实施保护。

医务飞机的豁免待遇需按照各种地带的不同加以分析。在敌方未控制地区内，如处于友方部队所实际控制的陆地地区或其上空，或在敌方所未实际控制的海域或其上空，对冲突一方医务飞机的尊重和保护，不依赖于与敌方订立的任何协定。但为更安全起见，在这些地区内控制医务飞机的冲突一方，应按有关规定通知敌方，特别是在该飞机进入敌防空武器系统射程内时，更应预告通知。在接触地带内，由于敌对部队的先遣队彼此接触，特别是该先遣队已暴露于地面直接火力之下，如处于友方部队所实际控制的接触地带和其上空，以及在实际控制权未明显确立的地区或其上空，只能按有关规定，冲突各方主管军事当局之间事先达成协议，医务飞机才能得到充分有效的保护。在没有这种协议的情形下，医务飞机应对自

① 《圣雷莫海上武装冲突国际法手册》第177条：鼓励冲突各方对医务飞行做出通知，并随时缔结协议，特别是冲突任何一方都没有明确建立控制的区域内。缔约时需说明安全飞行的高度、时间和航线，还需说明识别手段和通信手段。

② 《圣雷莫海上武装冲突国际法手册》第54条；任筱锋、杨晓青译：《圣雷莫海上武装冲突国际法手册》，海潮出版社，2003年版，第29页。

己的行为负责，但当其被识别为医务飞机时，仍应受到尊重。在敌方控制区内，冲突一方的医务飞机如在敌方所实际控制的陆地地区或海域上空飞行时，应继续受到保护，但须事先取得该敌方主管当局对这项飞行的同意。由于航行错误或因影响飞行安全的紧急状态而在未取得同意或违反该项同意的情形下飞掠敌方所实际控制地区上空的医务飞机，应尽力使其能被识别，并应将情况通知对方。一旦这类医务飞机被敌方认出，敌方应尽一切合乎情理的努力，立即发出着陆或降落水面的命令，或采取保障其本身利益的其他措施。在上述任何一种情形下，在对该飞机进行攻击前，应允许该飞机有遵从命令的时间。此外，除有事先协议外，医务飞机不应在中立国或其他非冲突一方国家的领土上空飞行，或在该领土内降落。但在有事先协议的情形下，医务飞机在其全部飞行中以及在该领土内任何停留期间，均应受到尊重。该医务飞机仍应服从着陆或在适当情况下降落水面的任何命令。如果医务飞机由于航行错误或因影响飞行安全的紧急状态而在没有协议或背离协议规定的情形下飞行于中立国家或其他非冲突一方国家的领土上空，该飞机应尽力发出飞行通知，并使自己能被识别。一旦这类医务飞机被识别，该国应尽一切合理努力，立即发出有关降落水面的命令，或采取保障其本身处境的其他措施，并在上述任何一种情况下，应在对该飞机进行攻击前，允许该飞机有遵从命令的时间。但是，不论因被命令着陆或降落水面或基于其他原因，医务飞机在中立国家或其他非冲突一方国家领土内着陆或降落水面时，均应接受检查，并确定其在事实上是否属于医务飞机。医务飞机应服从一切水面或陆地降落的命令。飞机降落并接受检查后，飞机及机组人员可继续飞行。中立国或其他非冲突国，关于医务飞机在其领土上空通过或在其领土内着陆的任何条件和限制，应对冲突各方同样适用。

非自愿降落于敌人领土或敌人占领地陆上或水面时，伤者、病者及遇船难者以及飞行人员应为战俘。对在敌方所实际控制的地区上空或在实际控制权未明确的地区上空飞行的医务飞机，可按适当情况命令其着陆或降落于水面，以便对其进行检查。医务飞机应服从任何这类命令。检查应立即开始，并应从速进行。除由于检查所需外，检查一方不得要求将伤病者移离飞机，该方应保证伤者和病者的健康状况不因检查或移离而受不利的影响。如果检查表明，该飞机符合所有关于医务飞行的规定和条件，应准许该飞机继续飞行，并应为其提供合乎情理的便利条件。如果检查表明该飞机不符合有关规定和条件，可对其进行拿捕，对机上人员应按照有关规定给予相应的待遇。

经地方当局同意，在中立国家或其他非冲突一方的国家领土内，并非临时从医务飞机下来的伤者、病者和遇船难者，如果该国和冲突各方之间没有协议，且适用武装冲突的国际法规则的要求，则应由该国予以拘留，使其不能再从事敌对行动。医院治疗和拘禁的费用应由这类人员所属的国家负担。

医务飞机在一定的情形下将会丧失豁免地位。海战惯例禁止冲突各方利用其医务飞机，企图从敌方获取任何军事利益。医务飞机不应被用于使军事目标免受攻击的企图，不能用于搜集或传送情报资料，不应携带旨在用于此类目的的任何设备。医务飞机不应携带任何武器，但飞机上伤者、病者和遇船难者随身携带而尚未送交主管部门的轻武器及弹药，以及船上医务人员自卫和保卫所照顾的伤者、病者和遇船难者所需的个人轻武器除外。一旦医务飞机丧失豁免地位，将有可能遇到拿捕或攻击。但是，这种行动必须谨慎进行。如果免遭攻击的飞机违反了规定①的任何可适用的豁免条件，只有在下述情况下，才可对其进行攻击：（1）迫使改变航向着陆，进行临检、搜查和可能的拿捕都不可行；（2）没有其他办法行使军事控制；（3）该机拒绝服从命令的情况足以严重到使它成为或可以被合理地推定为军事目标；（4）附带伤亡或破坏与预期的军事效益相比是相称的。

此类飞机免遭拿捕的豁免及于其上的人员。②

4. 经冲突双方约定遂行安全行动的飞机和民航客机的豁免地位

除了医务飞机，经冲突双方约定遂行安全行动的飞机及其人员也免遭

---

① 《圣雷莫海上武装冲突国际法手册》第54-56条；任筱锋、杨晓青译：《圣雷莫海上武装冲突国际法手册》，海潮出版社，2003年版，第29-31页。

② 《圣雷莫海上武装冲突国际法手册》第163条；任筱锋、杨晓青译：《圣雷莫海上武装冲突国际法手册》，海潮出版社，2003年版，第69页。

拿捕。[①] 这类飞机免遭拿捕的豁免条件是：（1）无害地从事正常使命；（2）未做损害敌方的行动；（3）接到命令立即服从拦截和视觉检查；（4）不故意妨碍战斗员的活动，按要求服从改变航线的命令；（5）未违背先前的协议。[②] 同时，冲突双方协议批准的敌方遂行安全行动的飞机和民航客机免遭攻击。[③] 被批准遂行安全行动飞机免遭攻击的豁免条件：（1）被无害地用于执行自己获得批准的任务；（2）没有故意妨碍战斗员的行动；（3）遵守协议的具体规定，包括接受检查。[④] 民航客机免遭攻击的豁免条件是：（1）被无害地用于执行正常任务；（2）没有故意妨碍战斗员的行动。[⑤] 当然，对此类飞机的攻击也必须谨慎进行。如果免遭攻击的飞机违反了规定[⑥]的任何可适用的豁免条件，只有在下述情况下，才可对其进行攻击：（1）迫使改变航向着陆，进行临检、搜查和可能的拿捕都不可行；（2）没有其他办法行使军事控制；（3）该机拒绝服从命令的情况足以严重到使它成为或可以被合理地推定为军事目标；（4）附带伤亡或破坏与预期的军事效益相比是相称的。[⑦]

通过对“敌方某些种类的船只、航空器享有豁免地位”的阐述，可以看出，敌方免遭攻击的船舶类别较多，飞机较少。这主要是因为船舶的速度比飞机慢得多，要进行有效的攻击需要更长的时间。所以，历史上普遍认为飞机的进攻性威胁比较大。一般来说，如果敌方舰船进行允许的安全行为，比如已经投降的船舶，或一些很容易识别的船舶（如医院船、医务运输船及保护海洋环境的船舶等）可免受攻击。但是，军舰在进行如援救

① 《圣雷莫海上武装冲突国际法手册》第 142 条、第 163 条；任筱锋、杨晓青译：《圣雷莫海上武装冲突国际法手册》，海潮出版社，2003 年版，第 61 页、第 69 页。

② 《圣雷莫海上武装冲突国际法手册》第 143 条；任筱锋、杨晓青译：《圣雷莫海上武装冲突国际法手册》，海潮出版社，2003 年版，第 61 页。

③ 《圣雷莫海上武装冲突国际法手册》第 53 条；任筱锋、杨晓青译：《圣雷莫海上武装冲突国际法手册》，海潮出版社，2003 年版，第 29 页。

④ 《圣雷莫海上武装冲突国际法手册》第 55 条；任筱锋、杨晓青译：《圣雷莫海上武装冲突国际法手册》，海潮出版社，2003 年版，第 29-31 页。

⑤ 《圣雷莫海上武装冲突国际法手册》第 56 条；任筱锋、杨晓青译：《圣雷莫海上武装冲突国际法手册》，海潮出版社，2003 年版，第 31 页。

⑥ 《圣雷莫海上武装冲突国际法手册》第 54-56 条；任筱锋、杨晓青译：《圣雷莫海上武装冲突国际法手册》，海潮出版社，2003 年版，第 29-31 页。

⑦ 《圣雷莫海上武装冲突国际法手册》第 57 条；任筱锋、杨晓青译：《圣雷莫海上武装冲突国际法手册》，海潮出版社，2003 年版，第 31 页。

被鱼雷击伤的船舶幸存者时，不在免遭攻击之列。

（三）敌国商船、民用飞机有区别的豁免地位

在战争时期，在对待敌国军舰和对待敌国商船的问题上传统上曾有明显的不同。[①] 军舰可被攻击和击沉，或被拘捕并使其所有权立即转移给捕获国。但对待商船的总的原则是其不受攻击和不被摧毁，而且尽管它们可被攻击，但其所有权只有经过捕获国的捕获法庭审判后方可转移。当然，假如商船拒绝停船，或公然抗拒搜查和拿获，或直接帮助其所属国的军舰或攻击敌国的军舰，那么，其所能享受的一切有关免受攻击和摧毁的豁免将全部丧失。

1. 敌国商船有区别的豁免地位

商船泛指从事海上客运和货运等商业行为的船舶。商船的法律地位与军舰不同，它是由船舶国籍、船舶性质、航行意图、目的地、货物性质、货主等多方面因素决定的。敌国商船是指悬挂敌国国旗的商船。这里所指的敌国商船已排除了那些被国家、军队征用或改装为军舰[②]，以及有护航的用于战争目的的商船，而是专指无护航的单独航行的商船，前者当然是合法的攻击对象。按照国际惯例，敌国商船当然具有为敌国服务的性质（敌性）。敌性可以通过登记、所有权、租用或其他标准确定。[③] 在海战中，敌国的商船是敌国攻击和拿捕的对象，攻击和拿捕敌方商船是交战国打击敌国战争支撑力的一个重要侧面。但是，对敌国商船的拿捕和攻击受到一定限制。因此，从这个角度说，敌国的商船也享有一定的豁免地位，如果这种限制可以看作是一种特殊豁免的话。这种认识也贯穿于对敌国民用飞机的讨论中。

在海战初期，交战国对敌国商船的拿捕权受到一定的限制。在敌对行动开始时，停泊于敌国港口的交战国的商船，应准其立即或在合理的宽容

① 张勇：《从〈圣雷莫海上武装冲突国际法手册〉看国际海战规则发展的几个主要阶段》，国防大学图书馆资源库——法律战库。

② 参见本节“军舰、飞机不享有豁免地位”一论。

③ 《圣雷莫海上武装冲突国际法手册》第117条；任筱锋、杨晓青译：《圣雷莫海上武装冲突国际法手册》，海潮出版社，2003年版，第51页。

期限内离去，并随带通行证直接开往其目的地港或所指定的任何其他港口。该规定也适用于在战争开始以前已经离开最后出发港，并在不知道战争已开始的情况下进入敌国港口的商船。商船由于不可抗力的情况未能在限期内离开敌国港口，或未能获得驶离许可时，不应予以没收。交战国只能在战后归还的条件下无偿扣留商船，或者有偿征用之。对在海上相遇的在战争开始前就已离开最后出发港并对战事毫无所知的敌国商船，不得予以没收。它们只能在战后予以归还的谅解下，才能无偿地予以扣留，或在给予补偿的前提下予以征用或击毁。上述船舶，经抵达本国港口或中立国港口后，就受海战法规中海战惯例的管辖。

但无论如何，拿捕敌方商船及其货物须在中立水域以外，虽然这种拿捕不需要预先实施临检、搜查。① 拿捕商船的实施方法是扣押该船作为捕获物听候裁决，如果军事环境不允许在海上进行拿捕，则可让该船改变航向驶往一个合适的区域或港口进行拿捕，或作为拿捕的备用方案，可迫使敌商船改变其所宣布的目的地航向。②

在海战中，对于敌方商船一般不得进行攻击，除非敌国商船成为军事目标。如有下述情形，交战方可以对敌方商船可进行攻击：（1）代表敌方从事交战活动，如布设水雷、扫雷、割断水下电缆和管道，对中立国商船进行临检、搜查，或攻击其他商船；（2）作为敌方武装部队的辅助舰船行动，如运载部队或对军舰进行补给；（3）加入或协助敌方情报搜集系统，如从事侦察预警、监视，或指挥、控制与通信等任务；（4）在敌方军舰或军用飞机的护送下航行；（5）拒绝执行停止前进命令或积极抵抗临检、搜查和拿捕行动；（6）被武装到足以给军舰造成破坏的程度。其中不包括人员自卫用的个别轻型武器，如对付海盗用的小型武器和诸如“干扰箔条”之类的纯粹的诱骗系统；（7）有效地协助军事行动的其他行动，如运送军用物资。③ 在纽伦堡军事审判中，英国武装商船在遇到敌方船舶和飞机执

---

① 《圣雷莫海上武装冲突国际法手册》第135条；任筱锋、杨晓青译：《圣雷莫海上武装冲突国际法手册》，海潮出版社，2003年版，第59页。

② 《圣雷莫海上武装冲突国际法手册》第138条；任筱锋、杨晓青译：《圣雷莫海上武装冲突国际法手册》，海潮出版社，2003年版，第61页。

③ 《圣雷莫海上武装冲突国际法手册》第59条、第60条；任筱锋、杨晓青译：《圣雷莫海上武装冲突国际法手册》，海潮出版社，2003年版，第31页。

行了向其军事部门报告的命令，这是法庭认定德国部队可以在视距内攻击它们的主要原因。在 1982 年 5 月 9 日，阿根廷渔船“一条鲸”号被用来尾随英国舰队并报告其位置，英国的登船人员在船上发现一名阿根廷的海军军官，他持有上级的命令，指示他进行侦察活动、测定并报告英国军队的位置。因而这艘渔船受到了英国攻击。

但是，为了保障乘客的安全，对于仅载有平民乘客的敌方客轮禁止在海上摧毁，而可以采取措施使该船转变航向驶往一个适当的区域或港口再进行拿捕。[①] 假若当时的军事环境不允许将捕获的敌商船作为捕获物扣押或送交判决，这时作为例外情况可将其摧毁，但须事先满足下述标准：（1）为乘客与船员提供安全保障，但不得将船上小艇视为安全场所。除非附近有陆地或有另外船只能够接乘客和船员们上船，而且当时的海况和气象条件能够确保他们的生命安全；（2）保护好被捕获物的有关文件和证件；（3）如果可能，保存好乘客与船员的个人财产。[②]

需要指出的是，虽然绝大多数国家认为国家为了保证海上航行和贸易的安全，许可商船配备一定武装，以便在受到非法攻击时进行自卫，但是这些武装的配备并没有改变其国际法律地位，也不能将其视为军舰。国际实践中，由于各国对商船的法律地位仍存在不同的观点和认识，许多有关的国际法规则并未完全得到遵守和执行。但有一点应该得到认同，即对商船的国际法律地位应依其性能加以区别对待：客轮在无军舰护航的情况下，从事战争用途的可能性比较小，一般不得对其加以攻击；油轮由于本身的特殊作用及所运送物资的战略价值，应被当作军事目标而可直接攻击；对货轮（散装货船、集装箱船、滚装船等），一般先查明国籍、性质后再做合理处置，但在特别紧急情况下，也可直接对其攻击。

2. 敌国民用飞机有区别的豁免地位

民用飞机是指用于军事、海关和警察等部门的国家航空器以外的私有

---

① 《圣雷莫海上武装冲突国际法手册》第 140 条；任筱锋、杨晓青译：《圣雷莫海上武装冲突国际法手册》，海潮出版社，2003 年版，第 61 页。

② 《圣雷莫海上武装冲突国际法手册》第 139 条；任筱锋、杨晓青译：《圣雷莫海上武装冲突国际法手册》，海潮出版社，2003 年版，第 61 页。

飞机。除有协议外，民用飞机不得在他国领土上空飞行，但享有在交战国或非交战国管辖或控制区外的空中通过或降落的自由。民用飞机应涂上便于识别、标明其国籍和用途的外部标志，携带证明其公务和身份的文件，并将其标志通知所有国家。按照民用物体和非战斗员免受直接攻击的原则，不得对民用飞机进行攻击，但这项原则的适用因分属于敌国和中立国而有所不同。

对敌国民用飞机和物资，可以按照适用于公海上拿捕敌船和敌货的原则，在中立国空域以外拿捕，而不必事先进行临检、搜查。[①] 只有敌国的民用飞机成为军事目标的情况下，才可对其进行攻击。下列行为可以使敌方的民用飞机遭到攻击：（1）代表敌方从事战争行动，如布雷、扫雷、布设监视用音响传感器，从事电子战、截击或攻击其他民用飞机，或向敌军提供目标射击诸情报等；（2）为敌方武装力量担任辅助飞机，如运送军队或军用物资，或为军用飞机加油；（3）加入或协助敌情报搜集系统，如从事侦察、预警、监视或指挥、控制和通信任务；（4）在敌方军舰或军舰飞机的伴随掩护下飞行；（5）拒绝执行要求其表明身份、改变航向，或飞往一个对该机来说是安全的且有理由易进入的交战国机场进行临检、搜查的命令，或者正在使用可能被合理地推定为飞机武器系统一部分的火控设备，或者正在进行明显的反拦截机动，以攻击进行拦截的交战国军用飞机；（6）装备有空对空、空对舰武器；（7）正在进行有效地协助军事行动的其他行动。[②] 另外在本国管辖区飞行的交战国民用飞机，除在敌国飞机接近时并在最近地点设法降落外，可能遭到攻击。交战国民用飞机，如果在敌国管辖区内、敌国管辖区邻近但本国管辖区以外或敌国陆地或海上军事行动区邻近的地方飞行，可能遭到攻击。

二、中立国舰船、航空器及其所载货物的豁免问题

中立国的中立是指非交战国在其他国家之间发生战争时所选择的，不

① 《圣雷莫海上武装冲突国际法手册》第139条；任筱锋、杨晓青译：《圣雷莫海上武装冲突国际法手册》，海潮出版社，2003年版，第61页。

② 《圣雷莫海上武装冲突国际法手册》第62条、第63条；任筱锋、杨晓青译：《圣雷莫海上武装冲突国际法手册》，海潮出版社，2003年版，第33页。

参与战争，对交战国双方不偏不倚的一种法律地位。海战时，中立国有权自由地与交战国双方进行商业贸易，但战时禁制（运）品除外。

（一）中立国商船及货物的特殊豁免地位

中立国商船是指悬挂中立国国旗的商船，按照国际海上交通法，任何在海上航行的船舶应有其国籍，船舶的国籍依其有权悬挂的国旗而定。凡悬挂中立国国旗的商船，不论船主和货主的国籍如何，都属于中立国的商船。如果敌国商船改悬中立国的国旗，以在战事爆发前进行者方为有效，在战事爆发后进行的，应属无效。如果改旗行动是在航行中或在封锁港内进行者，应绝对地推定为无效。

在海战中，一般情况下，中立国商船不是作战对象，其正常的公海航行不应受到阻拦。中立国商船从中立国一个港口运往中立国另一港口的，属于中立国的任何货物（包括武器弹药等战争物资），交战国都无权作为战时禁制（运）品加以没收。1856 年的《巴黎海战法宣言》规定，中立国船上的敌货和敌船上的中立国货物，除战时禁制（运）品外，均不得拿捕。这项规定保证了中立国可以在非专供军用的那些商品的范围内，自由地与交战双方继续进行商业贸易。但是，如果中立国商船具有了为敌国服务的性质（敌性），交战国军舰有权在公海将其拿捕。所以，中立国商船的法律地位是由其是否具有敌性决定的。中立国商船取得“敌性”的情形是破坏海军封锁①、输送战时禁制（运）品②和进行违反中立的敌性援助③。如果中立国商船故意驶入或驶出封锁区，就是对海军封锁的破坏；

---

① 海军封锁，指交战国的舰队对敌方部分海岸、港口的内外联系实行武力阻断，主要目的是断绝敌方交通及军事供应。

② 战时禁制（运）品是指交战国双方禁止送给敌国可加强其战争能力的货物。构成战时禁制（运）品的条件有两个：该项物品可作战争用途；物品的目的地是受敌国控制或供敌国使用的地方。按照海战法，经证明运往敌国（不论直接运往还是间接运往）领土或占领地的绝对禁制（运）品一律没收；相对禁制（运）品如查明是供给敌国军队及其政府使用者也应没收。《圣雷莫海上武装冲突国际法手册》第 148 条：禁运品的定义是指最终运往敌方控制领土的货物和可能被怀疑用于武装冲突的货物。

③ 为敌国从事非中立役务是指中立国商船从事替敌国运载某些人员和替敌国运送情报的行为，是对敌国更为重要的帮助。如中立国商船转为运载编入敌方军队的人员，专为敌人传递情报，直接参加军事行动，船舶受敌方政府派至船上的代理人的指挥或控制，等等，都是进行破坏中立的敌性援助。

经封锁军司令特许驶入封锁区的中立国商船，在封锁内装卸货物，也构成对封锁的破坏。中立国商船一旦构成对海军封锁的破坏，封锁部队可对该船及所载货物一并没收。载运禁制（运）品的中立国商船，如所载的禁制（运）品按价值，或重量、或容量、或运费计算，超过船上货物的一半，船只也应没收，不须补偿。为了行使规定①的拿捕权，交战国必须事先公布禁运品清单。② 未列入交战国禁运品清单的物品属“自由物品”③，免遭拿捕。④ 根据“自由船、自由货物”的原则，除了封锁区、非中立行为和抵制临检和搜查等情况外，所有中立国商船上的非禁运品货物，无论是敌方的还是中立国的，都免遭拿捕。

防止中立国商船资敌的任务通常由交战国军舰、军用飞机来完成。首先是对在公海及交战国水域的中立国的商船进行登临检查，查明其是否确实是中立国船舶。接着进一步查明中立国的船只是否企图破坏或已破坏封锁，或运载禁制（运）品，或为敌国从事非中立役务。如存在一个被禁止的行为，可将该船捕获，押回本国交捕获法院审判，或予以击沉。在对中立国商船击沉之前，应把船上的所有人员安置到安全的地带，所有船只的文件及有关各方认为对于决定捕获有效与否至关重要的其他文件，应移置于军舰。

但是，如果中立国商船驶往中立国港口，并由一艘相同国籍的中立国军舰伴随护航或由某一艘与该商船船旗国缔约提供这种护航的中立国军舰伴随护航，则应当免除对其行使临检、搜查权。⑤ 当然，中立国军舰的船

---

① 《圣雷莫海上武装冲突国际法手册》第146条、第147条；任筱锋、杨晓青译：《圣雷莫海上武装冲突国际法手册》，海潮出版社，2003年版，第63页。

② 《圣雷莫海上武装冲突国际法手册》第146条、第147条；任筱锋、杨晓青译：《圣雷莫海上武装冲突国际法手册》，海潮出版社，2003年版，第63页。

③ “自由物品”至少应包括下列物品：a. 宗教物品；b. 专为治疗伤、病员或防止疾病用的物品；c. 为一般平民百姓，特别是妇女、儿童所用的衣物、被褥、必不可少的食品及掩护器材，只要没有重大理由相信这些物品会被转用于其他目的，或者相信这些物品可代替军用品使敌方获得明确的军事利益；d. 指定运给战俘的物品，包括个人包裹和食品、衣物、文教娱乐用品等集体救济物品；e. 按国际条约或交战国之间特殊协议、特别规定等免遭拿捕的其他物品；f. 没有用于军事冲突嫌疑的其他物品。

④ 《圣雷莫海上武装冲突国际法手册》第150条；任筱锋、杨晓青译：《圣雷莫海上武装冲突国际法手册》，海潮出版社，2003年版，第65页。

⑤ 《圣雷莫海上武装冲突国际法手册》第120条；任筱锋、杨晓青译：《圣雷莫海上武装冲突国际法手册》，海潮出版社，2003年版，第53页。

旗国应保证该中立国商船没有携带禁运品，或从事与其中立身份不相符行为；如果实施拦截的交战国军舰舰长或军用飞机机长要求，则由中立国军舰舰长提供进行临检、搜查所能获得的一切有关该商船性质及货物的情报。另外，中立国军舰应与其伴随的商船保持较近的距离，一方面，表明商船在其护航之下，另一方面，随行军舰有责任向拦截军舰指挥官提供关于商船货物性质的情报，所以不能离开商船太远的位置航行。从现代海战和海上危机来看，中立国有建立多国中立国军舰护航的趋势，这样也可免遭临检和搜查。但是，只有当多国部队与船旗国达成协议的情况下，多国部队军舰护航才被认为可免遭临检和搜查。如有关船旗国之间没有达成这种协议，中立国军舰船旗国和伴随航行的中立国军舰指挥官，不能擅自利用自己的职权。如果中立国军舰指挥官不愿意或不能够满足拦截军舰指挥官的要求，拦截军舰指挥官得对商船行使临检和搜查商船的权利。如负责拦截的军舰有充分理由怀疑享有豁免权的船只已经丧失了豁免资格时可对其实施临检和搜查。

对于那些虽为敌方所有但悬挂中立国船旗（方便旗）的商船，如有下列行为，即丧失中立地位而具有敌性：在敌方代理人指挥下参与敌对行动，或为敌方运输军队、传递情报等；抵抗合法行使的临检与捕获权。在此类船舶上发现的全部货物除真正的中立货主提出相反证据者外，均可推定具有敌对性。各国商船均没有接受它国商船登临检查的义务，并且商船如受敌船非法攻击时，有实行武装自卫的权利。当然，商船在被认定为敌船时，如果不能为乘客及船员提供安全保证，则不得将其击沉。

（二）中立国民用飞机及货物的特殊豁免地位

满足下列条件的中立国民用飞机免除对其行使临检、搜查权：（1）正飞往一个中立国机场；（2）处于同一国籍的中立国军用飞机或军舰，以及与该民用飞机旗帜国缔约提供这种控制的中立国军用飞机或军舰的伴随护航和作战控制之下；[①]（3）中立国军用飞机或军舰的旗帜国，保证该中立

① 对于有伴随航行的中立国民用飞机，或军舰军事行动控制和护航的中立国民用飞机应享有与中立国商船同样的豁免权。关于这方面的习惯法和管理几乎没有，但有在作战区域中中立国军队护送中立国民用飞机的实践。

国民用飞机没有携带禁运品或从事与其中立身份不相符的其他活动；（4）如果实施拦截的交战国军用飞机机长要求，则由中立国军舰或军用飞机指挥官提供进行临检、搜查所能获得的有关该民用飞机及其货物性质的所有情报。①

此外，对于带有中立国标志的民用飞机也一般不得进行攻击。②

（三）中立国商船、民用飞机豁免地位的丧失

悬挂中立国国旗的商船在从事下列活动时将丧失豁免地位，遭受拿捕、③ 攻击：（1）有理由证明其正在运送禁运品或者正在突破封锁，并在收到预先警告后，有意和明显地拒绝停止前进，或者有意和明显地抵抗临检、搜查或拿捕；（2）代表敌方从事交战活动；（3）为敌方武装力量担任辅助船只；（4）参加或协助敌方情报系统；（5）在敌方军舰或军用飞机的护航下航行；（6）对敌方军事行动做出其他有效的支援，如运载军用物资等。④ 当然，攻击部队应首先将乘客与船员置于安全之处。除非环境不允许，否则必须向这些船只发出警告，以使其能够改变航向、卸载，或采取其他预防措施。

此外，如果经临检、搜查或其他方式确定中立国商船在从事下述活动时，也可以在中立国水域之外将其拿捕：（1）正在运载禁运品；（2）正在进行负有运输敌方武装力量个别成员的特殊使命的航行；（3）直接处于敌方控制、命令、租赁、使用或指示下进行活动；（4）出示非法的或欺骗性的文件，缺少必要的文件，或销毁、损坏及藏匿文件；（5）在海战邻近区域内违犯交战国一方制定的规定；（6）正在突破封锁或企图突破封锁。⑤

---

① 《圣雷莫海上武装冲突国际法手册》第127条；任筱锋、杨晓青译：《圣雷莫海上武装冲突国际法手册》，海潮出版社，2003年版，第55页。

② 《圣雷莫海上武装冲突国际法手册》第70条；任筱锋、杨晓青译：《圣雷莫海上武装冲突国际法手册》，海潮出版社，2003年版，第35页。

③ 《圣雷莫海上武装冲突国际法手册》第146条；任筱锋、杨晓青译：《圣雷莫海上武装冲突国际法手册》，海潮出版社，2003年版，第63页。

④ 《圣雷莫海上武装冲突国际法手册》第67条；任筱锋、杨晓青译：《圣雷莫海上武装冲突国际法手册》，海潮出版社，2003年版，第35页。

⑤ 《圣雷莫海上武装冲突国际法手册》第146条；任筱锋、杨晓青译：《圣雷莫海上武装冲突国际法手册》，海潮出版社，2003年版，第63页。

中立国商船上的货物如是禁运品可予拿捕。[①]

中立国民用飞机在从事下列活动时将丧失豁免地位，遭受拿捕、[②]攻击：（1）有理由证明其正在运载禁运品，并且经过预先警告或拦截后，仍有意和明显地拒绝改变目的地航线，或者有意和明显地拒绝飞往一个对该机来说是安全和有理由易进入的交战国机场进行临检、搜查；（2）代表敌国从事交战活动；（3）为敌方武装力量担任辅助飞机；（4）参加或协助敌方情报系统；（5）对敌方军事行动做出其他有效的支援，如运载军用物资，并且经过预先警告或拦截后，有意和明显地拒绝改变目的地航向，或者有意和明显地拒绝飞往一个对该机来说是安全的和有理由易进入的交战国机场进行临检、搜查。[③]

如果中立国民用飞机经临检、搜查或其他方式，确定其在从事下列活动时，则随时可在中立空域之外将其拿捕：（1）正在运载禁运品；（2）正在进行负有运输敌方武装部队个别人员的特殊飞行；（3）直接处于敌方控制、命令、租赁、使用或指示下进行活动；（4）出示非法的或欺骗性的文件，缺少必要的文件，或销毁、损坏、藏匿文件；（5）在海战临近区域内违犯交战国制定的规定；（6）从事突破封锁的活动。[④]

中立国民用飞机上的货物，如果是禁运品可予拿捕。[⑤]

（四）关于医院船的范围

根据1949年日内瓦第二公约规定，在海战中可以供交战方使用的医院船包括军用医院船、官方承认的救济团体或私人所使用的医院船、中立国的经政府同意提供给冲突一方使用的医院船。在国际法上，这三种类型的医院船享有相同的法律地位，不论是临时使用的还是经常使用的，都享受

① 《圣雷莫海上武装冲突国际法手册》第147条；任筱锋、杨晓青译：《圣雷莫海上武装冲突国际法手册》，海潮出版社，2003年版，第63页。

② 《圣雷莫海上武装冲突国际法手册》第153条；任筱锋、杨晓青译：《圣雷莫海上武装冲突国际法手册》，海潮出版社，2003年版，第67页。

③ 《圣雷莫海上武装冲突国际法手册》第70条；任筱锋、杨晓青译：《圣雷莫海上武装冲突国际法手册》，海潮出版社，2003年版，第35页。

④ 《圣雷莫海上武装冲突国际法手册》第153条。

⑤ 《圣雷莫海上武装冲突国际法手册》第154条；任筱锋、杨晓青译：《圣雷莫海上武装冲突国际法手册》，海潮出版社，2003年版，第67页。

特殊保护。本书中对医院船豁免问题的论述放在敌国船舶分析项下，只是论述的方便。

在海战中，医院船、各方认可的救助团体或私人和各国红十字会、红新月会使用的医院船，无论其是否属于冲突方的成员和公民，任何情况下都不得对其实施攻击、击沉和捕获。国家和官方承认的救助团体使用的海岸救生艇和专门用来运送伤、病员的船只也享受同样的保护。

（五）战时海上管辖豁免的性质

这里所论述的战时海上管辖豁免问题，严格说来只是给予某类船舶、飞机及其所载货物、人员的一种战时特殊保护。平时的国家豁免，基于国家间的平等地位，主要是统治行为，而在战时，这种特殊保护主要是基于人道主义的需要，目的在于尽量减轻战争的损害程度。即使是在战时，包括医院船在内的这类船舶从没享受绝对的保护资格。这是与平时国家管辖豁免的区别。

三、战时海上管辖豁免的其他主体

在战时，可享受豁免待遇的除了本书所指外，中立国平时享有管辖豁免地位的国家机关、军舰、军用飞机以及政府非商务用船、飞机等仍享有这种地位。此外，依据1954年5月14日《关于发生武装冲突时保护文化财产的公约》规定，在战时，专门从事于文化财产运输是受特别保护的。这些享受规定保护的文化财产以及专门用于转运该类文化财产的交通工具享有扣押、缉捕和拿捕的豁免，免受扣押、缉捕或拿捕，但并不因此而享有不受临检的权利。

在任何时候，军用飞机和辅助飞机假冒豁免身份是被禁止的。[①] 战时允许使用战争诈术，但是任何时候都禁止军舰和辅助舰船冒充下述身份：（1）医院船、小型海岸救生艇或医务运输船；（2）执行人道主义使命的船

① 《圣雷莫海上武装冲突国际法手册》第109条；任筱锋、杨晓青译：《圣雷莫海上武装冲突国际法手册》，海潮出版社，2003年版，第47页。

只；(3) 运载平民旅客的客轮。[①] 如果假冒豁免身份发动攻击，[②] 则构成背信弃义行为，[③] 这在战时是被禁止的。

---

① 《圣雷莫海上武装冲突国际法手册》第 110 条；任筱锋、杨晓青译：《圣雷莫海上武装冲突国际法手册》，海潮出版社，2003 年版，第 47-49 页。

② 《圣雷莫海上武装冲突国际法手册》第 111 条；任筱锋、杨晓青译：《圣雷莫海上武装冲突国际法手册》，海潮出版社，2003 年版，第 47-49 页。

③ 凡属争取敌方信任，使对方相信其有权利或义务按武装冲突中适用的国际法规则提供保护，却又背叛这种信任的行为，都构成背信弃义。

结 语

一、国家海上管辖权的重新认识

国家海上管辖权是国家管辖权的重要组成部分。千百年来各国海上实践证明，由于海洋地理特征决定了海洋的支撑力、承受力较陆地为弱，只能供人类短时间和有条件之滞留，任何一个国家都不能将海洋据为己有。同时，海洋的地理特征又呈现其另一特点，海洋的浩瀚无边、四通八达，导致了它的普世性，即它是全人类共同的财富，“海洋自由”是海洋利用的基本规则。因此，国家海上管辖权也只能由国际社会共同协商认可，而不是由任何个人或国家所决定，如历史上的罗马教皇、不同历史时期称霸海洋的海上强国都没能在海上确定起国际社会共同遵守的海上管辖权，国家海上管辖权只能由国际条约和国际习惯来确定。现代海上管辖权制度就是由1982年的《联合国海洋法公约》所确定的。然而，正如美国军事历史专家艾尔弗雷德·塞耶·马汉所说：“光有法律而没有力量就得不到公正；法律的合理与否虽不取决于力量，但其有效性要由后者赋予。”国家海上实力对其海上管辖权的行使意义重大。如果没有强大的海上实力，国家海上管辖权就不能很好地实现，法律上的权利就不能转变为现实中的权利。另外，在现代国家海上实践中，一些国家通过运用国家实力，创设了一些条约之外的海上区域制度，如和平时期的“防空识别区”和海上武装冲突中的“海上禁区”“军事禁区”等，不仅未受到国际社会的反对，反而得到一些国家的效仿，有成为国际习惯的可能。1994年的《圣雷莫海上武装冲突国际法手册》承认了海上武装冲突中交战双方在一定条件下所设定的“海上禁区”“军事禁区”等区域。

二、海上武装冲突对国家海上管辖权的影响

海上武装冲突中的国家海上管辖权构成了国家海上管辖权制度中的特殊部分。在海上武装冲突中，国际社会根据传统的海战法规，承认交战国因交战权而享有某些特定的权利。如在属地管辖中，交战双方在战区的划定上，可以在中立国领海以外的公海上进行，而不必受《联合国海洋法公约》关于“公海应用于和平目的”的限制。同时，在1982年《联合国海洋法公约》确定了沿海国的专属经济区和大陆架的专属管辖权制度后，1994年《圣雷莫海上武装冲突国际法手册》承认了交战国在中立国专属经济区和大陆架上遂行战争的权利。在属人管辖中，交战国有权对中立国船舶采取拦截、改变航向、临检、拿捕甚至攻击的权利，中立国船舶有义务接受交战国的上述管辖。从以上意义上来讲，海上武装冲突中，交战国海上管辖权有所扩展，而中立国海上管辖权相对受到限制。

三、国家海上管辖权发展中的两大趋势

随着人类对海洋资源的需求增加及科学技术的快速发展，国家对海洋的管辖权范围不断扩大，从领海延伸至毗连区、专属经济区和大陆架；管辖权的内容也不断细化，不仅在主权管辖领域内立法、执法方面不断完善，而且在专属经济区和大陆架专属管辖权也不断具体化，从起始的“粗放”型管理发展到了今天不断完善的“精耕细作”。各国对于国际海域及公海和国际海底区域权利的和平、公平地利用的呼声也不断强化，建立起了公海上的普遍管辖制度与国家海底区域的“平行开发制度”，国家海上管辖权发展呈扩大化的趋势。另一方面，随着全球一体化进程的不断加快，各国经济、军事、外交方面的相互交往、相互依赖程度也越来越高，海上航行运输及海上贸易日益频繁，“海洋自由”仍然是各国所强调的基本原则，而且，在国家海上管辖权日益发展的过程中，海洋自由原则仍将不断加强，国家海上主权管辖中的无害通过制度、国家专属管辖中的航行及飞越的自由，以及国际海域中“资源共享、利益均沾”都反映了国际社会共同利用海洋的需求。可以说，海洋自由原则与国家海上管辖权的扩大

化是国家海上管辖权发展过程中的两大主题，二者相互依赖、互为前提，共同推进国家海上管辖权制度的发展。

参考文献

[奥] 阿·菲德罗斯，等．1981. 国际法．李浩培译．北京：商务印书馆．

[比] 约斯特·鲍威林．2005. 国际公法规则之冲突．周忠海，周丽瑛，黄建中，等译．北京：法律出版社．

[德] 马克斯·普朗克比较公法及国际法研究所．1992. 国际公法百科全书·第三专辑·使用武力、战争、中立、和约．中山大学法学研究所国际法研究室译．广州：中山大学出版社．

[德] 沃尔夫刚·格拉夫·魏智通．2002. 国际法．吴越，毛晓飞译．北京：法律出版社．

[俄] 拉扎列夫．1981. 现代国际海洋法．天津：天津人民出版社．

[法] 夏尔·卢梭．1987. 武装冲突法．张凝，辜勤华，等译．北京：中国对外翻译出版公司．

[韩] 柳炳华．1995. 国际法．朴国哲，朴永姬译．北京：中国政法大学出版社．

[加] 威廉·泰特雷．2003. 国际冲突法．刘兴莉译．北京：法律出版社．

[美] 杰拉尔德·J. 曼贡．1982. 美国的海洋政策．张继先译．北京：海洋出版社．

[美] 肯尼思·沃尔兹．1992. 国际政治理论．北京：中国人民公安大学出版社．

[美] 托马斯·伯根索尔，肖恩·D. 墨菲．2005. 国际公法．黎作恒译．北京：法律出版社．

[日] 松井芳郎，佐分晴夫，坂本茂树，等．2004. 国际法．辛崇阳译．北京：中国政法大学出版社．

[瑞士] 埃德加·蓬儒．1991. 瑞士中立史．刘文立译．武汉：武汉大学出版社．

[苏] 尼古拉耶夫．1956. 国际法中的领水问题．北京：法律出版社．

[英] 劳特派特修订．1989. 奥本海国际法（上卷）．第二分册．王铁崖，陈体强译．北京：商务印书馆．

[英] 阿诺德·托因比，维罗尼卡·M. 托因比．1981. 大战与中立国．上海电机厂职工大学业余翻译班译．上海：上海译文出版社．

[英] 斯塔克．1984. 国际法导论．朱奇武，等译．北京：法律出版社．

[英] 伊恩·布朗利 . 2003. 国际公法原理 . 曾令良，余敏友，等译 . 北京：法律出版社 .
[英] 詹宁斯，瓦茨修订 . 1998. 奥本海国际法 . 王铁崖，等译 . 第 1 卷 . 第 2 分册 . 北京：中国大百科全书出版社 .
白桂梅，李红云 . 2002. 国际法参考资料 . 北京：北京大学出版社 .
北京市法学会国际法研究会 . 1999. 国际法学论丛 . 上海：当代世界出版社 .
边永民 . 2006. 国际公法案例选 . 北京：对外经济贸易大学出版社 .
陈威 . 2005. 论专属经济区上空的剩余权利//吴双全，张榆青，陈威主编 . 国际法学前沿 . 北京：人民法院出版社 .
杜攻 . 1992. 转换中的世界格局 . 北京：世界知识出版社 .
傅崐成 . 2005. 海洋法相关公约及中英文索引 . 厦门：厦门大学出版社 .
龚刃韧 . 1994. 国家豁免问题的比较研究 . 北京：北京大学出版社 .
黄解放 . 1985. 海洋法公约对海洋上空法律制度的影响 . 中国国际法年刊 .
黄瑶 . 2004. 国际法关键词 . 北京：法律出版社 .
金瑞德，张宏良 . 1996. 改变人类命运的八大宣言 . 北京：中国社会出版社 .
李铁民，等 . 1995. 海上战争法 . 北京：军事谊文出版社 .
梁西 . 1993. 国际法 . 武汉：武汉大学出版社 .
刘继贤，徐锡康 . 1996. . 海洋战略环境与对策研究 . 北京：解放军出版社 .
吕北安，宋云霞 . 2003. 海军海上行动法教程 . 北京：解放军出版社 .
倪征燠 . 1985. 国际法中的司法管辖问题 . 北京：世界知识出版社 .
屈广清 . 2005 . 海洋法 . 北京：中国人民大学出版 .
任筱锋，杨晓青 . 2003. 圣雷莫海上武装冲突国际法手册 . 北京：海潮出版社 .
邵津 . 2000. 国际法 . 北京：北京大学，高等教育出版 .
世界知识出版社 . 1984. 国际条约集（1648—1871）. 北京：世界知识出版社 .
万霞 . 2001. 中美撞机事件的国际法分析//中国国际法学会“21 世纪与国际法的发展”武汉研讨会论文 .
王虎华，丁成跃 . 1994. 国际公约与惯例 . 上海：华东理工大学出版社 .
王绳祖 . 1983. 国际关系史资料选编 . 武汉：武汉大学出版社 .
王铁崖，朱荔荪 . 1986. 战争法文献集 . 北京：解放军出版社 .
王铁崖 . 1957. 中外旧约章汇编 . 第 1 卷 北京：三联出版社 .
王铁崖 . 1996. 中华法学大辞典·国际法学卷 . 北京：中国检察出版社 .
魏敏 . 1997. 海洋法 . 北京：法律出版社 .
吴焕宁 . 1996. 海商法学 . 北京：法律出版社 .

希金斯，哥伦伯斯．1957．海上国际法．中译本．北京：法律出版社．

肖凤城．中立法．北京：中国政法大学出版社．

新中国领事实践编写组．1991．新中国领事实践．北京：世界知识出版社．

杨金森，秦德润，王松霖．2000．海岸带和海洋生态经济管理．北京：海军出版社．

叶兴平．1994．和平解决国际争端．武汉：武汉测绘科技大学出版社．

尹年长，冯珍．2005．论专属经济区的国家主权权利//中国海洋法学会国际海洋法论文集．国际海洋法的新发展．北京：海洋出版社．

尹田．2004．中国海域特权制度研究．北京：中国法制出版社．

余民才．2003．国际法专论．北京：中信出版社．

俞正山．2001．武装冲突法．北京：军事科学出版社．

袁古洁．2001．国际海洋划界的理论与实践．北京：法律出版社．

曾宪义．2000．中国法制史．北京：高等教育出版社，北京大学出版社．

张乃根．2002．当代国际法研究．上海：上海人民出版社．

张文显．2003．法理学．北京：高等教育出版社，北京大学出版社．

张召忠．1995．海战法概论．北京：解放军出版社．

赵建文．2000．国际法新论．北京：法律出版社．

赵建文．1997．联合国海洋法公约对中立法的发展．法学研究，19（4）．

赵维田．2000．国际航空法．北京：社会科学文献出版社．

中国大百科全书．1984．法学．北京：中国大百科全书出版社．

中国现代国际关系研究所．1992．国际政治新秩序问题．北京：时事出版社．

中国政法大学国际法教研室．1995．国际公法案例评析．北京：中国政法大学出版社．

中华人民共和国外交部领事司．1989．中华人民共和国领事条约集（第一集）．北京：世界知识出版社．

周鲠生．1976．国际法（上册）．北京：商务印书馆．

周忠海．2004．国际法．北京：中国政法大学出版社．

周忠海．2006．周忠海国际法论文集．北京：北京出版社．

朱晓青．2005．国际法．北京：社会科学文献出版社．

A. L. Morgan. 1996. The New Law of the Sea：Rethinking the Implications for Sovereign Jurisdiction and Freedom of Action. Ocean Development and International Law，Vol. 27.

Bernard H. Oxman. 1987. Jurisdiction of Stastes. Encyclopedia of Public International Law，Vol. 10.

Christopher P. 2002. Mooradian，Protecting ‘Sovereign Rights’：The Case for Increased Coastal State Jurisdiction over Vessel-Source Pollution in Exclusive Economic，Zone，82

Boston University Law Review 767.

C. J. Colombos . 1962. the International Law of the Sea.

Donald R. Rothwell. 1995. Navigational Rights and Freedoms in the Asia Pacific Following Entry into Force of the Law of the Sea Convention, 35 Virginia Journal of International Law.

D. P. O'Connell. 1982. The International Law of The Sea, Volume2. Oxford: Clarendon Press, Oxford World Publishing Corp.

D. J. Harris. 2004. Cases and Materials on International Law. Sixth Edition. London: Sweet and Maxwell .

Joint Offshore Protection Command (JOPC). 2005. See Radm Russ Crane, Country Presentations on Operational Solutions: Best Practices, Regional Cooperation Maritime Security, Asean Regional Forum, 2-4 March, Singapore.

J. A. Roach, R. W. Smith. 1996. United States Responses to Excessive Maritime Claims. The Hague, Nijhoff, 2nd edn.

Kay Haibronner. 1983. Freedom of the Air and the Convention of the Law of the Sea, American Yearbook of Intemational Law.

Lowe, Vaughan. 2007. International Law. Oxford: Oxford University Press.

Luke T. Lee. 1961. Jurisdiction Over Foreign Merchant Ships in the Territorial Sea: An Analysis of the Geneva Convention on the Law of the Sea, Vol. 55 American Journal of International Law.

R. R. Churchill, A. V. Lowe. 1999. Numbers 1-2, The Law of the Sea. Third Edition. Manchester: Manchester University Press.

Shigeru Oda. 1979. International Law of the Resources of the Sea.

Sir G. Fitzmaurice. 1959. Some Result of Geneva Conference on the Law of Sea, 8ICLQ.

The New Cambridge. 1930. Moden History. Cambridge: Cambridge University Press.

Thucydides. 1954. The Peloponnesian War. Translated by Rex Waraer Penguin Harm-ondsworth.

United Nations. 1996. Multilaterral Treaties Deposited with the Secretary General, Status at 31 December 1995, New York, United Nations.

Wayne S. Ball. 1996. The Old Grey Mare, National Enclosure of the Oceans, Ocean Development and International Law, Volume 27, Numbers 1-2.